U0541702

唐代农民家庭经济研究

（第二版）

张安福 ◎著

中国社会科学出版社

图书在版编目（CIP）数据

唐代农民家庭经济研究/张安福著.—2版.—北京：中国社会科学出版社，2017.11

ISBN 978-7-5203-1199-1

Ⅰ.①唐⋯ Ⅱ.①张⋯ Ⅲ.①农民—家庭经济学—研究—中国—唐代 Ⅳ.①F329.042

中国版本图书馆 CIP 数据核字（2017）第 249870 号

出 版 人	赵剑英
责任编辑	宋燕鹏
责任校对	张依婧
责任印制	李寡寡

出　　版	中国社会科学出版社
社　　址	北京鼓楼西大街甲 158 号
邮　　编	100720
网　　址	http://www.csspw.cn
发 行 部	010-84083685
门 市 部	010-84029450
经　　销	新华书店及其他书店
印　　刷	北京明恒达印务有限公司
装　　订	廊坊市广阳区广增装订厂
版　　次	2017 年 11 月第 2 版
印　　次	2017 年 11 月第 1 次印刷
开　　本	710×1000　1/16
印　　张	15
字　　数	230 千字
定　　价	78.00 元

凡购买中国社会科学出版社图书，如有质量问题请与本社营销中心联系调换
电话：010-84083683
版权所有　侵权必究

目　　录

序 …………………………………………………………………… (1)

绪论 ………………………………………………………………… (1)
  第一节　选题的缘起 ………………………………………… (1)
  第二节　对唐代农民生活状况研究的回顾 ………………… (3)
  第三节　唐代农民家庭研究中有关概念的界定 …………… (8)
    一　农民的界定 …………………………………………… (8)
    二　家庭的界定 …………………………………………… (13)

第一章　唐代农民生产和生活的概貌 …………………………… (16)
  第一节　农民生产的自然环境 ……………………………… (16)
  第二节　农民生产的社会环境 ……………………………… (20)
    一　耕作制度 ……………………………………………… (20)
    二　经营方式 ……………………………………………… (27)
  第三节　农民的衣食住行 …………………………………… (31)
  第四节　农民的思想及劳作之余的生活 …………………… (39)
    一　农民的经营思想 ……………………………………… (39)
    二　农民的信仰与婚姻取向 ……………………………… (46)
    三　农民劳作之余的生活 ………………………………… (50)
  小结 …………………………………………………………… (54)

第二章　唐代农民家庭经济的管理与运行 ……………………… (55)
  第一节　农民家庭经济的内部管理与运行 ………………… (55)
    一　父家长在家庭经济管理中的主导地位 ……………… (56)

二　妇女对家庭经济的日常管理 …………………………………… (58)
　　三　农民家庭的分家与财产继承 …………………………………… (61)
　第二节　农民家庭与宗族、村社之间的经济交往 ……………………… (66)
　　一　生产和生活互助 ………………………………………………… (67)
　　二　赋税和借贷 ……………………………………………………… (72)
　第三节　城乡经济之间的交往与互补 …………………………………… (75)
　　一　集市、墟市 ……………………………………………………… (75)
　　二　城镇 ……………………………………………………………… (80)
　小结 ………………………………………………………………………… (87)

第三章　唐代农民与国家之间的经济关系 ……………………………… (89)
　第一节　国家与农民之间的关系概述 …………………………………… (90)
　　一　良性互动 ………………………………………………………… (90)
　　二　恶性循环 ………………………………………………………… (92)
　第二节　国家与农民之间的良性互动关系 ……………………………… (93)
　　一　国家制定合理的土地和税收制度 ……………………………… (94)
　　二　国家及其各级官吏组织农民发展生产 ………………………… (98)
　　三　国家赈灾、救灾，救助农民弱势群体 ………………………… (102)
　　四　农民安心生产和生活是社会稳定和发展根本动因 ………… (106)
　第三节　国家与农民之间的恶性循环关系 ……………………………… (108)
　　一　国家统治成本加剧的原因分析 ………………………………… (109)
　　二　国家与农民之间恶性循环关系的表现形式 …………………… (111)
　小结 ………………………………………………………………………… (114)

第四章　均田制下农民家庭的经济状况 ………………………………… (117)
　第一节　均田制对农民生产的影响 ……………………………………… (117)
　第二节　均田制下农民的受田情况 ……………………………………… (122)
　　一　农民受田的数量 ………………………………………………… (123)
　　二　农民受田的地块分布 …………………………………………… (128)
　第三节　均田制下农民的家庭收入 ……………………………………… (134)
　　一　粮食收入 ………………………………………………………… (136)

二　副业及其他收入 …………………………………………（140）
　第四节　农民的家庭支出 ……………………………………（145）
　　一　家庭规模 ………………………………………………（145）
　　二　赋税支出 ………………………………………………（147）
　　三　日常生活支出 …………………………………………（149）
　第五节　农民经济运行与唐代前期社会发展的关系 ………（155）
　小结 ……………………………………………………………（159）

第五章　两税法改革与唐代农民家庭经济 ……………………（161）
　第一节　两税法改革的农村经济背景 ………………………（162）
　第二节　两税法前后农民家庭负担的变化 …………………（168）
　第三节　两税法对农村户口和农民家庭结构的影响 ………（172）
　第四节　两税法对农民经营方式的影响 ……………………（177）
　第五节　两税法后农村经济的发展及农民阶层的分化 ……（185）
　　一　两税法后农村经济发展的良好局面 …………………（185）
　　二　农民阶层的分化 ………………………………………（188）
　小结 ……………………………………………………………（192）

第六章　唐代农民负担及其历史走向 …………………………（195）
　第一节　唐代正常年景下农民承担的赋税量 ………………（195）
　　一　中国古代社会的赋税比例 ……………………………（195）
　　二　农民家庭合理负担量分析及其意义 …………………（199）
　第二节　唐代农民负担加重的原因及其后果 ………………（203）
　　一　农民负担加重的原因 …………………………………（203）
　　二　农民负担加重后的结果分析 …………………………（207）
　第三节　唐代减轻农民负担的努力及历史走向 ……………（209）
　　一　唐代政府减轻农民负担的努力 ………………………（209）
　　二　农民负担的历史走向 …………………………………（213）
　小结 ……………………………………………………………（217）

参考文献 ………………………………………………………（220）
后记 ……………………………………………………………（230）

序

在张安福跟从我攻读硕士学位期间,他就把唐代的家庭经济状况作为研究对象,初步奠定了学术研究的基础。硕士毕业到山东大学工作一段时间后,又负笈首都师范大学阎守诚先生门下,攻读中国经济史博士学位。张安福是一个很有思想和踏实肯干的学生,自其硕士毕业后,我常见其有论文发表,感受到他日渐清晰的研究思路和初步扎实的研究能力。看到这次寄给我的书稿,发现他在中国经济史研究领域取得了明显的进步,其专业学术水平也达到了新的高度。

中国是一个传统的农业国家,一直到20世纪都是以农立国,因此,农民成为传统国家的重要生产力量和社会组成。古代中国虽然有着源远流长的史学编撰传统,但大都是帝王将相的政治史,缺少对社会下层的延续记载和分析研究。自20世纪初开始,以法国"年鉴学派"为代表的学派主张史学研究要突破传统的政治史的框架,认为史学研究应该是社会的历史,是"总体的历史"。霍布斯鲍姆认为从民众的角度和立场重新审视国家与权力,审视政治、经济和社会体制,更容易发现历史的真相,也就是"自下而上的历史"。20世纪二三十年代,以《食货》等杂志为代表的研究阵地,出现了大量的对社会下层的研究成果,如对农民经济的关注、对社会婚姻家庭的关注、对社会救助体系的关注等,初步凸显了中国史学界对社会史和经济史的关注。不过这种研究趋势,只是昙花一现,一直到改革开放后,史学界才重新开始了对社会史、经济史等领域的研究。不过,相较西方学界,已经出现了较大的差距。令人感到振奋的是,国内年轻的学者已经迎头赶上,一些研究领域已经跻身国际学术界的先进前列,出现了一些有影响的成果。五年前,张安福曾与我谈及继续把唐代农民家庭经济的研究领域深入下去的想法。我支持这一想法，无论最终的结果影响如何，至少作者研究的过程就是对这一领域的创新和探索。

即使在当代，"三农"问题仍然是我国现代化过程中的瓶颈问题。如何解决这些问题成为国家政策的重中之重。从历史上的"三农"问题中吸取经验教训，成为学界的焦点，如中国社会科学院等科研单位多次召开关于"历史上的'三农问题'国际学术讨论会"就体现了这一点。因此，作者的《唐代农民家庭经济研究》可谓是应时之作，其对唐代农民家庭经济的研究涉及国家赋税、农民负担、家庭经济运转、国家与农民关系等内容，这些内容的研究为解决现实问题，提供了历史的借鉴。

家庭是社会的细胞，农民家庭是传统农业社会中最基本、最重要的组成部分，也是最基层的生产组织。农民的社会生产与国家发展息息相关。如果广大农民的家庭经济得以正常运行、家给人足，就会国泰民安，社会安定繁荣；如果由于各种天灾人祸，影响了农民日常生活，农民家庭就会出现破产甚至流离失所的状况，社会必然会动荡不安。以唐代社会为例，唐代繁荣的国家经济寓于农民个体的生产之中。广大农民通过经营自身家庭经济，完成国家赋役，努力实现自给以维持自身生存。可以说，农民家庭经济是整个唐代国家经济赖以发展的基础。因此，张安福以研究农民家庭经济的发展变化去认识唐代经济整体发展的渐变过程，颇有学术价值。

通读全文，感到作者对唐代农民家庭经济的发展过程和自身运转情况把握得较有条理，作者以国家和农民关系、农民家庭自身的经济运行为两条主线，贯穿全篇始终。由此达到的理论创新主要有以下几个方面。

首先，作者认为唐代均田制下农民家庭经济生活的状况比传统学界所认为的要好，并从家庭收入的渠道、经济数量以及家庭支出如缴纳赋税、日常消费等方面进行了研究，量化较为细致和客观，结论是唐代农民家庭的剩余率大概是20%。认为在正常年景下唐代农民是一个普遍富裕的阶层。这个结论是否客观还有待于学界的进一步论证，但是，传统史学中所描述的即使是开、天之际农民仍然普遍生活在衣不蔽体、食不果腹的境况之中，肯定是不符合历史实际的，因为唐代繁荣的经济总量建构在个体小农的富裕之上。以此为基础，我们才能够合理解释唐代经济社会繁荣和国力强盛的现象。

其次,是关于国家和农民之间的经济关系问题。作者认为把以统治阶级为代表的国家和农民阶层对立起来,并简单地定位二者之间是剥削和压迫的关系是不合适的,不符合历史的实际。作者认为唐代国家和农民经济个体的关系具有二重性,即大多数时间中的良性互动和非常态下的恶性循环的关系,二者总体上处于相对和谐的状态。这种观点有其一定的合理性。学界原来过于强调劳动人民在经济生产中的地位和作用,而对最高统治者和各级管理部门在发展生产和保护民力方面所做的努力,常常忽视甚至是从未提及,这是不符合历史实际的。而且,统治者在制定经济政策、税收制度时,也总是考虑到农民的家庭收入保障和个体的承受能力,巧取豪夺、竭泽而渔的税收政策并非是二者关系常态的体现。

此外,作者对唐代农民负担及其历史走向也进行了研究。通过对汉、唐等时期的国家税收政策进行分析后,作者认为传统社会的"什一之税"是农民合理的负担量。而农民负担的加重常常是战乱和吏治不良造成的。税制改革是统治者为解决农民负担问题而采取的措施,但历史上包括两税法改革在内的税制改革常常是以加重农民负担而告终,也即著名的"黄宗羲定律"。解决农民负担的出路在哪里?作者认为随着国家工业化的开展,完全减免农民税费负担、加大国家对农民的财政支持力度,统一国民待遇等,是历史发展的必然。可喜的是,作者在四年前对这一问题的研究,目前已经变为现实,农民的农业税免去了,并且国家也开始了对农民农业补贴并从整个国民经济体系中开始对农民进行反哺,而且这一趋势还将继续深入下去,从这个角度看,该书不仅是基础理论研究,还具有较强的实践性和前瞻性。

张安福自大学阶段就是主要学生干部,学习优秀,工作踏实。一直到他博士毕业我都认为他会从事管理工作,但他最终却选择了教学和研究事业,这是让我感到欣慰的。我一直期待他能回母校工作,但是十多年来他从山东大学到新疆石河子大学到上海师范大学,工作地域一直服从于自己的学术研究需要,尤其是全身心在新疆工作的七年让我感到他对西域、对丝绸之路文化的热爱,现在的年轻人很少有能放弃东部优越的工作环境,独自到西北戈壁沙漠献身学术,从事中古时期的西域研究。此后,他先后作为首席专家主持西域文化的国家社科重大项目、一般项目和出版的系列著述,都体现了他的执着和努力有了初步成果。

作为导师，最高为高兴的是看到学生不断进步，也很欣然为其成果作序。同时，我期待他在上海师范大学新的工作环境中，有新的成绩。

山东曲阜师范大学校长　傅永聚
2014 年 1 月

绪　论

第一节　选题的缘起

　　唐代社会是一个繁荣昌盛的时期，也是传统农业社会中农业生产较有代表性的一个时期。长期以来，对其发展、昌盛的过程，学者们从政治、经济、文化等角度进行了研究和探讨，取得了丰富的成果。诚如张广达先生所言，20世纪唐史研究领域"向人们展现了这一时期作为经济基础的土地制度、赋役制度、财政制度，作为政治制度的律令格式、职官、兵制、选举，作为文化艺术的诗歌、传奇、变文等多方面的研究成果，成就斐然"。[①] 然而，在现有的唐史研究结构中仍然呈现出一种极不平衡的状态。从历史研究的对象来说，传统史学向来是社会上层"传统精英的政治史"，[②] 缺乏对社会下层生活和生产情况的关注，这是史学研究的缺憾。我国传统史学过于强调官方史学的编修和正史的编撰，而在浩如烟海的史籍中缺少霍布斯鲍姆所谓的"自下而上的历史"（history from below）（亦可称之为"草根史学"）[③]。因此，本书从民众的角度和立场重新审视国家与权力，审视政治、经济和社会体制，将更容易发现历史的真相。Eric Kerridge说："只有整合的历史才能使我们穿越时空，看到那已逝去的我们不熟悉的世界，更重要的是运用这种对那个已逝世界的知识，与当今世界作出对比，从而加深我们对现实的认识，这才是历史学家最伟大、最崇

　　[①]　张广达：《关于唐史研究的几点浅见》，载《中国学术》2002年第1期，后收入胡戟等主编《二十世纪唐研究》序言一，中国社会科学出版社2002年版。

　　[②]　赵世瑜、邓庆平：《二十世纪中国社会史研究的回顾与思考》，《历史研究》2001年第6期。

　　[③]　Eric Hobsbawm, "On History from Below", On History, The New Press, 1997, p. 202.

高的目标。"①

20世纪三四十年代，我国史学界以社会下层和民众生活为对象的经济社会史研究开始兴起，内容包括社会史的论战、对民间生活的研究——特别是对农村的调查研究，出现了系列反映中国社会生活、农村生活的研究成果②。但是，这些有意义的研究几乎是昙花一现。新中国成立后，史学研究经历了一个曲折的发展过程，农民史的研究也不例外。在激进的时代思想影响下，往往过于侧重农民战争、阶级斗争的农民阶层研究领域中，农民的苦难史和斗争史成为研究的重点，并带有着强烈的阶级斗争倾向和幻想激情。而关于农民家庭经济运转情况、农民的日常生活等领域的研究仍几乎是一片空白。80年代后，学术界重新开始了对农民、农业和农村问题的研究，不过从内容看，农业生产、赋税和土地问题是研究的主要方向；从地域看，侧重于对敦煌和西北地区的资料分析。虽然白寿彝先生早在80年代初就提出了要重视这一领域的研究，③但是，"专门把农民作为一个生活等级或职业类别来讨论的文章，至今仍是十分罕见的"，因此"家庭研究应是唐代社会史中一片尚待开发的领域"，④有待加强。

家庭是社会的细胞，农民家庭是传统农业社会中最基本、最重要的组成部分，也是最基层的生产组织。农民家庭经济在传统农业社会的国民经济中占有非常重要的地位，如果广大农民的家庭经济得以正常运行、家给人足，就会国泰民安，社会安定繁荣；如果由于各种天灾人祸，以致"男子疾耕不足粮饷，女子纺绩不足衣服"，甚至"慈母不能保其子"⑤，则必然社会动荡。所以，孟子提出"国之本在家"⑥，并一再设计理想的

---

① "Looking to the future", in P. Hudson, ed., *Living Economic and Social History*, pp. 190–191.
② 社会风俗方面的成果有张亮采：《中国风俗史》，商务印书馆1911年版；瞿宣颖：《汉代风俗制度史前编》，北平广页书社1928年版；杨树达：《汉代婚丧礼俗考》，商务印书馆1933年版；尚秉和：《历代社会风俗事务考》，商务印书馆1938年版；陈顾远：《中国古代婚姻史》，商务印书馆1925年版；吕思勉：《中国婚姻制度小史》，中山书局1929年版；陶希圣《婚姻与家庭》，商务印书馆1934年版；陈东原：《中国妇女生活史》，商务印书馆1928年版。
③ 转引自白寿彝主编《中国通史》第一卷《附录一》，上海人民出版社1989年版，第387页。
④ 胡戟等主编《二十世纪唐研究》，中国社会科学出版社2002年版，第817、851页。
⑤ 《汉书》卷二四《食货上》，中华书局1962年版，第1131页。
⑥ 焦循：《孟子正义》卷一四《离娄上》，第493页。

小农家庭的经济和生产模式。从唐代经济看来，唐代繁盛的经济总体寓于农民个体的生产之中，广大农民通过经营家庭经济，努力实现自给以维持自身生存，并承担国家的赋税和劳役。可以说农民家庭经济是整个唐代国家经济的基础。因此，研究农民家庭经济的发展变化对于认识唐代经济整体发展的规律性具有重要意义。

就目前我国的经济建设和现代化进程而言，"三农"问题仍然是社会发展和国家现代化的瓶颈。如何解决"三农"问题、促进农村经济发展，是从中央到地方都在关注的重要社会问题。唐代是传统社会中繁荣发展时期，在这一发展过程中，有相当多值得后人思考的问题，如：这一时期农民家庭经济运转情况如何？唐政府是如何组织生产及救助农民群体的？又是如何实现政府与农民经济之间的良性互动的？这些措施及其做法对唐代农民经济产生了怎样的影响？因此，研究历史上的"三农"问题及其农民家庭经济运行情况，能为解决目前所面临的社会问题提供有益的借鉴。目前，这一研究趋势已引起学界的注意。[1]

基于以上缘由，本著作以"唐代农民家庭经济"为题，分析农民日常的生活状况、农民家庭经济的运作以及与唐代国家经济的互动关系等内容，就唐代农民家庭规模、农民家庭经济的收入和支出情况、农民日常生活情况、农民家庭经济的管理和运行、唐代农民的负担及其历史走向等问题进行探讨，从中揭示唐代农民的具体生活情况、唐代社会繁盛的原因、中唐农村社会的变化过程及唐代国家经济和农民家庭经济的互动关系等问题及其内在规律性。

第二节　对唐代农民生活状况研究的回顾

自 20 世纪 20 年代起，我国史学界就开始了对农民生活和农民负担的

---

[1] 2006 年 4 月，由"中国经济史论坛"主办的"中国历史上的三农问题"国际研讨会在北京召开，黄宗智、吴承明、李根蟠、林甘泉、李伯重、李成贵等中外学者对中国历史上的"三农"问题进行了探讨，对赋税制度的变迁研究、农民经济的运转情况、农村自治力量的发展以及政府的作用分专题进行了讨论，一致认为，加强历史上的"三农"问题研究，有助于解决目前所面临的"三农"问题，并提供有益借鉴。

研究。① 在这一阶段的研究过程中，唐代农民在变乱时期的生活状况首先成为研究的对象。黄谷仙在《天宝乱后农村崩溃之实况》中对天宝乱后的农村和农民生活状况进行了研究，认为农村崩溃和农民困乏的原因在于政府征收重税、官吏苛虐、兵祸、经济被政府和商人所操纵②；在其《天宝乱后唐人如何救济农村》一文中分析了统治者为挽救农村困局，一方面倡导节俭，另一方面改革行政，鼓励大臣"直言极谏"，尽力避免政治失误。作者认为，挽救唐代农民经济从战争废墟中走出来的最好方法是切实减轻农民的赋税负担。③

自新中国成立后至70年代，在阶级斗争意识论的影响下，农民的受压迫地位和悲惨生活成为农民史研究的重点对象，从教科书到农民战争史的专题论著都从此论，故缺少对农民日常生活和区域活动的研究，更缺少对农民生活状态的客观分析，因此这一阶段关于农民日常生活史和家庭经济史的研究成果相对匮乏。韩国磐先生对天宝年间的农民生活研究是这一时期不多的成果之一。韩国磐先生在《唐天宝时农民生活之一瞥——敦煌吐鲁番资料阅读札记之一》一文中对敦煌吐鲁番出土的有关农民家庭经济的资料进行了量化分析，并将量化分析的方法引入唐代农民经济生活的研究中，为研究唐代农民生活状态提供了一个新的视角。通过对农民家庭的收入和生活必需品的支出进行定量分析后，韩国磐先生认为所谓的大唐开、天盛世之际，农民的生活仍然很艰难，除了维持日常生计外，农民家庭没有剩余，甚至还要借贷度日以至于破产流亡。该文的结论是"既要认清封建社会中农民始终是被剥削、被压迫的阶级，生活总是痛苦的；但也要区别不同时期其被奴役的情况有所不同，其痛苦的程度也是有差别的"。④ 通过对韩国磐先生的研究分析看，研究资料是有局限的，韩国磐先生对唐代农民生活的考察仅用粮食产量来衡量其收入和消费显然是不够

---

① 这些研究包括农民生活、农村经济、农民救助等内容，但缺乏系统地对农民生活的微观分析。主要成果有黄谷仙《天宝乱后唐人如何救济农村》，《食货》1936年第2卷第2、3期。周一良：《隋唐时代之义仓》，《食货》1935年第2卷第6期。太平洋书店编《中国农村问题：佃农问题·农民负担》，太平洋书店1933年版。
② 黄谷仙：《天宝乱后农村崩溃之实况》，载《食货》1934年第1卷第1期。
③ 黄谷仙：《天宝乱后唐人如何救济农村》，载《食货》1935年第1卷第10、11期。
④ 韩国磐：《隋唐史论集》，生活·读书·新知三联书店1979年版，第233页，原载《厦门大学学报》（社会科学版）1963年第4期。

的。因为，古代农民的生活状况是多层次的收入结构和多层次的消费方式共存，从收入来看，唐代农民家庭收入不仅有粮食收入还有经济作物收入，而且副业收入也占有很大的比例；从农民日常饮食结构看，粮食消费也只是其中一部分。正如程念祺先生在《中国历史上的农民经济—生产与生活》一文中所谈到的，以往有关农民经济的讨论往往只涉及生产中的主业和副业——粮食和纺织原料及其成品生产，而忽略了中国历史上农民经济赖以存在和发展的很多必要条件。如生产中的农业与家庭副业等的并存和互补；"桑"与"枣"并称，是农民消费中粮食的替代物，"糠菜半年粮"，等等，即是此谓。只有全面考虑农民的生产和消费方式，才能理解为什么农民能够持久地提供赋税和地租，而农民家庭却保持了持久的生命力。[①] 那为什么在包括唐代在内的古代社会的大量记载资料（如臣下的奏文）中常出现盛世时期农民生活仍然困苦的情况呢？美国学者比尔·孔维廉对此进行了研究，认为那些大都是士大夫为了引起统治者的注意而有意将农民的生活困苦状态夸大了。[②]

20世纪80年代之后，随着社会史的兴起和新的史学理论框架的建立，特别是多学科理论，如人类学、计量史学等理论方法的综合研究运用，使农民生活和农民负担史的研究逐步深入，从而农民日常生活史的研究也鲜活起来。近期在武汉大学召开的"中国三至九世纪历史发展暨唐宋社会变迁学术研讨会"上，张国刚先生提交了《唐代农家经济生活与日常生计》一文，该文认为唐代农村家庭是一个典型的生产单位和经济单位，通过对农家的土地占有和粮食产量等数据的考证，勾勒出当时的农民家庭的基本收入、消费和生产成本的大致轮廓。该文从以下几个方面进行了论述：一是农民经济生活，论述了农民的作物种植、农具使用和水利条件；二是农家经济与市场的联系，古代农家经济是一个混合的综合经

---

① 程念祺：《中国历史上的农民经济——生产与生活》，载《史林》2004年第3期。
② 作者认为晁错、董仲舒等人对农民生活描述性的定论不足信，应该用定量分析的方法对农民生活进行研究。作者通过计量农民占有土地的数量和亩产量，得出农民的收入，并计算了农民的家庭消费水平、赋税支出、生产成本支出等方面的支出情况，结论是农民的生活状况是不错的，并有望得到进一步的改善。而且政府的行政机构有效与否对农民的生产影响非常大，在农民生活发生困难时，如果政府能适当地分给农民土地和农具，农民的生产就会正常运转；如果农民求助于地主大户而不再是政府时，农民对地主的依附性就会加强，会引起地方的反叛。比尔·孔维廉：《汉代农民的收入和支出》，载《徐州师范学院学报》1994年第1期。

济，除了农业生产外还有畜牧业、林业、渔业和副业，农桑并重使农民与市场发生联系，同时农民要从市场上获取生产工具、生活必需品等；三是农家生产成本，主要是耕牛、农具和种子；四是住房消费与其他大宗家庭开支，住房开支占据农家经济很大比例，其他大宗开支包括丧葬费用和婚嫁费用；五是唐代中等水平农家生活蠡测，根据中等家庭授田数目和亩产量，推测其家庭收入，然后考察中等农家的生活指数，即现代社会所谓的恩格尔系数。除去其家庭成员消费、上缴赋税、市场成本预留，还有十多石粮食的盈余，因此唐代中等农家的生活水平还是不错的；六是其他农家与城市居民家庭生活状况，认为贫穷的农家濒临破产，富裕的农家有可能成为地主，中间的分化是很大的。① 山东大学马林涛的博士学位论文《唐代农民的生产经营与心态观念》对唐代农民的心态和经营方式进行了剖析，从微观领域去分析唐代农民的生产和心态观念，为研究农民和农村问题提供了一个新的视角。②

随着目前对农民负担研究的有关内容越来越广泛，对农民生活和家庭负担的研究成果也越来越多③。对唐代农民生活和家庭负担的研究也出现了一些成果，不过这些研究大都是围绕农民贫困和国家剥削、压迫进行探讨④。王士立的《对贞观年间农民生活状况的初步探讨》一文中认为贞观年间农民的生活状况被历来的统治者美化了，农民最多只能是维持最低生活水平，一部分农民仍有"饥寒之弊"，至于"富给"和"安乐"是根本谈不上的。该文认为，农民生活困苦的原因有三：一是生产力较低和农

---

① 张国刚先生在2004年9月国际"中国三至九世纪历史发展暨唐宋社会变迁学术研讨会"提交论文的主要观点，现已融入《中国家庭史·隋唐五代时期》第五章《家庭生计》部分。张国刚：《中国家庭史》，广东人民出版社2007年版。

② 马林涛：《唐代农民的生产经营与心态观念》，山东大学博士学位论文，2002年。

③ 刘五书：《二十世纪二三十年代中原农民负担研究》，中国财政经济出版社2003年版；胡开宇：《现阶段我国农民负担问题研究》（硕士学位论文）2003；国风：《农村税赋与农民负担》，经济日报出版社2003年版；夏永祥：《农民收入农民负担与结构调整》，中国农业出版社2002年版；郝铁柱：《农民负担与国运兴衰》，山东人民出版社2002年版；傅伟：《话说农民负担》，中国科学技术出版社1997年版；李茂岚：《中国农民负担问题研究》，山西经济出版社1996年版。

④ 杨希义：《唐代关中人民的赋役负担》，载《西北大学学报》1984年第4期；王士立：《对贞观年间农民生活状况的初步探讨》，载《河北师范大学学报》1983年第1期；陈仲安：《试论唐代后期农民的赋役负担》，载《武汉大学学报》1979年第2期。

民占有的土地太少；二是农民的赋役负担越来越重；三是贞观年间自然灾害的频繁发生。杨希义在《唐代关中人民的赋役负担》一文中对关中人民的负担进行了分析，认为关中人民的负担沉重，农民大量土地被王公贵族、官吏以职分田、公廨田、实封田等方式占有，而关中地区徭役负担非常沉重，主要有土木之役、运输之役、和雇、杂徭役等，其中土木之役是关中人民最为繁重的徭役负担，包括营建宫殿城池、修筑寺观宅第、建造陵寝和修筑道路桥梁等。陈仲安的《试论唐代后期农民的赋役负担》一文认为实行两税法后农民的负担由于两税的弊端而加重了，这些负担包括两税、两税的附加税、盐税、茶税及除陌钱、差科、和市与和雇等方面。从表面上看来，似乎承担赋役是广大的贫困百姓，然而实际上最沉重的负担却是落在贫苦农民身上。特别是落在有几亩土地、少许资产的那些被定为八、九等户（即下中户、下下户）的自耕农、半自耕农身上，因为他们不能被免除两税和差科。陈先生还认为，农民负担加重的原因是多方面的，既有国家税收加重的原因，也有自然灾害造成的原因。统治者确实应该对农民负担加重负责，但是如果不考察统治者所处的政治和社会环境，忽略他们在减灾、赈灾以及减轻农民负担方面所作的努力，也有失偏颇。

因此，研究国家对农民的救助体系和赈灾、救灾也成为史学研究的必然。早在20世纪30年代，邓拓在其《中国救荒史》中就对唐代救灾进行了研究，[①] 随着近些年来对唐代自然灾害的研究的增多，[②] 对国家的救灾研究领域也逐步拓宽。曾一民在《唐代之赈恤政策》中认为，唐代的赈恤政策分为三个方面实施：凶岁之赈恤，长岁之赈恤以及农事之赈恤；[③] 潘孝伟在《唐代减灾与当时经济政治关系》中提出唐代的减灾措施得当，有力地保护了广大人民的生命财产，有效地保障并促进了农业经济

[①] 邓拓：《中国救荒史》，商务印书馆1937年版。
[②] 刘俊文在《唐代水害史论》中认为，在唐代289年的历史上，大约有138年发生过水灾，唐代统治者的水害对策，体现为重在预防和及时救助，载《北京大学学报》1992年第2期；阎守诚的《唐代的蝗灾》则全面研究了唐代的蝗灾，分析了蝗灾对农业、社会生活、政治、军事等各方面的影响，特别是对农民生活的影响，认为唐末的农民战争就是由蝗灾促成的，载《首都师范大学学报》2003年第2期。
[③] 曾一民：《唐代之赈恤政策》，《唐宋史研究》，香港大学亚洲研究中心，1987年。

的发展，也促进了统治政策的调节和社会政治环境的局部改善。唐代减灾的规模呈现出波动起伏的变化之势，其整体规模和总体成效，随着时间的推移而表现出递减的趋势，递减之势与唐代中央政治权威逐步下降的大趋势一致。① 因此，这些学者对唐代救灾和赈灾的研究，丰富了唐代农民研究的领域，将国家和农民的关系引向一个更为客观的研究领域。

虽然有关唐代国家对农民经济救助的研究已经取得了一些成果，但关于农民阶层和以统治者为代表的国家之间关系的客观研究还远远不够。近些年来，研究中国历代政府对发展经济所起的作用越来越受到众多学者的关注和重视②，许多学者也认识到了研究中的偏颇，如朱绍侯先生对史学界过去倾向于强调生产力和劳动人民在生产中的积极作用，而"对于生产关系与生产力相适应时期国家政权和地主阶级在组织生产中的积极作用，则是有意避开不敢提及，只强调其残酷剥削和压迫的一面"的现象提出了批评。③ 因此，如何理顺唐代农民经济和国家政权、国家经济之间的对立、统一关系，是本书需要重点研究的问题之一。

第三节　唐代农民家庭研究中有关概念的界定

一　农民的界定

对于唐代农民家庭经济的研究，首先涉及的就是对农民概念的界定问题。目前学界对于农民的定义还较为模糊，歧见纷出，也是世界性的有争议的问题。正如英国人类学家 M. 布洛克在 1953 年所指出的：人类学界"在议论究竟什么是农民时面临着巨大的困难"④。一些国外权威工具书中"农民"（peasants 或 peasantry）的词条更把这种困惑表现得淋漓尽致："很少有哪个名词像'农民'这样给农村社会学家、人类学家和经济学家

---

① 潘孝伟：《唐代减灾与当时经济政治关系》，《安庆师院学报》1995 年第 4 期。
② 2004 年 7 月，河北大学宋史研究中心与中国经济史学会联合召开的"中国经济发展史上的政府职能与作用国际研讨会"，对中国经济发展史上不同时期政府干预经济发展的政策、方式和成败得失进行了总结。2006 年 4 月，在北京召开的"中国历史上的'三农问题'研讨会"上，众多学者一致认为近期要召开"中国历史上政府作用研讨会"，研究历代政府在解决"三农"问题中所起的主导作用。
③ 程民生：《中国北方经济史·序》，人民出版社 2004 年版。
④ M. 布洛克：《马克思主义与人类学》（中译本），华夏出版社 1988 年版，第 125 页。

造成这么多的困难。什么是'农民'？即使我们把地域只限于西欧，时间上只限于过去的一百年内，这一定义问题依然存在，"[①]"各学科的研究者使用的（农民）定义与概念都是广泛的多种多样的。"[②]

中国史学界对农民的定义同样莫衷一是。仅从对唐代农民的界定看，研究者也是各有侧重。胡如雷先生在《唐末农民战争》一书中把农民分成自耕农与佃农两种类型。他认为，唐前期实行均田制，完全以私有土地为基础的自耕农很少，大多数是受田农民。中唐以后均田制破坏，自耕农就先后纷纷破产了，流民集团的主要成员是自耕农。[③] 关于均田制破坏后的自耕农，胡如雷在《唐代的客户是些什么人》中指出，两税法没有让自耕农的地位有任何改变，他们不仅因拥有土地和户等比佃农高而要承受两税负担，而且往往成为产去税存的替罪羊。在唐末农民战争前，自耕农已寥若晨星。[④] 韩国磐先生在《隋唐五代时的阶级分析》中认为，隋唐五代时的农民阶级有自耕农、封户和兵士，有依附于官府和私家的客户、庄客、屯兵、佃民、部曲、客女、杂户、官户、佣工等。除自耕农外，其余的依附性都很强，且杂户、官户、部曲、客女在法律上不是"良人"，和奴婢同被视为"贱民"。自耕农是农民阶级的上层，这个等级经常处于分化状态中，少数人上升为庶族地主、武将、官吏，而大部分的人勉强维持以至没落下去，随着土地制度的变化，没落的人越来越多。私家的客户、庄客、佃户和官府的屯兵、佃民、营田户等，依附关系颇强，是农民阶层中数量最多者，他们和自耕农组成农业的生产大军。[⑤] 张泽咸先生在《唐代阶级结构研究》一文中，将唐代的户等制度即三等九级制作为划分阶级的标准，认为农民阶级的经济、政治状况并不是整齐划一的，大致来说其主要包括了乡村次户与乡村下户。次户（五等至七等户）在上户（一等至四等户）之外，在农村中是比较富裕的部分，其中可能包括某些较

[①] R. Forster, "Peasants". in The Palgrave, *A Dicionary of Economics*, MacMillan, 1987. V. III. p. 826.

[②] D. Thorner, "peasants". in *International Encyclopedia of the Social Science*, New York, 1968, V. 11. pp. 503–504.

[③] 胡如雷：《唐末农民战争》，中华书局1979年版。

[④] 胡如雷：《唐代的客户是些什么人》，《历史教学》1956年第8期。

[⑤] 韩国磐：《隋唐五代史论集》，生活·读书·新知三联书店1979年版。

小的地主分子，但就总体而言，次户仍是农民阶级中的重要组成部分。乡村下户是农村中拥有零星土地的人，仅有一点其他资产的佃农等也都包括在内。甚至有点浮财物力而无田土的雇农等人，原则上同样被列入乡村下户。此外，手工业者和个体商贩一般尚未脱离农业，他们生活在广大农村，与农民一道属于乡村人户。除了其中很少数的专业工匠和城市独立的工商业者（唐代后期开始，正式称这些人为坊郭户）以外，他们原则上都属于乡村次户和下户。另外，被称为"贱人"的部曲、奴婢、杂户等低贱人家，从广义上来说，他们也属于农民阶级的范畴。①

由对唐代农民阶层的划分可以看出，我国史学界对于传统社会中农民阶层的定义划分还没有一致的意见。《二十世纪唐研究》认为，虽然20世纪30年代一些学者在唐代经济史的研究中曾经对农民问题有所涉及，50—60年代的农民战争讨论中也曾论及农民阶级的状况、地位问题，但专门把农民作为一个社会等级或职业类别来讨论的文章，至今仍是十分罕见的。提升到理论高度，还有待来日。② 因此，关于农民的定义问题也就没有深入探讨下去。实际上，研究中国历史上农村、农业、农民问题首先要解决的就是关于内容界定和研究范围、研究对象的问题。

农民，本来是一种职业，是指专门从事农业劳动的社会群体。早在先秦时期就用士、农、工、商来划分社会职业，《管子·小匡》云："士农工商四民者，国之石（柱石）民也"，③ 管子认为士、农、工、商四业是国家主要的职业，只有各安其业，才能达到富国强兵的目的。《淮南子·齐俗训》认为"是以人不兼官，官不兼事，士农工商，乡别州异，是故农与农言力，士与士言行，工与工言巧，商与商言数"，也是以"四业"作为社会的主要职业。在唐代，从事农业生产的农民同样是唐代社会"四业"之分工，《唐六典》规定："辨天下之四人，使各专其业：凡习学文武者为士，肆力耕桑者为农，功作贸易者为工，屠沽兴贩者为商。"④

---

① 张泽咸：《唐代阶级结构研究》，中州古籍出版社1996年版。
② 胡戟等编：《二十世纪唐研究》，中国社会科学出版社2002年版，第817页。
③ 黎翔凤：《管子校注》，中华书局2004年版，第400页。
④ 《唐六典》卷三《户部尚书》，中华书局1992年版，第74页。

《旧唐书·食货志上》所录武德七年（624）令云：

> 凡天下人户，量其资产，定为九等。每三年，县司注定，州司覆之。百户为里，五里为乡。四家为邻，五家为保。在邑居者为坊，在田野者为村。村坊邻里，递相督察。士农工商，四人各业。食禄之家，不得与下人争利。工商杂类，不得预于士伍。

从《唐六典》到《旧唐书》，都在强调农民是从事农业生产的群体。宰相崔融认为"四人各安其业"是社会稳定发展的基础，"士农工商，四人有业：学以居位曰士，辟土殖谷曰农，作巧成器曰工，通财鬻货曰商，圣王量能授事，四人陈力就职。然则四人各业久矣，今后安得动而摇之？萧何有云：'人情一定，不可复动'"；[①] 权德舆在《贞元二十一年礼部策问五道》中说："古者士足以理官业，工足以备器用，商足以通货贿，而农者居多，所以务三时之功，有九年之蓄，用阜其业。"[②] 可见，在整个唐代社会，农是和士、工、商相对的社会职业，是一种谋生的方式，"士农工商……悠悠群动，各有定业；明明财利，为谋不同"[③]。当然，在古代农业的分工远没有现在精细，渔夫、猎手、樵夫同样是农民的组成部分。同样，以种田为主兼营工、商者也是农民群体的一部分。此外，还有一种经营者自身下田干活，又雇工劳作，或者不雇工而出租一些田地让人经营，就是在传统社会中所谓的"上农"层次，也同样属于农民阶层的一部分。另外，在唐代社会中，并没有将地主和农民对立起来，认为同是从事农业活动的人群，二者处于一种动态的转化过程中。在唐代资料中有大量的"富民"的记载，记述了乡村富裕农民的生活状态。不过，对于其中有政治特权的农村阶层来讲，如"豪民"，是指有功名或政治特权的人群，是和其他农民阶层有别的。农民是古代国家赋役征发的主要对象。在广大的乡村，当然有阶层的区别，所谓乡村上户和乡村下户之别，或者

[①] 《全唐文》卷二一九《谏税关市疏》，中华书局1983年版，第2212页。
[②] 《全唐文》卷四八三《贞元二十一年礼部策问五道》，中华书局1983年版，第4933页。
[③] 《全唐文》卷九八三《对碱树为杯碗判》，中华书局1983年版，第10179页。

地主与小农、富室与贫民之别，如王梵志诗中所云之两种乡村人户[①]，但总的来说，农村人户的职业是相对单一的，除某些富室兼营土地与工商之外，一般小农大都以农作为主，同时从事与农家生活相关联的家庭副业，即以"耕织结合"为主要特点。

那么，本书如何界定唐代农民的范围？在业师阎守诚先生的启示下，笔者认为：农民是指家庭主要成员居住生活在农村的、主要从事农业生产和农业经营活动的、以农业生产为家庭经济主要来源的社会阶层，他们是以农业为主要经营方式，在不确定的市场中谋求家庭收益最大化的群体。因此，唐代农民大体包括佃种土地的农民、自耕农、富裕农民甚至经营一定规模土地的地主（没有政治特权）等。

从上述定义可以看出农民的特征。那么，农民的特征是什么呢？目前，理论界对农民（马克思称之为小农）的界定基本上是沿用马克思和恩格斯的观点。马克思、恩格斯认为，小农的主要特征是：第一，是小块土地的所有者、经营者；第二，使用的是落后的工具和传统的技术，与机器、先进的农业技术无缘；第三，生产是自给性的，主要靠与自然交换，而不是靠人与人之间的社会联系；第四，生活水平是低下的。上述的观点，实际上主要是对西欧中世纪农民封建农奴状况的描述，是落后的生产力水平下农民的生活状况。且不说当今现代化国家中，农民使用着先进的工具和技术，生活水平较高，即使是在历史的长河中，特别从唐代农民的生活、生产状况看，马克思和恩格斯的对农民的定义也并非是农民生活的全部。所以，对于农民特征的定位应从其历史实际出发，给予恰当的论述。本书认为，唐代农民的一般特征是：第一，是以家庭为生产单位；第

[①] 如《良田收百顷》诗："良田收百顷，兄弟犹工商。却是成忧恼，珠金虚满堂"；又《多置庄田广修宅》："多置庄田广修宅，四邻买尽犹嫌窄。雕墙峻宇无歇时，几日能为宅中客"；又《富饶田舍儿》："广种如屯田，宅舍青烟起。槽上饲肥马，仍更买奴婢。牛羊共成群，满圈养肫子。窖内多埋谷，寻常愿米贵。里正追役来，坐著南厅里。广设好饮食，多酒劝遣醉。追车即与车，须马即与马。须钱便与钱，和市亦不避……纵有重差科，有钱不怕你。"以上分见项楚《王梵志诗校注》卷6、卷5（上海古籍出版社1991年版）。这里所言为当时乡村之富户或地主之类；王梵志诗中另有《贫儿二亩地》，称："贫儿二亩地，干枯十树桑。桑下种粟麦，四时供父娘。"又《贫穷田舍汉》："妇即客舂持，夫即客扶犁。黄昏到家里，无米复无柴。男女空饿肚，状似一食斋。里正追庸调，村头共相催。"以上分见《王梵志诗校注》卷6和卷5。所云乃乡村贫困人户之情状。

二，有一定的、数量不等的生产资料；第三，是土地的经营者和所有者；第四，生活是家庭自给和市场交换的统一。

二　家庭的界定

家庭是社会的细胞。从狭义的角度看，家庭仅仅是指婚姻的组织形式，由夫妇二人及其子女组成的经济和生活单位，是生物性和社会性的统一。广义的家庭是指以婚姻为基础的经济社会单位，费孝通先生认为包括子女甚至是成年或已婚子女，有时还包括一些远房的父系亲属，因此称之为一个"扩大了的家庭"。但是，这种扩大了的家庭，数量并不是很多，在家庭的总数中，"我们发现有一对以上已婚夫妇的家庭不到总数的十分之一，"[①] 也就是说在农村中的绝大多数家庭是狭义的家庭概念。合理的家庭组成对于发展生产具有重要的意义，它以明确细致的分工协作为基础，男女彼此结合、扬长避短，使家庭产出最大化。贝克尔认为"当一个家庭的时间和货币为既定时，为了使家庭行为最大化，家庭成员就在户主的组织下，对有限的资源进行最合理的配置，进行家庭生产。正像企业一样，夫妻双方通过订立一份把他们长期结合在一起的契约，避免了支付交易费用，降低了生产成本。同时，家庭成员之间彼此了解、相互信赖，这就大大减少了监督和管理的费用"。[②] 从中国传统社会来看，男耕女织经济方式结合的家庭一直是古代农民家庭的重要特色。所谓男耕女织，即无论是大家庭还是小家庭，都按照年龄、性别自然分工，男耕女织，保证起码的生存条件，"昼出耕田夜织麻，村庄男女各当家，儿童未解供耕织，也傍桑荫学种瓜"即为此谓。因此，农民家庭的构成情况是以家庭的经济产出最大化为前提的。

中国传统的农民家庭也有一个历史的发展过程。三代时期的家庭由于实行火耕生产需要集体进行，一夫一妻的家庭还只能是一个生活的基本单位，至于生产的基本单位一直是家族公社。进入铁器牛耕时代之后，个体小农这种新生产方式则具有了强大的生命力。《管子》认为个体家庭经营，"民乃知时日之早晏，日月之不足，饥寒之至于身也。是故夜寝早

[①] 费孝通：《江村经济——中国农民的生活》，商务印书馆2001年版，第41页。
[②] 加里·斯坦利·贝克尔：《家庭论》，商务印书馆1998年版，第4页。

起，父子兄弟不忘其功，为而不倦，民不惮劳苦"。① 正因为个人利益与家庭如此紧密地联系在一起，那么，家庭的兴衰荣辱就是个人的兴衰荣辱，家庭的一切就是个人的一切。

那么，在唐代社会里，农民家庭模式是怎样的呢？在唐代的家庭研究中，魏承思认为在唐代，五口、八口之家的个体家庭是普遍的家庭结构，那种"少长千人""子孙百余口"的家庭是凤毛麟角，也不可能是农民家庭的规模。这种小家庭模式适合传统时代农业技术落后、生产规模小的特点，而且赋税制度以户等为征税对象也限制了唐代大家庭的发展。② 根据梁方仲先生的统计，贞观十三年（639），全国平均户口数为 4.31 口，天宝元年（742）为 5.75 口，③ 两个时期进行平均的话，是户均 5.03 口；冻国栋等也有统计，贞观十三年（639）的户均口数是 4.06 口，天宝元年的口数是 5.74 口，④ 那么户均是 4.9 口。总之，这两份研究的结果都表明，唐代前期的家庭人口规模和传统的五口之家的规模是相吻合的。当然这其中有富家大族的人口、有贫困之家的人口，相较看来，处于社会下层的农民群体的户均数大概还要少于这些平均数。对于唐代农民家庭的规模研究同样引起国外学者的注意，安德烈·比尔基埃等在《家庭史》中写道："唐代立法鼓励构成小型家庭组织，因为分田计算法规定，只把田分给 16 岁至 60 岁的'成年男子'，而不考虑你有多少奴隶和耕牛，这种体制上的变化表现为'户'的规模明显缩小，降低为 5.5 人一户。所以看到家庭缩小为核式，夫妻及其子女。"⑤

近些年来，学术界关于唐代是"五口之家"还是"八口之家"的讨论中，⑥ 多数学者也承认唐代有数世同居的官僚地主的大家庭，但仍然认

---

① 黎翔凤：《管子校注》，中华书局 2004 年版，第 92 页。
② 魏承思：《唐代家庭结构初探——兼论中国封建家庭结构变动规律》，载《社会科学研究》1986 年第 2 期。
③ 梁方仲：《中国历代户口田地田赋统计》，上海人民出版社 1980 年版，第 76—86 页。
④ 葛剑雄主编、冻国栋著：《中国人口史·隋唐五代卷》，复旦大学出版社 2002 年版，第 372 页。
⑤ 安德烈·比尔基埃等：《家庭史》，生活·读书·新知三联书店 1998 年版，第 708 页。
⑥ 李根蟠：《战国秦汉小农家庭规模及其变化机制——围绕五口之家的讨论》，载《家庭史研究的新视野》，生活·读书·新知三联书店 2004 年版。

为唐代绝大多数家庭以五口之家的小户为主，户至百口的大家庭为数很少。[①] 从唐代敦煌、吐鲁番出土的农民资料看，唐代敦煌、吐鲁番地区农民家庭也还是以五口之家为主，保持着小户型的家庭规模，而大家庭非常稀少。农民分家析产、保持小家庭主要是经济条件所限。因此，本著作对唐代农民家庭的界定，基本上是以"户"和"家"为一个统一体，"五口之家"是唐代农民家庭的普遍形态，不再细分是核心家庭或复合家庭以及由此产生的经济、社会关系。

[①] 参见冻国栋《唐代人口问题研究》第六章，武汉大学出版社1993年版。

第一章

唐代农民生产和生活的概貌

自然环境和社会环境直接决定农业生产收成的好坏，决定农民家庭日常消费的规模。唐代的经济发展和人文素养在中国传统社会中占有重要的地位，在中国历史发展的长河中，唐代社会的人文和社会环境是令人羡慕的，以至于今人都有"愿意做个唐朝人"的愿望。那么，唐代农民的生产和生活环境怎样？本著作将对唐代农民所处的自然和社会环境概貌进行分析。

第一节 农民生产的自然环境

唐代地域辽阔，从所辖地理范围看，是自秦汉之后第二个统一的国家，唐朝盛时，"东至安东府，西至安西府，南至日南郡，北至单于府。南北如前汉之盛，东则不及，西则过之"，[①] 地跨东经59°—148°，北纬约15°—60°，[②] 地理形势复杂，造成各地的气候条件以及相应的农作经营的差异。从南北跨度来说，高纬度半农半牧区、中纬度旱作农业区和低纬度水稻产作区构成了唐代主要的农作地区。关于农牧区之间的划分，司马迁曾认为汉代是从碣石至于龙门，用现代的地理方位来表示，就是由今天的河北昌黎的碣石山，斜向西南，止于今陕、晋二省之间的龙门山，此线以北为游牧区域，南为农耕地带。由于此线的两侧在自然条件上皆可农可牧，故自西汉以来，这条界线常被突破，因统治族类的不同，沿其所习，

[①] 《旧唐书》卷三八《地理志》，中华书局1975年版，第1393页。
[②] 参见谭其骧主编《中国历史地图册》第五册，地图出版社1982年版，第32—37页。

或农或牧，或兼营农牧。在唐代，由于气候变暖和农民大力垦殖，农牧区东段北移到燕山山脉以下，东北端伸向辽水的下游，西南端向南延伸，达于陇山之西，大致相当于现在甘肃全省，内蒙古自治区中部阴山、大青山以南，以及山西省的西北部，河北省北部。就唐制而言，则为陇右道东部、关内道西北部、河东道西北部以及河北道北部。[①] 唐代旱作农业区，就广义而言，贞观十道中的陇右道、关内道、河北道、河东道、河南道等北方五道皆属于旱作农业区。南方水田区主要是指秦岭—淮河一线以南的淮南道、山南道、江南道、剑南道和岭南道，这一地区自古以来就是以种植水稻为主，是水田区。

农业生产是一个非常复杂的系统过程，它兼受自然环境和社会条件的制约。在我国古代的农业生产中，人们改造自然和征服自然的能力有限，因此自然环境对农业生产影响很大。古人云："夫稼，为之者人也，生之者地也，养之者天也。"[②] 因此进行农业生产必须"顺天时，量地利，则用力少而成功多；任情反道，劳而无获"。[③] 由此可见自然条件对农业生产的重要性，如果冬天太长，就会缺少草料，家畜就可能因饥饿和寒冷而丧生；如果夏季太旱，庄稼就会枯萎；太潮湿，就会糜烂，有时候还会遭遇野兽和蝗虫的袭击，（因为它们在很短的时间里就横扫整个田地。）每一次的歉收，不论是地区的还是全国的，常常会引发饥荒。

那么，唐代的气候条件怎么样呢？竺可桢先生通过对梅树、柑橘等树木和农作物生长期进行对比后，从物候学的角度认为中国气候在第7世纪的中期开始变暖，将唐代定为温暖期，这一观点被学界接受和沿用。[④] 台湾的刘昭民在《中国历史上之气候变迁》中认为："在唐代三百年中，大雪奇寒和下霜下雪的年数都比较少，而冬天无雪的年份竟达十九次之多，

---

① 关于农牧分界线，多参考史念海先生《隋唐时期重要的自然环境的变迁及其与人为作用的关系》《唐代河北道北部农牧地区的分布》《隋唐时期农牧地区的变迁及其对王朝盛衰的影响》等文章，皆载《唐代历史地理研究》一书，中国社会科学出版社1998年版。
② 《吕氏春秋集释》卷二六《士容论第六·审时》，中国书店1985年版。
③ 缪启愉：《齐民要术校释》卷一《种谷第三》，中国农业出版社1998年版，第65页。
④ 竺可桢：《中国近五千年来气候变迁的初步研究》，载《考古学报》1972年第1期；《中国科学》1973年第4期。

居中国历史上各朝代之冠。"① 有关专家根据物候分布研究也表明,唐代年平均气温较之公元 4 世纪时,高出 2℃ 左右,即使较之现代,也要高出 1℃ 左右。由此,唐、五代时期农作物的生长期比现在长十天以上。② 从历史地理角度看,气候变化对高纬度的农牧区、中纬度的中国传统农业区和低纬度的江南水田区都产生了较大的影响。

第一,对农牧区的影响。游牧民族的生存对草原生态环境有很大的依赖性,如果气候相对温暖湿润,草原生态环境良好,游牧民族部落往往相对稳定。同时,气候的变化对农牧分界线也产生了重要的影响,气候处于温暖时期时农牧区界线北移,这不仅扩大了唐代的农耕区,而且使农业区与游牧区有了一个缓冲的地带。从防卫角度看,边防能有当地的给养支持,防御力量则更为强大。唐代沙州、敦煌、同州以及河套等地区,由于气候相对适宜,也成为唐代重要的农业产区,在农业经济中占有重要的地位,如《资治通鉴》所述:"是时中国盛强,自安远门西尽唐境凡万二千里,闾阎相望,桑麻翳野,天下称富庶者无如陇右。"③ 此时,西北丝绸之路也十分顺畅,为唐代经济的发展创造了条件。但是,自唐代后期至宋元之间,中国西北地区气候变得干旱少雨,农业多以牧业为主,经济落后,游牧民族时常因生计问题而骚扰中原腹地,由此导致了农业民族和游牧民族之间的资源争夺和边境冲突与问题的发生。

第二,对传统农业区的影响。如果气候温暖湿润,则农牧线北移,农耕区扩大,农业生产相对稳定。同样,气候转暖使农作物生长的周期增长、熟制增加及复种指数增大,相应地,增加了单位面积的总产量。据郑学檬先生的研究,唐代是在四月收麦,而宋代多在五月,同样,唐代两税征收的时间比宋代提早一个多月。④ 单季农作物因气候湿热而本身生长期短,在单季产量得到提高的同时,也为提高复种指数提供了更多的时间。

---

① 刘昭民:《中国历史上之气候变迁》一书引:Shen wenhsiung, changes in China's climate, *Bulletin American Meteological Society*, Vol. 55, No. 11, Nov, 1974.

② 龚高法等:《气候寒暖变化及其对农业生产的影响》,《纪念科学家竺可桢论文集》第 195—212 页,科学普及出版社 1982 年版。

③ 《资治通鉴》卷二一六,天宝十二载九月,中华书局 1956 年版,第 6919 页。

④ 郑学檬:《中国古代经济重心南移和唐宋江南经济研究》,岳麓书社 1996 年版,第 39 页。

唐代的复种现象较为普遍，如贞观十四年（640）秋，唐太宗想到同州狩猎，县丞刘仁轨上疏建议"退延旬日"，理由是农作未毕，加之"贫下无力，禾下始以种麦"。[①] 刘仁轨所指的"禾下始以种麦"，就是指的粟麦复种的情况。同时，由于唐代气候温暖湿润，黄河流域普遍开发了水稻田，水稻种植西起河西走廊，北抵河套、燕山南麓，南至秦岭、淮河，东至于海，和南北朝和宋元时期北线分布比都靠北一些，分布面积也更广一些。[②] 唐代黄河流域还是重要的桑蚕生产基地，河南道、河北道是传统产区，并保持发展优势，而河北道和河东高纬度地区桑蚕业也有了较大的发展。王昌龄《塞下曲》云："蝉鸣空桑林，八月萧关道"，萧关县处于今宁夏同心县东南，唐属原州，南距州治平高（今宁夏固原）二百余里，这里已近长城，可是仍然有大片的桑林。可见，作为唐代前期农业主产区的黄河流域，气候温暖湿润在一定程度上促进了农民家庭经济的发展。

第三，对南方水田区的影响。直到唐初，在人们的观念上，仍然认为南方的自然条件要比北方逊色一些，江南地区仍是卑湿烟瘴之地，不利于发展生产。如唐人对南方"九江卑地湿，四月天炎燠。苦雨初如梅，瘴云稍含毒"[③] 之类的描写。但是，由于唐代气候转暖及其人口和经济重心的南移，江南地区已经不是"江南卑湿、丈夫早夭"[④] 的时代了。这里不仅气候温暖湿润，适合稻、桑、苎、茶等作物的生长，而且有适合充足的热量，使农作物生长周期缩短，复种指数提高。唐代岭南流行双季稻，甚至北移到了纬度相对较高的重庆涪陵一带，《舆地纪胜》记载："五月半早稻已熟，便可食新。七八月间收割已了。"[⑤] 在唐代云贵高原一带，出现了我国见于记载的最早稻麦两熟制，《蛮书》卷7《云南管内物产》载：

　　从曲、靖州已南，滇池已西，土俗惟业水田，种麻、豆、黍稷，

---

① 《唐会要》卷二七《行幸》，中华书局1955年版，第514页。
② 邹逸麟：《历史时期黄河流域水稻生产的地域分布和环境制约》，载《复旦大学学报》1985年第3期。
③ 《白居易集》卷一〇《感伤二·孟夏思渭村旧居寄舍弟》，中华书局1979年版，第202页。
④ 《史记》卷一二九《货殖列传》，中华书局1982年版，第3268页。
⑤ 《舆地纪胜》卷一七四引《龟陵志》，中华书局1992年版，第4526页。

不过町疃。水田每年一熟，至八月获稻，至十一月之交，便于稻田种大麦，三月四月即熟。收大麦后，还种粳稻。小麦即于岗陵种之，十二月下旬已抽节，如三月小麦与大麦同时收刈。

以上记载中水稻是阴历三月、四月播种，八月获稻。现在这些地区一般是在阴历四月播种，十月底才收获。甚至有学者曾推算唐代云南昆明地区八月气温比现在高出 8℃—12℃ 之多。[①] 在这样的气候条件下，南方被逐步开垦起来，茶树也被大量种植，茶叶生产成为南方农民又一重要经济来源。特别是唐代中期后，南方地区成为唐朝重要的粮食产地和赋税输出区域。

唐代气候变暖，对唐代农业生产具有重要的意义，它从客观上为农业种植方式的变化提供了条件。而且，复种指数和种植地域都有所扩大，增加了单位面积产量，对游牧区、旱田区及其南方水田区都产生了积极的影响，增强了人类改造自然的能力，促成了新的生产工具和耕作方式的变化。

第二节 农民生产的社会环境

除自然环境外，农民所处的社会环境对农民家庭经营也有重要的影响。从对农业生产的影响看，这些社会影响因素主要包括唐代社会的耕作制度和经营模式、土地制度和税收模式，其中关于土地制度和税收模式对农民家庭的影响将在此后的章节中进行论述。

一 耕作制度

考察唐代农民的耕作制度，首要的是考察农业生产技术发展的程度，主要包括水利灌溉、农具使用、牛耕模式、栽培技术、种植制度及饲养能力等方面。

水利是农业的命脉。因此，要考察农业发展的水平，水利设施情况是

---

① 刘恭德：《近两千年来昆明地区八月气候变化分析》，载《全国气候变化学术讨论会文集》，科学出版社 1981 年版。

重要内容之一。唐代水利体系完备，从中央到地方都有相应的机构进行管理。唐代中央负责水利设施的是水部郎中、员外郎，负责"天下川渎、陂池之政令，以导达沟洫，堰决河渠……仲春乃命通沟渎，立堤防，孟冬而毕。若秋、夏霖潦，泛溢冲坏者，则不待其时而修葺。凡用水自下始"。① 而且，从中央到地方，唐代都有相应的水利管理部门负责水利兴修和管理。从敦煌发现的唐水部式残卷、沙州敦煌县农田水利实行的细则残卷，沙州都督府图经残卷②以及白居易《钱塘湖石记》③ 的有关记载都可以证明唐代在全国各地都有很详细、周到的水利管理制度及其丰富的水利设施。均田制下敦煌地区农民的田地四周大都以水渠为界，体现了西北内陆地区灌溉系统的发达：④

（前略）
　　一段五亩永业　城西七里平渠　东渠　西路　南渠　北渠
　　一段四亩永业　城西七里平渠　东程智积　西程感仁　南河北渠
（后略）

农田四周基本都有水渠经过，便于灌溉，体现了唐代发达的水利灌溉系统。如果说，西北地区发达的水利系统是与敦煌、吐鲁番地区气候相对干旱有关，没有灌溉就无法进行农业生产；那么，关中地区、山东及江南地区也有和西北地区相类似的水利灌溉系统，足以证明唐政府对兴修水利的重视。据李伯重先生统计，仅以江南地区而言，唐代近 300 年中所兴建与修复的灌溉工程从数量上讲大大超越唐以前四个世纪的总和。⑤

唐代不仅灌溉系统发达，而且在灌溉技术上也有飞跃性的提高。在唐以前，人们对水源如天然陂塘、湖泊的利用，主要是通过桔槔、曲柄辘

---

① 《唐六典》卷七《水部郎中员外郎》，中华书局 1992 年版，第 225—226 页。
② 吴章铨：《唐代农民问题研究》，中国学术著作奖助委员会 1962 年版，第 197 页。
③ 《白居易集》卷六八《钱塘湖石记》，中华书局 1979 年版，第 1341 页。
④ 《敦煌社会经济文献真迹释录》（第一辑），书目文献出版社 1986 年版，第 172 页。
⑤ 李伯重：《唐代江南农业的发展》，中国农业出版社 1990 年版，第 76 页。

图 1—1　水转高车

资料来源：《王祯农书》卷十九，浙江人民美术出版社 2015 年版，第 523 页。

轴、柳罐等工具①，这些灌溉工具在灌溉时均是间歇性的，因此效率并不高。随着唐代农业生产水平的提高，一些地方先后出现了新的灌溉工具，大大提高了唐代的农业生产力水平。首先就是前期开发出运用齿轮传动系统的斗式水车，这种水车使用人力或者畜力旋转拽动，可以连续提水灌溉，人称为"井车"②；其次是唐代广泛使用的龙骨水车，这种工具是在东汉翻车的基础上改进而成的；唐代的手转水车，王祯《农书》中称之为"拔车"，可以连续提水；当然最为重要的是在人力、畜力灌溉之外，唐人开发出以水力为动力的提水设施——筒车。筒车的使用将劳动力解放出来，提高了灌溉效率，扩大了灌溉的规模，具有划时代的意

---

① 《齐民要术校释》卷三《种葵第十七》，中国农业出版社 1998 年版，第 181 页。
② 《太平广记》卷二五〇《邓玄挺》，中华书局 1961 年版，第 1936 页。

义。陈廷章在其《水轮赋》中写道:"水能利物,轮乃曲成,升降满农夫之用。"① 发达的水利系统和便利的灌溉条件,为唐代农民生产提供了有利条件。

生产工具的完备是农业发展的重要驱动力。《管子·海王篇》记述了春秋时期农民最为简单的工具设施,认为耕者必有"一耒、一耜、一铫"等农具。经过汉晋时期的发展,到唐代农具种类较为完备,除了斧、镰、锥、推、凿、耒、犁、檀、锄、枷、锸、耙、耨、镈、斤、锯、铚、钩等生产工具外,最为重要的耕作农具发明就是曲辕犁的出现。早在贞观年间,定州就有一个"解作犁"者在制作犁时已经开始选用曲桑作为辕材,② 而在敦煌莫高窟445窟壁画弥勒经变中的犁已经是比较成熟的曲辕犁了③。曲辕犁的出现是犁耕发展史上的重要里程碑,它具有以下优点:首先,是以曲辕代替直辕,从而缩减了犁辕的长度,使犁架变小变轻;其次,淘汰犁衡,增加了犁盘、耕索与曲轭,从而改变了耕牛挽犁的方式;最后,具有完备的犁镵、犁壁、犁箭等部分,可以耕翻覆土,也可以调节耕地的深度④。由于曲辕犁的出现,改变了唐代以前二牛抬杠式的耕作,节省了耕牛和人力;加上犁盘、耕索与曲轭的发明,原来长辕的很大一部分为耕索所代替,大大减轻了耕犁本身的重量,因此曲辕短小,犁架轻巧,一牛牵挽,便于一家一户进行耕作,增强农户单位生产的能力。

李伯重先生认为,由于江东犁的出现,"我们可以下结论,在唐代,江南牛耕才真正普及,成为水田耕作的主要方式"。⑤ 牛耕的普及既是生产的需要,同时也体现了农户饲养能力的提高。那么,唐代农户的牲畜养殖能力怎样呢?黄宗智通过对近代华北地区农户的调查认为,马、骡、牛,每头一天消耗约十斤"粗饲料"(杆、叶、豆壳、谷秕和麦秕之类),相当于15—20亩粮食作物的"副产",⑥ 根据后文的分析,敦煌地区的农民占地20—50亩的小土地所有者占有多数,在载有唐武则天、玄宗、代宗

---

① 《全唐文》卷九四八《水轮赋》,中华书局1983年版,第9840页。
② 《太平广记》卷二一六《王子贞》,中华书局1961年版,第1654页。
③ 王进玉:《漫步敦煌艺术科技画廊》,科学普及出版社1989年版,第6页。
④ 刘仙洲:《中国古代农业机械发明简史》,科学出版社1963年版,第19页。
⑤ 李伯重:《唐代江南农业的发展》,中国农业出版社1990年版,第95页。
⑥ 黄宗智:《华北小农经济与社会变迁》,中华书局2000年版,第154页。

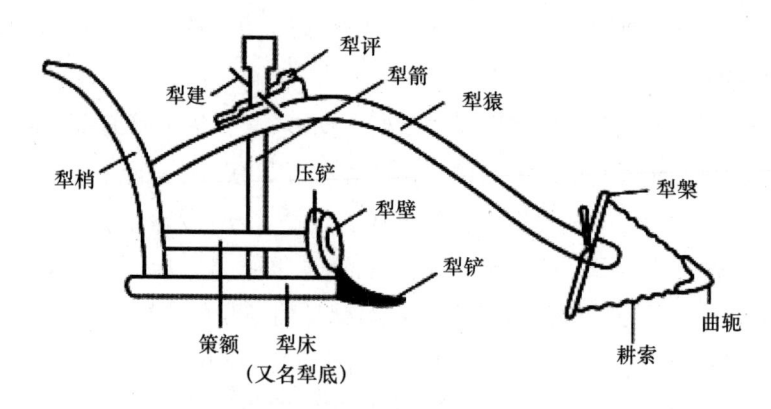

图1—2　唐代曲辕犁的结构示意

资料来源:《王祯农书》卷十九,浙江人民美术出版社2015年版,第523页。

数朝34户的农民家庭中,占田20亩以下的有6家,占总数的18%;占田20—49亩的有20家,占总数的58%;占田50—99亩的有6家,占总数的18%;占田100亩以上的有2家,占总数的6%。因此,占有40亩左右土地的农民完全可以养活一头耕牛。《全唐诗》卷213高适在《寄宿田家》诗中云:"牛壮日耕十亩地,人闲常扫一茅茨",这应是唐代大多数农民生产的正常情况,如果自家无牛,便如唐人王建、姚合等人所说:"借牛耕地晚",自己又"羞从野老借牛耕",[①] 当然难免要误农事了。从对唐代牛耕的有关记载来看,唐代农户养牛非常普遍,监察御史张廷珪说:"耕所资在牛,牛废则耕废",[②] 牛与耕不可分割。又如永州刺史韦宙,因民贫无牛,用人力耕作,乃使民间二十家集会聚资,轮流抽签购牛,终致家家有牛,户户耕种。[③] 当然也有农民进行规模养殖的,贞观年间,"王敬戍边,留牸牛六头于舅李进处,养五年,产犊三十头,例十贯已上"。[④] 每当遇到战乱、灾荒等年份,在国家赈济灾民的时候,首先考虑的就是给民耕牛,只有给民耕牛才能从根本上赈灾救灾,这成为赈

---

① 姚合:《罢武功县将入城》,《全唐诗》卷四九八,中华书局1999年版,第5704页。
② 《新唐书》卷一一八《张廷珪传》,中华书局1975年版,第4262页。
③ 《新唐书》卷一九七《循吏·韦宙传》,中华书局1975年版,第5631页。
④ 《朝野佥载》卷五,载《唐五代笔记小说大观》,上海古籍出版社2000年版,第60页。

济的重要内容。贞元二年（786），"上以关辅禄山之后，百姓贫乏，田畴荒秽，诏诸道进耕牛，待诸道观察使各选拣牛进贡，委京兆府劝课民户，勘责有地无牛百姓，量其地著，以牛均给之。其田五十亩已下人，不在给限。高上疏论之：'圣慈所忧，切在贫下。有田不满五十亩者尤是贫人，请量三两家共给牛一头，以济农事。'疏奏，从之"。① 在安史之乱后，政府能给予农民这样的耕牛分配量，反映了唐代耕牛使用的普遍性。

从耕作和种植方式看，唐代的耕作方式更为科学。农业生产的首要工作是整治土地，耕具有犁、爬（耙）、砺礋、碌碡以及从岭南新引进来的工具耖②等，形成了一整套耕翻、除草、轧碎、碾平等工序。犁之后，用耙耙碎土块，去杂草，再用砺礋或碌碡碾平田面，而且，整地的这一套工序均可用畜力来完成。整治好土地，为播种打好基础，并且根据水田、旱地及其土质的不同情况使用不同的生产工具进行整地，做到耕地平整、土粒紧密、土块细碎，既能保墒又有利于禾苗的生长。此后，掌握农时和及时播种是农业生产的又一个环节。根据《齐民要术》和《四时纂要》所述，作物种植和收获南方相对早、北方相对晚。北方以旱地种植为主，粮食主要是以粟、麦、黍、豆类为主，也有种植水稻的地区，但以旱稻为主；南方是水田，以种植水稻为主，同时也有少量种植麦、粟的记载。豆类的种植数量不少，在《齐民要术》中，对大豆及其同类作物记载所处的位置（第6、7篇）是在粟类之后、小麦和大麦之前。贾思勰认为"新开荒为上，大豆底为次，谷底为下③"，大豆之所以被农民重视，主要是由于种植大豆能使土地更为肥沃而谷物却使土地贫瘠。

唐代农作物种植的日期是如何安排的？根据《齐民要术》和《四时纂要》的有关记载，对魏晋以来至唐代的作物种植时间整理如下：

---

① 《旧唐书》卷一五三《袁高传》，中华书局1975年版，第4088页。
② 李长年：《论我国谷物源流》，《农史研究》第二辑，中国农业出版社1982年版。
③ 缪启愉：《齐民要术校释》卷第二《黍穄第四》，中国农业出版社1998年版，第103页。

表1—1　　　　　　　唐代主要农作物种植和收获的时间

作物种类	种植时间（农历）	收获时间（农历）
冬小麦	八月或九月（下种）	次年四五月（收获）
粟	三月（下种）、四月（移植）	七八月（收获）
黍	四月（下种）	七月（收获）
水稻（早稻、直播）	三月（下种）	七月（收获）
水稻（早稻、移植）	四月（移植）	七月（收获）
水稻（晚稻、移植）	五月（移植）	八月（收获）
大豆	三月（下种）	八月（收获）
小豆	六月（下种）	十月（收获）
粱	三月（下种）	七月（收获）
蚕桑	三四月（养蚕）	
茶		二三月（收获）
甘蔗	三月（下种）	九月（收获）

　　法国学者童丕通过敦煌地区借贷种子的情况，对西北地区农作物种植的大致时间进行了研究，他认为：除夕之后开始，一般是时间表的二月初和三月是准备种子的活动（阴历二一四月），敦煌的农时结束于九月底（阴历八月底），当收割物被储存后或准备送到磨坊时，偿清债务，土地修整。根据惯例，只有到来年春天才开始又一次的"开春"。[①]

　　农业耕作实行轮作、间作、套种等方式，合理利用土地，是我国劳动人民在长期的生产实践中创造总结出来的经验。唐代稻麦轮作、麦豆轮作等，是普遍的耕作制度，大都是一年两作制或两年三作制。再如畦种陇作，亦是很早就沿用的耕作方法，对于合理利用地力保墒防旱、促进禾苗生长，都具有非常明显的作用。此外，由于唐帝国国力强盛，与国外交流频繁，新品种的引进和种植也对提高农业产值具有重要的意义。兹以蔬菜、果木品种为例言之，据统计，秦汉时代见于记载的蔬菜品种有20多个，魏晋南北朝增至30余个，而唐代则达到40多个，其中像菠菜、莴

---

① 童丕：《敦煌的借贷：中国中古时代的物质生活与社会》，余欣、陈建伟译，中华书局2003年版，第47页。

苣、莙荙（牛皮菜）等皆系从国外引入。① 从原有的蔬菜品种中，也选育出许多新品种，如由菘（白菜）育成牛肚菘、紫菘和白菘。今日最普遍食用的白菜品种，其出现与命名都在唐代。② 除此之外，果木品种也有增加，如柑橘，在唐代《本草拾遗》中已有五种柑类与五种橘类。③ 可见，唐代是我国耕作制度改进较快的一个时期，也是作物品种引进较多的时期。

二　经营方式

由于牛耕的普及，唐代农民以一家一户进行耕作更为普遍，耕织相结合的多种经营成为经济生产的主要模式。从唐代的制度看，前期均田制下农民在制度上获得了耕种一定土地的权利，在国家授给的土地中，有永业田、口分田之分。国家对所授土地进行分类的目的是要求农民对口分田定期还授，在永业田上要进行植桑养蚕及种榆、种菜等家庭副业的生产活动。

耕织相结合的农民家庭多种经营方式历来被中国传统农业社会所重视，所谓"一夫不田，天下有受其馁者，一妇不蚕，天下有受其寒者，斯则人之性命系焉，国之贫富属焉"。④ 汉代渤海太守龚遂，在劝农务农桑之外，还规定农民要"家二母彘、五鸡"，并且每户农家要"口种一树榆、百本薤、五十本葱、一畦韭"。⑤ 唐代均田制下，"丁男给永业田二十亩，口分田八十亩"，在永业田中要"课种桑五十根以上，榆枣各十根以上，三年种毕"。⑥ 司马迁云："居之一岁，种之以谷；十岁，树之以木"⑦，从家庭经济效益看，栽种林木可以获得更为丰厚的利润。以榆树为例，三年可以卖叶，五年堪作椽，十五年堪作车毂，以制造器物出卖更可获利十倍。除此之外，年年捡柴也获利不少。因此，栽种树木既省人力

---

① 陈文华：《中国古代农业科学技术史讲话（一）》，《农业考古》1981年第1期。
② 李璠等：《生物史》第五分册，科学出版社1979年版，第54页。
③ 李璠等：《生物史》第五分册，科学出版社1979年版，第68—69页。
④ 《白居易集》卷六三《策林二·息游堕》，中华书局1979年版，第1310页。
⑤ 《汉书》卷八九《龚遂传》，中华书局1962年版，第3637页。
⑥ 《通典》卷二《食货典二》，中华书局1988年版，第29页。
⑦ 《史记》卷一二九《货殖列传》，中华书局1982年版，第3271页。

又少有水旱虫蝗之灾,"比之余田,劳逸万倍"。因此,唐代农民总是习惯于在自家宅院、田间地头种上榆、柳、槐、松柏、白杨等树木,桃、李、杏、梨等果树。对于园宅地,"良口三口以下给一亩,每三口加一亩"①,从制度上给予了保障。在国家赋税上,同样也要求农民粟、帛兼交,充分体现了唐代均田制下农民耕织结合的自给自足经济形态。

"田夫拥耒,蚕妇持桑"体现了农民家庭男女简单的分工。田野耕作主要是男人的事情,采桑养蚕、纺纱织布则是妇女劳作的内容。唐代妇女主要任务是蚕桑、纺织、裁缝、扫地、看家、吹爨、园艺、侍奉丈夫、翁婆、伯叔及育幼等。妇女较少参加平时的田间劳动,唐人戴叔伦在其《女耕田行》中描写一家男人服兵役去了,女孩子只好下田劳动的情景②,诗人对此充满了同情和心酸,在作者看来下田耕作仅靠两个女性是非常吃力的;杜甫在《兵车行》中曾写到秦中地区因男子大量被征发服役而造成"健妇把犁锄"的情景,这些描写都反映了唐代农村在耕作中妇女较少参加劳动的现象。不过,这种家庭简单的分工也是分季节的,在收割的时候,由于天气原因只能抢收、抢种,"力耕数耘,收获如寇盗之至③",妇女和儿童都成为家庭的好帮手,白居易在《观刈麦》中写道:

田家少闲月,五月人倍忙。夜来南风起,小麦覆陇黄。
妇姑荷箪食,童稚携壶浆。相随饷田去,丁壮在南冈。
足蒸暑土气,背灼炎天光。力尽不知热,但惜夏日长。
复有贫妇人,抱子在其旁。右手秉遗穗,左臂悬敝筐。④

在农忙时节,几乎没有时间、性别概念,农家都希望能在有限的好天气中尽快将庄稼入仓归室,以防天气变化影响收成,因此就出现了"妇姑荷箪食,童稚携壶浆"的现象。采桑、捣衣、刺绣、纺织等活动都是女性日常劳作的内容,在农民家庭劳作中耕与织是并驾齐驱的,"夫是田

---

① 《通典》卷二《食货典二》,中华书局1988年版,第30页。
② 戴叔伦:《女耕田行》,《全唐诗》卷二七三,中华书局1999年版,第3064页。
③ 《汉书》卷二四《食货志四》,中华书局1962年版,第1120页。
④ 《白居易集》卷一《讽喻一·观刈麦》,中华书局1979年版,第4页。

中郎，妾是田中女。当年嫁得君，为君秉机杼。筋力日已疲，不息窗下机。如何织纨素，自著蓝缕衣"。① 新乐府诗人元、白、张、王，几乎人人都有《织妇词》。捣衣，就是用木棒捶打新织得的布帛，使之软熟熨帖，以便裁制衣服。李白的"长安一片月，万户捣衣声"说的就是妇女在夜晚捣衣的情景。此外，"爽砧应秋律，繁杵含凄风。一一远相续，家家音不同"，② 以及"月明中庭捣衣石，掩帷下堂来捣帛。妇姑相对神力生，双揎白腕调杵声。高楼敲玉节会成，家家不睡皆起听"③ 等都是这一经济活动的反映。

此外，唐代前期也出现了农家为便于耕作而互佃土地的现象。在均田制下，均田土地经多年还授，开始向零细化方向发展。一户农民几十亩的土地往往分在多处，路途遥远，农民常年奔波于分散的土地，经营效率低下。为了改善这种小块土地分散的状况，农民常将较远的土地转租给别人耕种，自己再租种附近一定数量的土地，这两种租种土地的契约方式在吐鲁番文书中都有记载。如西州地区有《唐天宝七载（748年）杨雅俗与某寺互佃田地契》：④

1. ［　　　］渠口分常田一段肆亩（东西南北）
2. ［　　　］平城南地一段参［　］（东西南北）
3. ［　］［　］七载十二月十三日杨雅俗寄住
4. 南平，要前件寺地营种，今将郡
5. 城樊渠口分地彼此逐（便）（营）种。缘
6. 田地税及有杂科税，仰［　］［　］［　］
7. 各自知当。如已后不愿佃地者，
8. 彼此收本地。契有两本，各执一
9. 本为记。
10. 地主杨雅俗载廿四

---

① 孟郊：《织妇辞》，《全唐诗》卷三七三，中华书局1999年版，第4201页。
② 刘禹锡：《捣衣曲》，《全唐诗》卷三五四，中华书局1999年版，第3978页。
③ 王建：《捣衣曲》，《全唐诗》卷二九八，中华书局1999年版，第3382页。
④ 《吐鲁番出土文书》卷一〇，第276页。

11. 保人兄处俗载廿〔　〕
12. 保人高澄载廿一

　　杨雅平寄住南平，由于居住较远耕种不便，遂将在（交河）郡城之口分常田与某寺在天山县南平之一段土地互佃，主要是为了"逐便营种"。敦煌的文书中也有由于"缺乏人力，奠种不得，遂租"[①]的记载，唐诗中也有大量的"石田无力及，贱赁与人耕"[②]等转租土地的记载。这些材料说明，均田制下农民将土地互佃的目的还是谋求家庭经济利益的最大化，和中唐以后由于土地兼并而使农民被迫佃地耕种有很大的差别。

　　安史之乱后，随着均田制的瓦解和两税法的实行，农民的经营方式发生了很大变化。唐前期，由于均田制的制度限制，以及国家对"籍外占田"的严厉惩处，很多有经营能力的富有农民对购置土地抱有戒心。随着农业生产的发展和商品交换的频繁，特别是两税法实施后，纳税对象改变，土地和资产成为纳税的主要内容，土地买卖更为自由，农民拥有对土地完整的产权。那些有经营能力的富有农民很快通过购买土地而扩大了土地占有，成为经营地主；那些少地或无地农民由于没有独立经营能力，只好逃亡或者成为地主的佃户。这样，唐代农民的经营方式就发生了分化。李文治先生认为，唐代两税法后，土地重新进入市场成为买卖的商品，地主制经济恢复正常运转，在庶族地主发展及赋税改革的条件下，农民社会地位逐渐上升，从此中国地主制经济进入了自汉朝以来的又一次正常运转[③]，这种说法是有道理的。

　　两税法对唐代农民的生产经营模式产生了重要的影响，以货币为纳税物刺激了农村商品经济的发展，使得农民经营方式多元化，除传统的耕织结合的经营方式外，佣工、经商、家庭编织、家庭规模养殖、发展副业等都成为农民的现实选择。这些经营方式的变化，将在此后文中关于两税法改革部分做详细论述。无论是在均田制还是两税法制度下，农民的生产经

---

① 《敦煌社会经济文献真迹释录》（第二辑），全国图书馆文献缩微复制中心1990年版，第25页。
② 王建：《原上新居十三首》，《全唐诗》卷二九九，中华书局1999年版，第3389页。
③ 李文治、江太新：《中国地主制经济论》，中国社会科学出版社2005年版，第178—179页。

营方式并非是单纯的粮食生产，而是一种以粮食生产为主、多种经营方式并存的家庭经营模式，这一模式在两税法改革后更是得到了进一步的巩固。因此，在考察唐代农民日常收支及生活水平时，家庭收入就不能仅考察粮食收入而忽视家庭其他经营收入的情况。

第三节 农民的衣食住行

衣食住行等内容是家庭经济的重要组成部分。由于唐代耕作制度及经营方式的成熟和完备，农民衣食消费相对富足，甚至在一些消费模式上出现了僭越体制的现象。

"国以民为命，民以食为天"，农民的饮食结构反映了农民的生活状况。从唐人记载来看，唐代农民的主食主要是饼、饭、粥、糕等数种。从史料中看，饼最多，饭粥次之，糕最少。饼主要有胡饼、胡麻饼、饆饠、蒸饼、汤饼、煎饼、馎饦等；饭主要有米饭、稻米饭、麦饭（荞麦饭、大麦饭）、雕胡饭等，其中南北饭食结构相差较大，北方以饼、粥为主，南方以米饭为主。收成不好或农闲的时候，糠菜、槐叶、橡实都可能端上桌。对于食物结构中麦、粟、豆、米的比例，童丕认为"粟和麦是穷人的主要食物"，[1] 当然粳米就是社会上层的主要食物了。粟和麦等粮食在食物结构中占有多少比例？敦煌地区的寺院的粮食收入可作说明。敦煌寺院会计文书中载有寺院一年的收入，包括寺院庄田的收入、农民的布施等，反映了敦煌地区种植和饮食结构的日常状况（见表1—2）。

表1—2　　　　　　　　敦煌寺院的主要食物结构[2]　　　　　　（单位：石）

寺院	时间	麦	粟	豆	米	总计	资料来源（卷号）
安国寺	884—886	209.8	120.7	0.3		330.8	P.2838b
某寺	898	77.6	150.35	15.2		243.15	P.2974

---

[1] 童丕：《敦煌的借贷：中国中古时代的物质生活与社会》，余欣、陈建伟译，中华书局2003年版，第37页。

[2] 根据郑炳林等《唐五代敦煌饮食文化研究》有关寺院收入资料整理所得，民族出版社2004年版，第25页。

续表

寺院	时间	麦	粟	豆	米	总计	资料来源（卷号）
净土寺	924	478.36	390.5	208.8	0.14	1077.8	P.2049Va
净土寺	930	527.54	598.29	287.9	0.19	1413.92	P.2049Vb
报恩寺	午年	1520.55	42.8	68.38		1631.73	S.6064
报恩寺	918—920	116.9	39	12.2		168.1	P.2821
乾元寺	酉年	44.64	32.5		1.1	78.24	S.4191Vb
乾元寺	丑年	60.13	67.62	6.455	0.035	134.24	S.4782
某寺	辰年	68.5	49.1	1.3		118.9	P.6002a
某寺	丙戌年	326.87	135.93			462.8	S0372/0378
三界寺	乙巳年	131.2	117.8	29.25		278.25	P.3352（11）
总计		3562.09	1744.59	629.785	1.465	5937.93	
所占比例		59.99%	29.38%	10.61%	0.02%	100%	

表中寺院的收入，体现了这一地区的粮食种植情况，虽然有些资料超出了唐代的时间范围，但并不影响本书的研究结果，因为地区粮食作物的种植模式很难在短期内就发生较大变化。从表中可以看出，在敦煌地区食物结构中麦子和粟是主食，占据总数的近80%，其中麦子占到一半以上，说明敦煌地区食物结构中以面食为主导，以粟、麦为原料的饼、面汤等是主要内容。在 p.3745《三月廿八日荣小食纳付油面柴食饭等数》卷中，关于一次民众聚餐时的情景，详细记载了每人所带饭食、餐具等内容：

食饭数：张都头足：漆椀二，叠子一，椀子一九，尊盛二，垒子一。索押衙足，内欠胡饼二，蒸饼、次漆椀一。索怀庆足，并蒸饼、叠子九，椀子七，官布一疋。索江进足：蒸饼、椀子六枚，叠子垒子九枚，盛子二。索住子足，并蒸饼。令狐师子足，次，并蒸饼，欠一，椀子柒，叠子七枚。蒋师子足：胡饼、蒸饼，次椀子十，叠子十，垒子二，漆椀一。槽胡子足，内蒸饼，次䉺饼，次椀子十，叠子九，盛子二，漆椀二，垒子二，布一疋。张押衙足，并蒸饼、内䉺饼、次椀子六，阿叶子五，□布一疋。

这可能是朋友或者同僚之间的一次聚会，参加者共有十几人，食物相对较好，所带的大多是熟食，蒸饼、软饼、胡饼等，以饼为主食，餐具是椀、叠子、盛子、垒子等，此外还有带布匹的，估计是聚餐所需。民众的这次聚会，难以确定其成员具体的身份，但其饮食结构也在一定程度上反映了唐代敦煌地区日常的饮食情况。

唐代后期，圆仁和尚到中国后，沿途记载了大量的有关饮食的内容。圆仁是开成三年（838）来中国的，先从扬州上岸，然后沿海岸北上，到登州及齐州的时间是开成五年（840）。圆仁所经历的地区，农民的收成不好，很多地区受到了蝗灾，因此记载的大量农民饮食情况也相对较差，"从登州文登县到青州，三四年来蝗虫灾起，吃却五谷，官私饥穷，登州界专吃橡子为饭，客僧等经此险处，粮食难得。粟米一斗八十文，粳米一斗一百文。无粮可吃"。[①] 可见，农民的日常生活也受到了影响。圆仁和尚途中所见饮食情况统计如表1—3所示：

表1—3　　　　　　　　圆仁和尚所见饮食[②]

时间	地点	饭食内容	主人态度	备注
二月廿七日	登州宋日成家	汤饭吃不得		比年虫灾，百姓饥穷
三月十五日	登州牟徐村		主人殷勤	
三月十八日	登州卜家	斋菜无乏	主人殷勤	
三月十九日	登州王耨村	供菜饱足	主人有道心	
三月廿日	登州孤山村		主人悭极	
三月廿三日	？萧判官	吃粥，汤药茗茶足	有道心	
三月廿五日	？员外仁造	给米面		
四月二日	？张员外	给茶饼食，啜茶		
四月四日	淄州张赵村	极贫，无饭可吃	主人极贫，心里无恶	
四月十一日	德州南界	吃四椀冷粉粥		无有灾害
四月十二日	德州形开村	斋饭菜蔬饱足	主人有道心	
四月十六日	清河县合章流村	吃榆叶饭	主人心直	

---

① 圆仁：《入唐求法巡礼行记》卷二，上海古籍出版社1986年版，第94页。
② 根据圆仁《入唐求法巡礼行记》卷二、卷三有关资料整理所得。

续表

时间	地点	饭食内容	主人态度	备注
四月廿一日	镇州金沙禅院	馎饨		
四月廿二日	镇州南接村	长设斋饭，饭后供茶，早吃粥		
四月廿三日	黄山八会寺	长有饭粥		不论僧俗
四月廿五日	普通院	无粥饭，吃少豆为饭		从赵州以来到此，三四年来有蝗虫灾

从表格中可以看出，登州、青州地区农民的饭食主要是饼、粥、汤饭、馎饨、菜、冷粉面等，其中清河县合章流村吃的是榆叶饭。贫困与自然灾害有关，淄州民"极贫，无饭可吃"，原因是早在圆仁从文登县向淄州进发之前，淄州地区已经是"近三四年来有蝗灾，喫劫谷稻。缘人饥贫，多有贼人"①的状况。山村的农民生活习惯相对闭塞、保守，"山村野人，食物尘硬，爱吃盐茶粟饭……山村风俗，不曾煮羹吃，常年唯吃冷菜，上客殷重极者，便与空饼冷菜，以为上馔"，②因此这些村人的饮食方式既与当时发生的虫灾有关，也与传统的饮食习惯有关。

同时代的《四时纂要》也对农民的食物多有记载，大致可分为粮食类、蔬菜类、水果类和肉类。粮食类有粟、黍、麦、稻、大豆等数种。蔬菜类有瓜、冬瓜、瓠、越瓜、茄、芋、葵、蔓菁、萝卜、蒜、薤、葱、韭、蜀芥、芸苔、胡荽、兰香、苣、蓼、姜、蘘荷、苜蓿、藕、芥子、小蒜、菌、百合、枸杞、莴苣、署预、术、黄菁、决明、牛膝、牛蒡、笋等30多种。水果类有桃、李、梨、栗、葡萄、林檎、石榴、杏、桔、乌梅、桑葚、梅、胡桃、枣等10多种。肉类有马、牛、羊、豕、犬、鸡、兔、鹅、虎、豹、狸、獐、鹿、鸳鸯、雉、鸽、鹑、鲻、鲹、鲤、鲫、鳢、龟、鳖、蟹等20多种。可以看出，唐代的粟、麦、稻三大粮食作物鼎足而立，取代汉魏时期以粟麦为主要食料的局面，而蔬菜类食料大为增多，菌、百合、枸杞、莴苣、署预、术、黄菁、决明、牛膝、牛蒡是隋以前所没有的。

---

① 圆仁：《入唐求法巡礼行记》卷二，第77—78页。
② 圆仁：《入唐求法巡礼行记》卷四，第193页。

从圆仁所记和《四时纂要》的记述可以看出，农民的饮食消费结构多式多样。桑葚、枣等都可以作为粮食的替代物，而且农民最能根据季节中所有的蔬菜和粮食进行合理的搭配，农作忙时和闲时的食物结构都是不一样的，所谓农民"糠菜半年粮"即是此谓。农民饮食结构是多样化并非是农业歉收的体现，而是传统农业中"耕三余一"的要求。因此，在计量唐代农民日常饮食消费的时候，不能把粮食消费作为农民食物结构的唯一内容。

有关唐代农民穿衣的记载不多。因此，要具体分析唐代农民各阶层穿衣的式样有一定的难度，本书主要就农民穿衣的质地做大体的分析。唐以前衣物为丝、麻两种，丝绸为中上阶层人衣用，麻布为贫下阶层用，[1]"古者庶人耄老而后衣丝，其余则麻枲而已，故命曰布衣"。[2] 农民穿衣的质地受制度限制，特别是丝织的衣服，这种限制，虽然有其政治、社会的原因，但主要还是由于社会财富缺乏、物质供给紧张，存在着供求矛盾的问题，因此不能满足广大农民的需要。但是，唐代桑蚕丝绸及布帛的生产非常广泛，除了传统的桑麻丝绸生产地——黄河中下游地区和四川地区，长江中下游地区、岭南地区都成为唐代桑蚕的生产区，特别是长江下游地区发展迅速，自南朝以来就已是"丝绵布帛之饶，覆衣天下"。[3] 桑麻生产成为农民耕作的重要内容，国家也从制度上给予安排和保障，广大农民是"万家闾井具安寝，千里农桑竞起耕"。[4] 相对干旱的西北内陆地区，也出现了盛产桑麻的景象，天宝间，"是时中国盛强，自安远门西尽唐境凡万二千里，闾阎相望，桑麻翳野"[5]。江东地区也逐步推广丝织，李肇《唐国史补》卷下载唐中叶大历年间：

"初越人不工机杼，薛兼训为江东节制，乃募军中未有室者，厚给货币，密令北地娶织妇以归，岁得数百人。由是越俗大化，竞添花

---

[1] 宋代仍然称科举入仕当官为"释褐"，决定是否授官的殿试称为"释褐试"。
[2] 王利器：《盐铁论校释》卷六"散不足"，中华书局1992年版，第350页。
[3] 《宋书》卷五四"史臣曰"，中华书局1974年版，第1540页。
[4] 李频：《宣州献从叔大夫》，《全唐诗》卷五八七，中华书局1999年版，第6868页。
[5] 《资治通鉴》卷二一六，天宝十二载八月，中华书局1956年版，第6919页。

样，绫纱妙称江左矣。"①

与此相对应的是农民家庭织布业的发展，农家到处是"青春满桑柘，且夕鸣机杼"的场景。"农"解决的是吃的问题，"桑"解决的是穿的问题，吃与穿同是生活必需，唐代发达的桑蚕养殖和纺织业，为农民衣食之足提供了保障。

因此，随着唐代农桑经济的发展，这种供求矛盾的趋向得到缓解，服饰的制度性规定也越来越受到冲击，唐代开始出现了"风俗奢靡，不依格令，绮罗锦绣随所好尚。上自宫掖，下至匹庶，递相仿效，贵贱无别"的现象。②《太平广记》说唐代定州何明远家有绫机五百张，规模相当大，纺织物产量当不在小。李肇在《唐国史补》中也有类似记载："凡货贿之物，侈于用者不可胜记，丝布为衣，麻布为囊，毡帽为盖，革皮为带，内丘白瓷瓯，端溪紫石砚，天下无贵贱通用之。"③ 唐代也开始改变原来不准庶人、奴婢穿丝绸等衣料的制度规定，"流外官、庶人、部曲、奴婢"等可以"服䌷、绢、布④"，从制度上开始允许农民等社会阶层穿着丝制的衣服。

对于农民的住房情况，史料记载不多。从宅基地看，唐代规定家有三口以下给园宅一亩，每增加三口就增加一亩，贱口五人一亩。⑤ 均田令中规定了农民每三口人拥有一亩住宅园田地，每三口加一亩，这样五六口之家的农户，将有宅园地二亩左右。建房的规格也有规定，"庶人所造堂屋，不得过三间四架，门屋一间两架"⑥，至于农民实际居住房宅的情况，当根据家庭的经济能力而定。马若孟先生认为农户的住房一般有3—6间房屋，实际一些拥有土地多的农户可能有多达8间或8间以上的房屋。房内的家具包括简单的椅子、桌子、床柜子和长凳。家具的数量和质量取决

---

① 《唐国史补》卷下，载《唐五代笔记小说大观》，上海古籍出版社2000年版，第201页。
② 《旧唐书》卷四五《舆服制》，中华书局1975年版，第1957页。
③ 《唐国史补》卷下，载《唐五代笔记小说大观》，上海古籍出版社2000年版，第197页。
④ 《旧唐书》卷四五《舆服制》，中华书局1975年版，第1952页。
⑤ 《唐六典》卷三《尚书户部》，中华书局1992年版，第74—75页。
⑥ 《唐会要》卷三一《杂录》，中华书局1955年版，第575页。

于农民拥有土地的规模。①

敦煌资料有关于张义全家的住房情况：东房，"永宁坊巷东壁上舍内东房子壹口并屋木，东西一丈五寸基，南北贰丈贰尺五寸并基（东至张加闰，西至张全义，南至泛文君，北至吴支支）。又房门外院落地并檐櫩，东西四尺，南北一丈一尺三寸。又门道地，南北二尺，东西三丈六尺五寸。其大门道三家共合出入②；西房，"政教坊巷东壁上舍一院，内西房一口。东西并基贰丈五尺，南北并基壹丈贰尺参寸"。③ 这条资料是否是农民的资料还无法下结论，但由此可以大概知道唐代城乡住房规模的情况。从房舍四至的姓名都不是买卖房舍之人来看，西房似乎只有一间住房。当然还有更为完整的，房宅中包括堂、东房、西房、厨舍、院落等，房屋的情况见表1—4。

表1—4　　　　一份年代不详的卖宅舍契记载的住房分布与面积④　　　　单位：米

房舍内容	东西长度	南北长度	面积	折合平方米
堂	19.9	12.7	191.36	24.1
东房	10.4	18.4	88.4	18.35
小东房子	10.4	8.5	145.41（？）	8.5
西房子	13.1	11.1	175.38	13.97
厨舍	11.1	15.8	539.7	16.86
院落	21	25.7	110	51.87
内门道	10	11	112.8	10.57
外门曲	12	9.4	171.12	10.84
庑舍	12.4	13.8		16.44
总计面积			1534.17	171.5

总计合"以前计地皮一千八百三十六尺九寸，合著物五百五十一石

---

① ［美］马若孟：《中国农民经济》，史建云译，江苏人民出版社1999年版，第239页。
② 《敦煌社会经济文献真迹释录》（第二辑），全国图书馆文献缩微复制中心1990年版，第5页。
③ 沙知：《敦煌契约文书辑校》，江苏古籍出版社1999年第二次印刷，第8—10页。
④ 转引自张国刚《唐代农家经济生活与日常生计》，《中国三至九世纪历史发展暨唐宋社会变迁国际学术研讨会论文集》（油印本），武汉大学，第498页。

七升"。

  房屋的类别是北方多瓦屋，南方多茅舍。北方的屋舍皆如白居易所置买的住宅那样，"接以青瓦屋，承之白沙台"。① 关于南方住宅的模式，元稹在《茅舍》有"楚俗不理居，居人尽茅舍"② 的描写，江南诗人陆龟蒙有"欲卖耕牛弃水田，移家且傍三茅宅"③ 的感叹，杜甫有"八月秋高风怒号，卷我屋上三重茅"的惆怅，都是南方住宅的体现。由于茅舍容易起火，比较危险，江西观察使韦丹"始教人为瓦屋，取材于山，召陶工教人陶，聚材瓦于场，度其费以为估，不取赢利。凡取材瓦于官，业定而受其偿，从令者免其赋之半；逃未复者，官与为之；贫不能者畀之财，载食与浆，亲往劝之。为瓦屋万三千七百，为重屋四千七百，民无火忧，暑湿则乘其高"④，把南方简陋、危险的茅草房改变为北方的瓦房，改善了农民的住房条件。

  以上是对唐代农民衣食住行的描述和分析，大致反映了其日常生活条件。那么农民具体的生活情况是怎样呢？唐人有大量赞扬农民安居乐业生活的记载，尤其是唐诗中的描述。这些诗歌对农人日常生活的描述有诗人理想主义的色彩，但诗歌是源于生活又高于生活，在一定程度上反映了唐代农村生活的状况。元和时期宰相权德舆在过咸阳时曾受到村民的热情招待，特别看到农民村庄周围"涂涂沟塍雾，漠漠桑柘间"的欢乐景象时，感到"自惭廪给厚"，希望自己在有生之年能回归田园，"终当解缨络，田里谐因缘"。⑤ 白居易幼年曾在下邽生活多年，对农村安定、祥和的生活记忆深刻，他在诗中这样描述了农村的生活：

   故园渭水上，十载事樵牧。手种榆柳成，阴阴覆墙屋。
   兔隐豆苗肥，鸟鸣桑椹熟。前年当此时，与尔同游瞩。

---

① 《白居易集》卷一一《感伤卷三·庭松》，中华书局1979年版，第222页。
② 《元稹集》卷三《古诗·茅舍》，中华书局1982年版，第30页。
③ 陆龟蒙：《五歌·刈获》，《全唐诗》卷六二一，中华书局1999年版，第7194页。
④ 马其昶：《韩昌黎文集校注》卷六《唐故江西观察使韦公墓志铭》，上海古籍出版社1987年版，第375—376页。
⑤ 权德舆：《拜昭陵过咸阳墅》，《全唐诗》卷三二〇，中华书局1999年版，第3610页。

诗书课弟侄，农圃资童圉。日暮麦登场，天晴坼蚕簇。①

农民衣食自给的丰足状态，深深感染了白居易，以至于他也发出了"条桑初绿即为别，柿叶半红犹未归。不如村妇知时节，解为田夫秋捣衣"的感叹。从唐人对农民植桑养蚕及其织布的记载中可以粗略估计农民的衣着情况。通过后文对唐代农民，特别是对均田制下农民的家庭纺织进行计量分析的结果来看，虽然农民不一定家家都能过上"种桑百余树，种黍三十亩。衣食既有余，时时会亲友"的生活，但像杜甫《石壕吏》中"出入无完裙"的石壕村媳妇、"平生未获一完全衣"②的镇州民家妇也绝非是多数农民生活的常态。正常年景下，个体农民的贫困不外乎是个人惰业、不善经营或家庭变故等造成的，其中个人懒惰及不务正业是致贫的重要原因。所以，无论是治世还是乱世，任何国家和朝代都存在这种弱势群体，区别在于政府减少贫困人口的努力程度及其治后贫困人口在总人口中比例的大小。总之，这些或褒或贬的农民生活情状描写，大都是一种宏观的观察，缺少微观的量化数字和经济收支材料，因此，对于唐代农民的具体生活状态还必须通过具体的材料进行量化分析才能得到答案，这些问题将在下面的章节中进行讨论。

第四节 农民的思想及劳作之余的生活

一 农民的经营思想

在日常生产和生活中，农民积累了许多经营的理念和治家的经验，产生了如勤俭节约、精耕细作、均贫富、恋家依土等思想。同时，其经济思想也带有时代特点。

均平思想。农民的均平思想主要体现在土地平均的理念上，平均得到土地进行耕种是历代农民的愿望，孔子认为"有国有家者，不患寡而患不均，不患贫而患不安。盖均无贫，和无寡，安无倾"。③ 管子认为将土

---

① 《白居易集》卷一〇《感伤二·孟夏思渭村旧居寄舍弟》，中华书局1979年版，第202页。
② 《太平广记》卷一五八《贫妇》，中华书局1961年版，第1140页。
③ 程树德：《论语集释》卷三三《季氏》，中华书局1990年版，第1137页。

地平均分给农民可以让"父子兄弟不忘其功,为而不倦,民不惮劳苦"既可以充分发挥地力之效,也促使农民劳动积极性的充分发挥。由此可见土地对农民的重要性。唐代继承了北朝以来的均田制,并将其进一步完善,在土地分配和赋税征收上,都体现了一定的社会公平。唐代的君臣和士人经常谈论"均平"的治国之道和财经措施。唐律中有"苦乐均平,量力驱使""诸差科赋役违法及不均平,杖六十"的规定,① 而对于地方官吏年度的考课中,均平与否是重要的考察内容。当然"均平"的理念也是有区别的,如唐代均田令之"均"与租庸调中"法制均一"的"均"并非是一回事,对农民来说,授田是相对的平均,而征发赋役却是绝对的平均。中唐时期实施的以户税和地税为主体的两税法是唐代统治者试图解决这种不平均赋税的一次努力。两税法以资产为征收对象,反映了广大农民的均平愿望,农民对以"斟酌贫富"为承担赋役的准则,视为理所当然。即使是唐代前期的民间诗人王梵志,也对均平赋税思想提出了自己的想法:在其《他家笑我贫》诗中就有"你富户役高,差科交用却。吾无呼唤处,饱吃长展脚"的描写。② 一直到唐末农民起义,均平思想都是农民追求的目标。王仙芝、黄巢领导的农民起义,将农民这一均平思想以极端的方式体现了出来。

　　勤俭理念。勤俭节约是中国传统社会的美德。由于农业生产受自然条件影响较大,具有先天的脆弱性,因此影响了农民家庭收入的稳定性。为了抵御自然灾害和意外事故,早在先秦时代农民就有了"耕三余一"的理念。《颜氏家训》认为只有"躬俭节用"才能"以赡衣食"。③ 勤俭,是在古代农业生产率不高的条件下一个十分有效的生存理念,谁勤俭,谁的家门就兴旺,家族就绵延长久一些,"成由勤俭败由奢"成为社会的信条。在唐代,均田制下授田不足也加强了农民的这种心态,因此农民发家致富的秘诀就是勤劳加上节约。天宝年间的相州王叟"富有财,唯夫与妻,更无儿女。积粟近至万斛,而夫妻俭啬颇甚,常食陈物,才以充肠,

---

① 《唐律疏议》卷一三《户婚律》,法律出版社1999年版,第274页。
② 张锡厚:《王梵志诗校辑》,中华书局1983年版,第5页。
③ 王利器:《颜氏家训集解》(增补本),中华书局1993年版,第43页。

不求丰厚"。① 王方翼幼时家境贫寒，但是其母"与佣保齐力勤作，苦心计，功不虚弃，数年辟田数十顷，修饰馆宇，列植竹木，遂为富室"。②《玉堂闲话》记载了一个叫刘十郎的，在其壮年时，与妻靠出卖佣力生活，非常穷困，由于勤俭肯干，"数年之内，家累千金"，但由于儿孙不能理业，"及其死也，物力渐衰，今则儿孙贫乏矣"。③ 可见，家庭的兴衰与勤俭与否有很大的关系。

精耕细作。农民为能在有限的土地上有更多的收入，只能在单位土地上投入更多的劳动力进行精耕细作。为取得农业收入的最大化，农民往往更倾向于在有限的土地上精耕细作，而对于扩大生产抱有谨慎的态度，普遍有着"宁要少好，不要多恶"④ 的心理特点。例如在平整土地方面，《杂说》云："一入正月初，未开阳气上，即更盖所耕得地一遍"；"自地亢后，但所耕地，随晌盖之；待一段总转了，即横盖一遍。计正月、二月两个月，又转一遍"。⑤ 即在春播前要耕地三次，平碎土块、清除杂草至少三次以上，以确保墒情良好。特别是雨后适合耕作时要抢耕、抢种，防止土地干燥，正所谓"雨足高田白，披蓑半夜耕。人牛力俱尽，东方殊未明"。⑥ 唐代农民抱有这样的经营理念，首先是因为均田制下授田不足这一普遍状况，为了尽可能地在单位面积土地上获得高产出，只有进行精耕细作；其次是两税法后租佃关系中的高地租率，地租额通常要占到收获量的一半左右，陆贽认为"私家收租，殆有亩至一石者，是二十倍于官税"，因此私人地租率是很高的，《太平广记》中也有地租平分的记载："山魈者，岭南所在有之……每岁中与人营田，人出田及种，余耕地种植，并是山魈，谷熟则来唤人平分。性质直，与人分，不取其多"⑦，说

---

① 《太平广记》卷一六五《王叟》，中华书局 1961 年版，第 1210 页。
② 《旧唐书》卷一八五《王方翼传》，中华书局 1975 年版，第 4802 页。
③ 《太平广记》卷一三八《齐州民》，中华书局 1961 年版，第 997 页，出自《玉堂闲话》。
④ "凡人家营田，须量己力，宁可少好，不可多恶"这段文字见于《齐民要术》卷首《杂说》。但是，《齐民要术》卷首《杂说》是突然冒出来的，和其后的内容很不协调，是唐人掺杂之作，绝非贾思勰手笔。学界目前已经达成了共识，特别是农史专家缪启愉先生已经对此做出了令人信服的考证。
⑤ 缪启愉：《齐民要术校释》卷首《杂说》，中国农业出版社 1998 年版，第 24 页。
⑥ 崔道融：《田上》，《全唐诗》卷七一四，中华书局 1999 年版，第 8283 页。
⑦ 《太平广记》卷四二八《斑子》，中华书局 1961 年版，第 3480—3481 页，出自《广异记》。

的也是这个问题。因此，与其过多经营没有把握的田地，还不如将劳动力集中投入到有限的田地上，保证更好的收成。正如明代《沈氏农书·运田地法》中所云："三担也是田，两担也是田，担五也是田，多种不如少种好，又省力气又省田。"① 因此，农民朴素的经营思想和生活方式取决于他们对农业生产的稳重和谨慎，僧可朋在《耘田鼓诗》云："农舍田头鼓，王孙筵上鼓。击鼓兮皆为鼓，一何乐兮一何苦。上有烈日，下有焦土。愿我天翁，降之以雨。令桑麻熟，仓箱富。不饥不寒，上下一般。"②

农商并重。"重本轻末"的传统思想在唐代两税法改革后，也发生了微妙的变化。唐代前期继承了传统的"抑末"政策，社会将商人看作与农争利、有碍社会经济发展的一个阶层。然而中唐两税法后，农民获得了更多的人身自由和家庭经营的独立性，社会各阶层特别是农民、商人、手工业者的身份经常发生变化，农人不再将"舍本逐末"看作不可为的事情。同时，由于茶叶逐渐成为社会各个阶层日常喜爱的饮品，对其需求在中唐之后急剧增加，客观上促使了大量的农民从事茶叶生产和销售等活动。贞元时权德舆认为农民是"乃者惰游相因，颇复去本"，③ "商贾大族，乘时射利者，日以富豪；田垄疲人，终岁勤力者，日以贫困。劳逸既悬，利病相诱，则农夫之心，尽思释耒而倚市，织妇之手，皆欲投杼而刺文"④ 可见当时农民趋商重利的社会现实。李翱对当时农民重商轻农的状况有个大概的估计："百姓日蹙而散，为商以游十三四矣。"⑤ 同时，社会精英群体对农业和商业各自在社会经济中的作用也有了新的认识，陆贽认为："商农工贾，各有所专，凡在食禄之家，不得与人争利"，⑥ 主张农商应该并驾齐驱。与此相类似的是白居易的思想，白居易认为：

谷帛者，生于农也；器用者，化于工也；财物者，通於商也；钱

---

① 转引自陈恒力《补农书研究》，中华书局1958年版，第126页。
② 可朋：《耕田鼓诗》，《全唐诗》卷八四九，中华书局1999年版，第9676页。
③ 《全唐文》卷四八三《贞元二十一年礼部策问五道》，中华书局1983年版，第4933页。
④ 《白居易集》卷六三《策林二·息游惰》，中华书局1979年版，第1311页。
⑤ 《全唐文》卷六三四《进士策问二道》，中华书局1983年版，第6399页。
⑥ 《全唐文》卷四六五《均节赋税恤百姓六条》之六，中华书局1983年版，第4759页。

刀者，操于君也。君操其一以节其三，三者和钧，非钱不可也。夫钱刀重则谷帛轻，谷帛轻则农桑困，故散钱以敛之，则下无弃谷遗帛矣。谷帛贵则财物贱，财物贱则工商劳，故散谷以收之，则下无废财弃物矣。敛散得其节，轻重便于时，则百货之价自平，四人之利咸遂。①

白居易一再强调"四人之利咸遂"，使士、农、工、商"四民"的利益都能够照顾到，没有厚薄轻重之分。这些经营思想的变化，反映了时代的进步。唐代前期虽然在政策上"重本轻末"，但是在实际生活中将"舍本逐末"看作不可为的事情，以至于唐玄宗都发出了自己"至贵"和商人"至富"的感慨。敦煌地区有大量的关于农户从事商业贸易的记载，甚至有的农户借贷经商，P.3627《壬寅年（942）龙钵略贷生绢契》记载：

1. 壬寅年二月十五日，莫高
2. 乡百姓龙钵略欠阙疋
3. 帛，遂于押衙王万端面
4. 上贷生绢一匹，长三丈六
5. 尺，福（幅）阔壹尺八寸。其绢
6. 利头立机緤一匹。其钵
7. 略任意博贾，若平
8. 善到日，限至壹月，
9. 便取于尺数本绢。②
……

由于敦煌地区地处交通要道，交通工具非常必要。所以在敦煌文书中也有大量的民户从事马、驴等的租赁行业。如 S.1403《某年十二月程住

---

① 《白居易集》卷六三《策林二·平百货之价》，中华书局1979年版，第1313页。
② 唐耕耦、陆宏基：《敦煌社会经济文献真迹释录》（第二辑），全国图书馆文献缩微复制中心1990年版，第121页。

儿雇驴契》关于租赁的价格：程住儿往甘州充使于福性面上雇驴一头，价上好羊皮九张；P.3448《辛卯年（931）董善通张善保雇驼契》记载其二人往入京，"遂于百姓刘达子面上雇拾岁黄骆驼一头，断作雇价生绢陆匹……又楼机壹匹，看行内骆驼价"。

恋家依土的情怀。唐代农民的家庭观念和故土观念较为深厚。由于唐代是以农立国的时代，农业和游牧业、商业不同，伺候庄稼的老农如同是将半身插进了土地里，[1] 因此就有了白居易笔下的"家家守村业，头白不出门。生为村之民，死为村之尘。田中老与幼，相见何欣欣。一村唯两姓，世世为婚姻。亲疏居有族，少长游有群。黄鸡与白酒，欢会不隔旬。生者不远别，嫁娶先近邻。死者不远葬，坟墓多绕村"[2] 的景象。王贞白在诗中对农民的"安土重迁"思想也进行了描述：

  古今利名路，只在侬门前。至老不离家，一生常晏眠。
  牛羊晚自归，儿童戏野田。岂思封侯贵，唯只待丰年。
  征赋岂辞苦，但愿时官贤。时官苟贪浊，田舍生忧煎。[3]

诗人赞叹农民不求富贵、家人团聚生活的和谐状态。不过，唐代是我国历史上发生重大变革的时代，从隋代开始的科举考试到唐代得到进一步的完善和发展。科举考试为普通士人和社会下层提供了通向仕途的机会，因此对农民的功名思想产生了很大的影响，正如李肇所言："既登第，遂食禄；既食禄，必登朝，谁不欲也。"[4] 因此"至老不离家"也并非是唐代农民生活的全貌。唐代农民为参加科举考试取得功名，多习业山林寺院，四处交游。陈季卿辞妻离家，在长安十年未归；[5] 公乘亿离家长达三十年，以至于夫妻相见不相识。[6] 固守田园固然是农民的现实选择，但博

---

[1] 费孝通：《乡土中国》，北京大学出版社1998年版，第7页。
[2] 《白居易集》卷一〇《感伤二·朱陈村》，中华书局1979年版，第184页。
[3] 王贞白：《田舍曲》，《全唐诗》卷七〇一，中华书局1999年版，第8314页。
[4] 《唐国史补》卷下，载《唐五代笔记小说大观》，上海古籍出版社2000年版，第189页。
[5] 《纂异记·陈季卿》，载《唐五代笔记小说大观》，上海古籍出版社2000年版，第500页。
[6] 《唐摭言》卷八《忧中有喜》，载《唐五代笔记小说大观》，上海古籍出版社2000年版，第1648页。

取功名何尝不是农民的理想去向。在理想和现实的交织中，农民的思想世界就有了许多碰撞和冲突：

> 东家有儿年十五，只向田园独辛苦。夜开沟水绕稻田，晓叱耕牛垦堶土。
>
> 西家有儿才弱龄，仪容清峭云鹤形。涉书猎史无早暮，坐期朱紫如拾青。
>
> 东家西家两相诮，西儿笑东东又笑。西云养志与荣名，彼此相非不同调。
>
> 东家自云虽苦辛，躬耕早暮及所亲。男舂女爨二十载，堂上未为衰老人。
>
> 朝机暮织还充体，馀者到兄还及弟。春秋伏腊长在家，不许妻奴暂违礼。
>
> 尔今二十方读书，十年取第三十馀。往来途路长离别，几人便得升公车。
>
> 纵令得官身须老，衔恤终天向谁道？百年骨肉归下泉，万里枌榆长秋草。
>
> 我今躬耕奉所天，耘锄刈获当少年。面上笑添今日喜，肩头薪续厨中烟。
>
> 纵使此身头雪白，又有儿孙还稼穑。家藏一卷古孝经，世世相传皆得力。
>
> 为报西家知不知，何须谩笑东家儿。生前不得供甘滑，殁后扬名徒尔为。①

薛逢将两家农民的思想境界刻画得可谓深刻，反映了唐代科举功名对农民传统安身立命生活方式的冲击。博取功名后，常常会造成原来家庭的破裂，杜羔妻赵氏在杜羔登第之后，高兴之余竟然发出了"良人得意正年少，今夜醉眠何处楼"②的感慨，可见对家庭的未来并不乐观。

---

① 薛逢：《邻相反行》，《全唐诗》卷五四八，中华书局1999年版，第6374页。
② 赵氏：《闻夫杜羔登第》，《全唐诗》卷七九九，中华书局1999年版，第9082页。

甚至许敬宗认为农夫在一年中多收了几斛麦子就会有换掉旧妇的打算,[①]也是正常的。唐代后期大量农民从事商业活动,也对传统的故土观念、家庭稳定造成了冲击。农民对经商乐此不疲,淡化了恋家的情结,竟然说出了自己"惯为商在外,在家不乐,我心无聊。勿以我不顾恋尔,当容我却出,投交友"的心境;[②] 对待家庭,他们很多都抱有"余一商耳,多游南北,惟利是求,岂敢与簪缨家为眷属"的心态。因此,虽然唐代农民恋家、故土观念受到了较多因素的冲击,但总的说来安土重迁思想在农民的精神领域还是根深蒂固的,对于耕作农民的群体没有发生太大的变化。

二 农民的信仰与婚姻取向

神灵崇拜和宗教信仰既体现了农民群体对未来生活的憧憬也是对未知世界的敬畏。唐代农民的神灵崇拜主要有土地神、自然神等。由于农民主要是依赖土地生存,土地"载誉黎元,长兹庶物",所以土地神是广受欢迎的神灵,正月十五用糕糜、白粥祭土地,可使家中蚕桑兴旺,称为"黏钱财"[③]。《唐会要》在"诸里祭社稷仪"条载:春社向土地神卜稼,祈求丰收,秋社向土地神报功,酬谢护佑。王维在《凉州郊外游望》写道:"野老才三户,边村少四邻。婆娑依里社,箫鼓赛田神",[④] 都是关于土地神的描写。同时,由于个体小农家庭生产受自然条件限制较为明显,因此他们多神化、敬畏和崇拜风雨雷电等自然现象,以祈求神灵的庇佑。张籍诗"欲辞舅姑先问人,私向江头祭水神"[⑤] "向晚青山下,谁家祭水神"[⑥] 就是关于水神崇拜的描写。在敦煌文书中有大量的风神、水神、雷神等的描写,并且将祭祀自然之神表明在日历中,P.2765《甲寅年历日》于正月二日癸丑下,写明"祭风伯",S.1493 大中十二

---

① 《大唐新语》卷一二《酷忍第二十七》,载《唐五代笔记小说大观》,上海古籍出版社2000年版,第323页。
② 《太平广记》卷四三一《赵倜》,中华书局1961年版,第3501页。
③ 韩鄂:《四时撰要》卷一,中国农业出版社1981年版。
④ 王维:《凉州郊外游望》,《全唐诗》卷一二六,中华书局1999年版,第1278页。
⑤ 张籍:《春江曲》,《全唐诗》卷三八二,中华书局1999年版,第4297页。
⑥ 张籍:《江南春》,《全唐诗》卷三八四,中华书局1999年版,第4316页。

年《日历》、P. 3284咸通五年《日历》中均写明于正月的某个丑日"祭风伯"的规定,体现了北方地区农业生产受自然条件制约的现象更为普遍。此外,农村家庭中还对灶神、门神、厕神等家神都给予了一定的人物形象,反映了唐代农民对自然之神和器物之神的信仰都融入生活之中。

唐代农民对民间神灵敬畏与利用相结合的信仰态度,是最能体现中国传统文化精神的一个侧面。正如英国人类学家马林诺夫斯基所说:"巫术之所以进行,完全是为的实用。支配巫术的是粗浅的信仰,表演巫术的是简易而单调的技术……巫术纯粹是一套实用的行为,是达到某种目的所取的手段。"[①]可见,农民的鬼神崇拜具有较强的现实功利性,对宗教信仰也同样体现了这一特点。从敦煌地区来看,唐代村民的信仰是以世俗佛教为主要宗教。世俗佛教带有功利性、世俗性等特点,信仰的目的不是为了超脱生死、获得开悟、寻求解脱,而是希望通过自己的信仰和实践能够获得家庭的平安、子女的繁衍、丰衣足食乃至兴旺发达、免灾去祸、获得福报等。

这些信仰主要体现在三个方面:第一是因果报应、转世轮回,这也是基本的佛教知识。敦煌地区的民众认为,只要是多做善事,广积功德,就可以获得福报,写经、诵经、造像等都可作为善行的体现。S. 6230《阎罗王授记经》题记:

> 奉为慈母病患,速得诠嗟(痊差),免授(受)地狱。一为在世父母做福,二为自身及合家内外亲因(姻)等,无知(诸)灾长(障),病患不侵,常保安乐。书写(此)经,免其已世业报。

由此可以看出,写经的目的是为了保安乐,把种种功德活动变为用信仰换取现实的利益条件。第二是以"孝"为伦理的道德。在传统社会中,"孝"是处理一切社会关系的最基本伦理规范,个人对父母的"孝"和对君王的忠诚是一体的。因此,佛教在中国文化的氛围中,不得不适应中国人的观念,改变剃发毁形、抛家舍业等不孝行为,向世俗宗教转变,因

---

① 马林诺夫斯基:《巫术科学宗教与神话》,中国民间文艺出版社1986年版,第36页。

此，敦煌写本中有大量关于"孝"的内容。在敦煌文书 P. 3361《故圆鉴大师二十四孝押座文》中，"孝"更是成佛的根本，"孝心号曰真菩萨，孝行名为大道场"。由此可见，世俗佛教对村民群体的影响已经与传统文化融为一体。第三是关于祈福消灾的内容。逢凶化吉、遇难呈祥，是不同时代人们的共同追求，因此，当村民面临不幸或者身处困境时，他们就希望得到宗教的指引和拯救，因此敦煌地区出现了种种为免灾而进行的功德活动。敦煌文书 P. 2900《药师经》写到，上元二年（675年），清信女索八娘身处"难月"，写《药师经》，"愿无诸苦难，分难平安"。

婚姻事关人生大事，唐代虽然是一个开放的时代，但农民择妇时还是注重妇女的品德和为人。白居易在《蜀路石妇》中刻画了一位贞、孝两全的下层妇女："道旁一石妇，无记复无铭，传是此乡女，为妇孝且贞。十五嫁邑人，十六夫征行，夫行二十载，妇独守孤茕。其夫有父母，老病不安宁，其妇执妇道，一一如礼经。晨昏问起居，恭顺发心诚，药饵自调节，膳羞必甘馨。夫行竟不归，妇德转光明，后人高其节，刻石像妇形。"妇女的"孝"是指对公婆的孝敬、柔顺恭敬、晨昏定省、伺候赡养；"贞"则是指对丈夫的绝对忠诚，从一而终。蜀路石妇就是婚后第二年丈夫即离她而去，至其终而未归，但她坚守其节，集中了唐代下层妇女的优点，自然成为下层妇女的楷模。而不顾他人、好吃懒做、搬弄是非的女子则要受到抨击。唐诗云："思量小家妇，贫奇恶形迹。酒肉独自抽，糟糠遣他吃。生活九牛挽，唱叫百夫敌。……索得屈乌爵，家风不禁答"①；"家中渐渐贫，良由慵懒妇，长头爱床坐，饱吃没娑肚。频年勤生儿，不肯收家具。饮酒五夫敌，不解缝衫裤。事当好衣裳，得便走出去。不要男为伴，心里恒攀慕。东家能捏舌，西家好合斗"②。

婚姻结合是新家庭的开始，因此唐代农民择婿和选妇时都注重经济状况和发展潜力，唐代后期的贫家女难嫁现象就体现了农民对于经济状况的重视。如白居易的《贫家女》中"贫为时所弃，富为时所趋。红楼富家

---

① 张锡厚：《王梵志诗校辑》卷三，中华书局1983年版。
② 张锡厚：《王梵志诗校辑》卷二，中华书局1983年版。

女，金缕绣罗襦。……母兄未开口，已嫁不须臾。绿窗贫家女，寂寞二十余。……几回人欲聘，临日又踟蹰"，张碧的《贫女》也云："岂是昧容华，岂不知机织。自是生寒门，良媒不相识。"此外，秦韬玉的《贫女》、李山甫的《贫女》、邵谒的《寒女行》也都描绘了贫女难嫁的情况，反映了唐代后期娶妇开始重视家庭经济状况的现实。

在科举考试以前的魏晋时期，农民的婚姻价值取向有明显的阶层观，农民处于社会下层，很难晋升社会名流，因此，婚姻中的等级观念非常强烈。即使到唐代，《唐律》规定的良贱不婚原则在唐代农民通婚中也有所反映。不过，由于从隋代开始的科举考试，使农民有"朝为田舍郎，暮登天子堂"的可能，跻身缙绅官员之列，因此对农民的婚姻观念也产生了影响。进入官场的农民一般都与官员之女联姻，魏邈就是这样。据墓志载，邈"祖宾、父朝隐，皆敦儒术，谅识宏深，高乐园林，自求野逸"，"顷因入仕，多为台鼎、廉察之知，累以德艺精粹，闻地天庭，始奏授怀州参军"[1]。魏邈出自父祖无官的农民之家，在他走入仕途后，便与官员之女结成了姻缘，"夫人天水赵氏，考皇任壁州长史升之仲女也"。薛仁贵的发家及其后人通婚的变化也很能说明这一问题。史载，薛仁贵"少贫贱，以田为业"，后以从军达到了"图功名以自显"[2]的地步。他的后人不但从身份上脱离了农民，跻入上层，通婚上也显示出了明显的变化。薛仁贵重孙女所嫁不但为官员之家，而且还是山东旧士族高门出身的官员之家。普通农民与官员之家联姻，能够获得生活上的好处；而进入官场的农民与官员之家联姻，则可以获得政治上的好处。所以，为了达到联姻官员之家的目的，个别农民或农民出身的官员甚至采取了不择手段的方式。一个已经做官的农家子为了联姻"豪族"，竟图谋害妻。史载："鄂州小将某者，本田家子。既仕，欲结豪族，而谋其故妻。因相与归宁，杀之于路，弃尸江侧。"[3] 文宗时，另一位农民为了获取好处，更假冒国舅。穆宗时期萧后"因乱去乡里，自入王邸，不通家问，别时父母已丧，有母

---

[1] 周绍良等：《唐故宣州参军钜鹿魏君夫人赵氏墓志铭并序》，载《唐代墓志汇编》，上海古籍出版社1992年版。
[2] 《新唐书》卷一一一《薛仁贵传》，中华书局1975年版，第4139页。
[3] 《太平广记》卷一三〇《鄂州小将》，中华书局1961年版，第924页。

弟一人。文宗以母族鲜亲，惟舅独存，诏闽、越连率于故里求访。有户部茶纲役人萧洪，自言有姊流落"。① 由于假充皇帝姻亲，萧洪一步登天，受拜金吾将军、检校户部尚书、河阳怀节度使。由此可见，唐代社会农民的婚姻取向既有着传统观念的制约又有着时代的烙印。

三　农民劳作之余的生活

农民日常劳动是"日出而作，日没而息"，甚至在农忙时还要"夜半呼儿趁晓耕"，因此农民只有在农闲之余才有休息时间，这些休息时间主要是节日和冬闲季节。唐代农民继承和发展传统节日，把许多严肃、乏味的节日变成了生动、有趣的盛会，点缀在平淡的日常生活中，体现了唐代农民热爱生活、享受生命的个性。即使对日常的劳作，农民也并非是将其作为苦差，而是在劳作中寻找生活的乐趣。诗人视野中的农家生活是快乐和幸福的，刘禹锡在其《插田歌》中就对男女一同在田间劳动，边干边唱，相互打闹逗趣的场面进行了描写②：

> 冈头花草齐，燕子东西飞。田塍望如线，白水光参差。
> 农妇白纻裙，农父绿蓑衣。齐唱郢中歌，嘤伫如竹枝。
> 但闻怨响音，不辨俚语词。时时一大笑，此必相嘲嗤。
> 水平苗漠漠，烟火生墟落。黄犬往复还，赤鸡鸣且啄。
> ……

孟浩然把农民终岁勤劳、得享丰年的景象写得春意盎然：③

> 故人具鸡黍，邀我至田家。绿树村边合，青山郭外斜。
> 开筵面场圃，把酒话桑麻。待到重阳日，还来就菊花。

---

① 《旧唐书》卷五二《后妃传下》，中华书局1975年版，第2201页。
② 刘禹锡：《插田歌》，《全唐诗》卷三五四，中华书局1999年版，第3974页。
③ 孟浩然：《过故人庄》，《全唐诗》卷一六〇，中华书局1999年版，第1654页。

储光羲对农家生活也有类似的描述:①

>　……
>　种桑百余树，种粟三十亩。衣食即有馀，时时会亲友。
>　夏来菰米饭，秋至菊花酒。孺人喜逢迎，稚子解趋走。
>　日暮闲园里，团团荫榆柳。酩酊乘夜归，凉风吹户牖。
>　清浅望河汉，低昂看北斗。数瓮犹未开，明朝能饮否。

至于节日，唐人更是将其看作日常生活中重要的点缀。农民会周期性地抛开日常劳作的辛苦，沉浸在节日的喜庆之中，有时甚至连家庭的经济贫困也统统抛在脑后。唐代节日主要是皇帝的诞日和季节性的节日。唐代设置诞日是从玄宗开始的，开元十七年（729）八月十五日是玄宗诞辰，正式设置诞节——千秋节，来庆祝皇帝的寿诞。"中兴之后，制为千秋节。赐天下民牛酒，乐三日，命之曰酺，以为常也。"② 全国在诞节时，休假一到三天，国家赏赐近僚，同时也给予百姓牛酒，让普通百姓在劳碌的生产中感受到皇恩浩荡，在平凡的生活中增添乐趣。自此直至五代末年，除了少数几位皇帝只庆贺生辰未置诞节外，其余诸帝照例为其生辰置诞节，正式形成制度。

季节性的节日主要有元正（元旦）、人日（正月七日）、上元（灯节）、中和节、社日、寒食、清明、上巳（三月三日）、端午节（五月五日）、七夕（乞巧节）、中元（盂兰盆节、鬼节）、中秋节、重阳节、除夕等节日。对于长年生活在平凡日子中的民众百姓来说，过节无疑是一件大事，是一次需要隆重对待的庆典。"在每年一定的日子里，人们心中的人性会周期性地抛开日常生活的烦恼，沉浸在节日的喜庆之中，有时甚至连文化压迫和经济贫困也统统抛在脑后。"③ 这些节日既是农民日常生产的时间表，又是劳作之余的闲暇放松，是难得的休闲时光。在新年的第一个

---

① 储光羲：《田家杂兴八首》，《全唐诗》卷一三七，中华书局1999年版，第1347页。
② 《全唐文》卷七二〇《东城老父传》，中华书局1983年版，第7413页。
③ [美] 拉尔夫·林兹勒、彼得·赛特尔：《庆典》"前言"部分，方永德译，上海文艺出版社1993年版。

节日中，他们用各种方式庆祝，祈祷今年的风调雨顺和五谷丰登。唐人在诗中写道："上元高会集群仙，心斋何事欲祈年。……不爱仙家登真诀，愿蒙四海福黔黎。"①"昨夜斗回北，今朝岁起东。我年已强仕，无禄尚忧农。桑野就耕父，荷锄随牧童。田家占气候，共说此年丰。"②

社日是农民重要的节日。"社"是古代土地的象征。自汉至唐，历代都有社祭。通常是以立春和立秋后的第五个戊日为春社和秋社。玄宗开元十八年（730），定秋社与千秋节（诞节）同日，村闾间，"并就千秋节先赛白帝，报田祖，然后坐饮散之"。第二年下令，"天下州府春秋二时社及释奠，停牲牢，唯用酒醴，永为常式"③。由此可见，春社、秋社祭祀，乃是法定的节日。祭春社是为了祈求神助，使风调雨顺，以保丰收。元稹说："社公千万岁，永保村中民。"④秋社是为了庆贺丰收，"报效神如在，馨香旧不违"，⑤民间在社日也保留某些特定的习俗，如民间妇女在社日停止针线活，俗称"忌作"。社日时候，常常成为农民休闲娱乐的闲暇时光，正如王驾在《社日》中所描述的：

　　鹅湖山下稻粱肥，豚栅鸡栖对掩扉。
　　桑柘影斜春社散，家家扶得醉人归。

唐代农民通过这种方式表达他们对减少自然灾害、获得丰收的良好祝愿，希望能五谷丰登、六畜兴旺；同时这样的节日庆贺对他们来说也是十分难得的娱乐活动。在社日到来时，民众集会竞技，进行各种类型的作社表演，并集体欢宴，非常热闹。春社散后，人声渐稀，到处都可以看到一种情景，即一些为庆祝社日而喝得醉醺醺的村民，被家人邻里搀扶着回家，体现了社日中农民丰收、喜庆的心情和难得的娱乐空间。

除夕是农历岁末的最后一天，是世俗相传的民间节日。最初除夕是与驱除疫鬼相联系，汉代守岁时，以弓箭射杀疫鬼，清除灾难。隋代沿袭北

---

① 李昂：《上元日二首》，《全唐诗》卷四，中华书局1999年版，第49页。
② 孟浩然：《田家元日》，《全唐诗》卷一六〇，中华书局1999年版，第1657页。
③ 《旧唐书》卷八《玄宗纪上》，中华书局1975年版，第195—196页。
④ 《元稹集》卷一《古诗·古社》，中华书局1982年版，第4页。
⑤ 《读杜心解》卷三《五律·社日两篇》，中华书局1961年版，第542页。

朝旧制，选侲子二百四十人，"逐恶鬼于禁中①"。唐代每年冬季仍有驱傩之类的驱除恶鬼的习俗，《文献通考》卷八八记唐代"诸州县傩"的诸种形式，体现了除夕节庆中古老传统的形式。但是，从庆祝形式看，在隋代就已经有了在岁末家家准备肴馔，共同相聚欢迎新年的习俗。隋人薛道衡说："故年随夜尽，新春逐晓生。"唐代赋予了除夕新的内容，孟浩然在诗中写道："畴昔通家好，相知无间然。续明催画烛，守岁接长筵。旧曲梅花唱，新正柏酒传。客行随处乐，不见度年年。"②可见，在除夕夜，人们饮着柏叶浸泡的长寿酒，品尝着美味佳肴，全家团聚，乃是岁末特有的欢欣。这个时候，秋粮已进粮仓，冬田也进行了耕翻，等着新的一年的春种秋收。人们尽情享受一年中的闲暇时光，"除夜清樽满，寒庭燎火多。舞衣连臂拂，醉坐合声歌"。除夕夜中人们"或点灯烛，或烧红火，大都达旦不睡，延续至天明。阖家老小，相聚守岁，把酒笑歌，又吃又喝，并忙于准备新年筵席"。"儿童不谙事，歌咏到天明"，就是这一喜庆节日的写照。开成三年（838）除夕，圆仁和尚在扬州见到"暮际道俗共烧纸钱，俗家后夜烧竹与爆，声道万岁，街店之内，百种饭食，异常弥漫"的场景。即使是家庭较为困难的人家，也是"拾樵供岁火，帖牖作春书。"③

与除夕一样，清明、寒食节等传统节日都发生了变化。节日的主要内容已从传统祈典、祭祀、信仰、禁忌向娱乐、享受、游艺等方面转化，这一变化在唐代尤其令人瞩目。无论士人、百姓，寒食禁火、清明致哀，这是自汉以来就保持的传统，但唐人趁上坟祭祖之际，踏青郊游甚至作乐筵饮，渐成风气，最终朝廷不得不承认了其合法性。早在高宗龙朔二年（662），就曾有诏严禁"送葬之时，共为欢饮，递相酬劝，酣醉始归"的风气，说明高宗时就已经出现了这种现象，到唐玄宗开元二十年（732）年间，在《许士庶寒食上墓诏》中要求民众在寒食、清明扫墓之后，不能在坟茔近处食馔，更不能作乐，④变相地承认了踏青郊游甚至作乐筵饮

---

① 《隋书》卷八《礼仪》，中华书局1973年版，第169页。
② 孟浩然：《岁除夜会乐城张少府宅》，《全唐诗》卷一六〇，中华书局1999年版，第1658页。
③ 张子容：《除日》，《全唐诗》卷一一六，中华书局1999年版，第1179页。
④ 《全唐文》卷三〇《许士庶寒食上墓诏》，中华书局1983年版，第341页。

的合法性。唐代稳定的社会秩序、日渐发达的生产力，为农民赢得了日益繁富充裕的物质生活，也就必然导致其对天地宇宙、自然鬼神认识的加深，激发了人们对现实生命的珍视和对自身欲望的炽热追求。唐人在保持许多传统节俗形式的同时，都不同程度地改变了它们的性质和意义，不仅是寒食、清明，而且几乎所有节俗都冲淡了崇神敬鬼的色彩，降低了悼亡念祖的成分，大大地增强了亲近和享受大自然、充分领略人生欢乐和享受人生的意味。

小　结

农民节日习俗的变化，是唐代社会经济发展和物质生活极大满足的体现，与农民普遍富裕的物质生活是分不开的。农民经济良好运转的原因是什么呢？唐代良好的自然和社会环境只是唐代农民经济富足的外在原因，而农民富裕的内在动因更是不容忽视，如：农民经济和唐代政府之间的良性互动、农民家庭经济管理的良好运营等。因此，对于农民收入和消费的心理状态及体现、家庭经济管理的范式，以及国家和农民的互动关系都要有理性的认识，只有这样，才能真实地把握唐代农民节日习俗理念变化的内在驱动力。

第 二 章

唐代农民家庭经济的管理与运行

"修身、齐家、治国、平天下"是传统中国个人安身立命的信条,从"修身"到"平天下"的过程,犹如投入水中的石子向外推出的层层涟漪,由中心向四周扩散。农民家庭经济的运作方式也与此相类,它以农民家庭经济管理为中心,经农民家庭经济与宗族、村社的经济交往,与城乡、集镇的交往,以及与国家之间的经济互动向外层层推出。因此,研究农民家庭经济的管理和运行,必须将其放在具体的家庭经济环境中去考察其运行情况,核心是以"家"为单位的第一层面的经济运作;第二个层面是家庭与家族、村社之间的经济交往及互助;第三个层面是农家与集市之间、城乡之间的经济交流,这一个层次是农民进行商品交换的主要场所,也是城乡之间进行经济互补的渠道;第四个层面是农民经济与国家之间的经济良性互动,体现为政府为农民提供良好的生产、生活环境,农民向国家交纳租税,这一层次的经济交往最为重要,是对农民经济的运转状况具有决定性影响的一个层次,对于农民与国家之间的经济交往,将在下一个章节中专门进行阐述。总之,农民经济在这样的层层的经济交往中互通有无,在一定程度上成为了农民家庭经济规避风险的层层屏障,克服了农家经济的脆弱性,保持了其正常发展。农民家庭经济运行的动态结构可用图2—1表示。

第一节 农民家庭经济的内部管理与运行

家庭经济的管理,包括家庭收入、家庭支出、财产管理与继承等内容。家庭收入主要是指农民家庭经济中农业、副业和其他渠道的经济收

```
                完成国家赋役及国家对农民的救助
                    与集镇城市的经济往来
                     与宗族村社的经济互助
                        家庭经济的
                        管理与运行
```

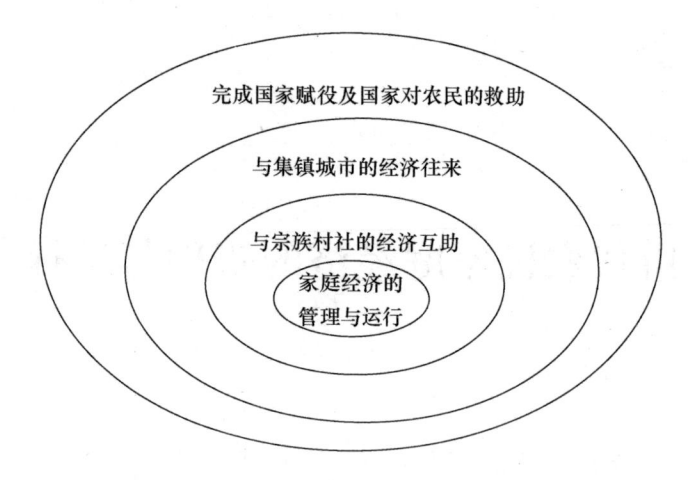

图 2—1　唐代农民家庭的经济运行

资料来源:《王祯农书》卷十九,浙江人民美术出版社 2015 年版,第 523 页。

入,支出的形式包括日常生活消费、婚丧嫁娶、购买耕牛、建造房屋等大宗家庭支出。在中国传统社会中,父家长在家庭管理中处于主导地位,从对家庭经济管理的内容看,父家长的主要权利和责任:一是对家庭经营和家庭分工作出大致的安排,如家庭作物的种植、经营的面积和规模、其他经营的内容等,对妻儿老幼做出合理的家庭分工,以求不误人力,做到家庭收入的最大化;二是对家庭的财物收支作出大致的预算和决算。对传统社会家庭分工和财产管理情况分析,可知妻子和儿女处于服从和附属的次要地位。不过,由于男女在家庭经济中扮演的角色不同,妇女承担着家庭日常的吃、穿等消费行为,因此日常性的消费支出常常是由妇女完成,在实际的财产管理上,妇女常常有一定的财产支配权。

一　父家长在家庭经济管理中的主导地位

至少从西周时代起,统治者就重视父家长对家庭经济管理的立法,保护其在家庭财产中的地位。及至唐代,这些立法更为完善。唐律规定:"凡是同居之内,必有尊长。尊长既在,子孙无所自专。若卑幼不由尊长,私辄用当家财物者,十匹笞十,十匹加一等,罪止杖一百。"[①]"诸家

[①]　《唐律疏议》卷一二《户婚律上》,法律出版社 1999 年版,第 263 页。

长在，而子孙弟侄等不得辄以奴婢、六畜、田宅及余财物私自质举，及卖田宅。其有质举卖者，皆得本司文牒，然后听之。若不相本问，违而与及买者，物即还主，钱没不追。"① 唐代有许多关于子女擅用家财而受到惩罚的故事，② 如《太平广记》记并州文水县太平里李信之母，私自将家中石余米送给女儿，由于被李父发现，自己和女儿双双被罚变做牲口来偿债③。但是，实际生活中家庭经济运行的过程是复杂的，父家长并非事无巨细、事必躬亲，而是侧重于家庭经济宏观的把握，如对土地经营规模、作物种植内容、房产置办以及婚丧嫁娶费用预算等家庭重大收支项目做出决定，其他日常性的经济支出常常由妇女处理。如管钥权，一般是由妇女负责管钥。李光进的弟弟光颜先娶媳成家，其母委以家事。等到光进娶妻成家的时候，母亲已经故去，"弟妇籍赀贮、纳管钥于姒，光进命反之，曰：'妇逮事姑，且尝命主家事，不可改。'因相持泣，乃如初"。如果父家长自己掌管管钥，就会被时人笑话，"徐岱，字处仁，苏州嘉兴人也。家世以农为业……仓库管钥，皆自执掌，获讥于时"。④

同时，唐律也规定唐代家庭是"同财共居"，即家庭成员共同拥有家庭财产，而且农家经营规模小，家庭成员必须通力合作才能使产出最大化，在家庭财产的管理上也体现出共同参与的特点。在农村"人们认为家产是全家人的财产，家长只是负责管理财产而已，如果要出卖田地的话，就必须与家人商议"⑤。家庭成员在重大事情上的共同立议，是唐代家庭中的原则之一。如唐代放免部曲、客女和奴为良时，除由家长给手书之外，还须"由长子以下连署"⑥ 才算合法。唐代虽严禁子孙"不由尊长，私辄用当家财物"，但如果家长事先知道或者得到尊长许可的话，那就另当别论了。

如果家长出于私心不许儿孙们分家，想把家中的经济管理权力一直独

---

① 《宋刑统》卷一三《户婚律》"典卖指当论竞物业"条，法律出版社1999年版，引唐《杂令》，第231页。
② 《太平广记》卷一三四《韦庆植》《赵太》，中华书局1961年版，第954—955页。
③ 《太平广记》卷一三四《李信》，出《冥报拾遗》，中华书局1961年版，第955页。
④ 《旧唐书》卷一八九《儒学下》，中华书局1975年版，第4975页。
⑤ 麻国庆：《家与中国社会结构》，文物出版社1999年版，第37页。
⑥ 《唐律疏议》卷一二《户婚律上》，法律出版社1999年版，第261页。

断,而不为儿孙计的话,常常没有好结果。这类现象自汉晋以来就是如此,东晋时期有人"为生奥博,性殊俭吝",不肯将家财分于子孙,结果是"及其死后,诸子争财,兄遂杀弟";[①] 唐律规定如果家长在处分家庭共同财产时侵犯了卑幼的个人利益,法律允许卑幼向官府控告,"诸告期亲尊长……虽得实,徒两年……其相侵犯,自理诉者,听",疏文解释说:"'其相侵犯',谓期亲以下、缌麻以上,或侵夺财物,或殴打其身之类,得自理诉。非缘侵犯,不得别告余事。"[②] 本来卑幼告发尊长是犯罪行为,但如果是"期亲尊长"侵夺了自己的财物或无故殴打自己,则允许控告,不视为犯罪。唐以后的宋朝,有人也是"家甚富而尤吝啬,斗升之粟,尺寸之帛必身出纳,锁而封之。昼则佩钥于身,夜则置钥于枕下。病甚困绝,不知其子孙窃其钥,开藏室,世箧笥,取其资财。其人复苏,即枕下求钥不得,愤怨遂卒。其子孙不哭,相与争匿其财,遂致斗讼。其处女亦蒙首执牒,自呈诉于府庭,以争嫁资。为乡党笑"。[③] 因此,家庭经营就需要全家人齐心合力,共同经营,如果家庭成员都为一己利益而不顾家庭其他成员的利益,就会出现汉代贾谊所论的"借父耰锄,虑有德色;母取箕帚,立而谇语;抱哺其子,与公并倨;妇姑不相说,则反唇而相稽。其慈子耆利,不同禽兽者亡几耳"[④] 的现象,严重影响家庭和睦及家庭作为经济单位产出最大化的目的。

长子的家财管理权是父家长权力的延伸。如果父亲不在家,或者是较早过世,长子就担当起管理家庭财产的责任。这种意识从上到下都是如此,如中唐名将郭子仪在外行军打仗时,就让长子"曜治家,少长千人,皆得其所"。[⑤]

二 妇女对家庭经济的日常管理

夫妻双方在家庭经济中的经济地位是相辅相成的。妇女在农民家庭经济运营中具有不可替代的作用。首先,妇女在家庭副业中处于主导地位,

---

① 王利器:《颜氏家训集释》(增补本)卷一《治家第五》,中华书局1993年版,第46页。
② 《唐律疏议》卷二四《斗讼》"告期亲尊长"条,法律出版社1999年版,第470页。
③ 刘清之:《戒子通录》卷五,引司马光《温公家范》卷二《诫子孙文》。
④ 《汉书》卷四八《贾谊传》,中华书局1962年版,第2244页。
⑤ 《旧唐书》卷一二〇《郭子仪传》附《郭曜传》,中华书局1975年版,第3467页。

如养蚕纺织、家庭饲养、手工编织等，这些家庭副业是传统社会农民家庭一项重要的收入来源，所占家庭收入比例相当大，对于这方面的数据，后文还将进行分析；其次，妇女一般是负责全家人的饮食起居和日常生活，"缝补浆洗""柴米油盐"都由家庭主妇来打理；最后，协助父家长安排家庭财物的用度，女性特有的精打细算和细致管理是家庭管理中不可或缺的，"有抓钱的耙子，也要有管钱的匣子"就是夫妻双方对财产分工管理的最好注解。

富有农民的家庭经济管理方式大都相似，而贫困家庭的经济管理却各有各的不同。越是富有的家庭，由于衣食无忧，根本不用为生计而操劳，因此妇女的经济地位并不明显。而贫寒的农家妇女，负责做饭缝衣，保障一家吃饱穿暖，此外，左邻右舍及亲朋好友的经济往来还需要打点，如何将家庭有限的资财进行合理搭配，决定着家人的经济生活状态，在这种情况下，妇女的理财管理能力在一定程度上决定着家庭的生活状况。《太平广记》记载了这样一个故事：兖州百姓贺氏，由于善于纺织，村里人称呼她为织女。其丈夫外出经商，每次出去数年才回，"其所获利，蓄别妇于他所，不以一钱济家"，家庭的重担落在了织女身上，"妇佣织以资之，所得佣值，尽归其姑，己则寒馁"，[1] 贺氏侍奉老幼、任劳任怨支撑着家庭经济生活的重担，使家庭日常生活得以正常运转。有些妇女勤于治生、善于经营，家庭逐渐殷实，"唐天宝中，有清河崔氏，家居于荥阳，母卢氏，干于治生，家颇富"。[2] 如果父家长早亡，那么，寡母的家财管理权则更显突出，"监察御史李畲母，清素贞洁，畲请禄米送至宅，母遣量之，剩三石。问其故，令史曰：'御史例不概。'又问车脚钱几，又曰：'御史例不还脚车钱。'母怒，令送所剩米及脚钱以责畲，畲乃追仓官科罪。"[3] 这则资料虽非农民家庭，但在一定程度上反映了寡母经济地位更为重要的现实。

除了负责日常的衣食消费外，有时候妇女也决定一些大宗的开支。韦皋初时贫穷，住在岳父母家，但被岳父所轻，夫妻二人决定过"荒隅一

---

[1] 《太平广记》卷二七一《贺氏》，中华书局1961年版，第2131页，出自《玉堂闲话》。
[2] 《太平广记》卷一二一《崔尉子》，中华书局1961年版，第865页。
[3] 《朝野金载》卷三，载《唐五代笔记小说大观》，上海古籍出版社2000年版，第33页。

间茅屋，亦君之居；炊菽羹藜，箪食瓢饮，亦君之食"的生活，岳父"遗帛五十疋"作为费用，岳母"薄之"，"乃私遗二十束"① 以作接济。因此，家庭财物的管理权力是相对的。妇女在家庭中的经济管理理念有着一种潜移默化的作用，在很多问题上具有分配的主导权。

　　唐代妇女能在家庭经济中有这样的地位不是偶然的。从国家法律上讲，唐代社会保护妇女的财产权，如从娘家带来的奁幌、资装等就不在家庭分家的范围之内："妻家所得之财，不在分限"，如违，就要"计所侵，坐赃论减三等"②，从法律上规定妻子有权处理自己所带来的个人财产。唐代妇女从娘家一般都带来了数量可观的财产，这些财产不仅有金银首饰之类，还有很多生活上实用且数量和价值与男子聘财相当的东西。当然高门大户人家在女儿出嫁时"宝钿犊车五乘，奴婢人马三十匹"，"其他服玩，不可胜数"③ 的现象比较普遍，但即使是农家女儿出嫁时娘家也是尽其所能。《太平广记》卷三二八《阎庚》中载河北一村中农民王老嫁女时，以"马驴及他赍为赘"作为嫁妆。百姓李敏求成婚时，其妻兄"货城南一庄，得钱一千贯，悉将分给五妹为资装"。④ 江陵编户成叔弁由于没有看中媒氏所提的"田家郎君"，就以自己女儿"兴娘年小，未办资装"为借口婉言谢绝⑤，这也从侧面说明了"资装"数量较大、不是短期就能准备好的情况。因此，唐代有大量的材料记载了为帮助丈夫博取功名，妻子将自己从娘家带来的资妆送给丈夫作为盘缠的故事。宰相元载年轻时家境贫困，妻王氏"谓夫曰：'何不增学？妾有奁幌资装，尽为纸墨之费'"；⑥ 上文提到的韦皋，其妻为了让他能学兼文武，不为"尊卑见诮"，鼓励丈夫说："良时胜境，何忍虚掷乎？"韦乃遂辞东游，"妻罄妆奁赠送"。⑦ 由此可见，妇女在处理个人财产上具有较大的独立性。如果夫妻离异，妻子有权将自己的财产带走，夫家则不能阻拦。

---

　　① 《续玄怪录》卷一，载《唐五代笔记小说大观》，上海古籍出版社2000年版，第438页。
　　② 《唐律疏议》卷一二《户婚律》，法律出版社1999年版，第263页。
　　③ 《太平广记》卷四四八《李参军》，中华书局1961年版，第3667页。
　　④ 《太平广记》卷一五七《李敏求》，中华书局1961年版，第1128页，出自《河东记》。
　　⑤ 《太平广记》卷三四四《成叔弁》，中华书局1961年版，第2728页，出自《河东记》。
　　⑥ 《云溪友议》卷下《窥衣帷》，载《唐五代笔记小说大观》，上海古籍出版社2000年版，第1319页。
　　⑦ 《续玄怪录》卷一，载《唐五代笔记小说大观》，上海古籍出版社2000年版，第438页。

三 农民家庭的分家与财产继承

分家是家庭内在的运行机制和更新方式，通过重新分配原有家庭财产使这一机制得以运转。通过分家，小家庭从母家庭中得到了最初的经济基础，如土地、耕畜、家用器物等，同时也从父母手中学会了耕作技术和生产技能，为正常的家庭生产创造了条件。与分家相关的就是财产继承，唐代在家庭财产继承方面有两个重要的原则，一是兄弟均分原则，二是妇女有一定的家产继承权。

自秦商鞅变法后，为了有更多的自耕农来承担国家赋税，不至于分家后经济能力悬殊太大，在财产继承制度上的兄弟均分原则就已基本确立下来。两汉时期均分原则为社会所传承，据梁吴均《续齐谐记》载：东汉田真兄弟三人分家，"金银珍物各以斛量。田业生货平均如一，惟堂前一株紫荆树，花美叶茂，共议欲破为三，三人各一分，待明就截之"。[1] 唐代法律严格贯彻均分原则，《唐律疏议》明确规定："应分田宅及财物者，兄弟均分"，"不均平者，计所侵，坐赃论减三等"。[2] 兄弟在继承财产上，没有嫡庶之别。兄弟中有死亡者，由死者之子代位继承，"子承父分"，如果"兄弟俱亡，则诸子均分"，即由下一代的堂兄弟们均分家产，而非子承父分，以避免因诸子嗣数不等而带来的财产继承数额悬殊的局面。由于在分家以前结婚的兄弟，父母已经支取过一笔结婚费用（聘财），因此还要给未婚兄弟"别与聘财"[3]。

敦煌资料详细地反映了唐代农民分家时的家产分割情况，法国国立图书馆所藏敦煌文书 P.2685 号《沙州善护、遂恩兄弟分家契》就是众多资料中的一份，引之如下：[4]

（前缺）

1. 城外□□□□□□□□□□□□□□□□□□□。

---

[1] 《太平御览》卷四二一《人事部·义中》，中华书局影印本 1960 年版，第 1944 页。
[2] 《唐律疏议》卷一二《户婚》，法律出版社 1999 年版，第 263 页。
[3] 《宋刑统》卷一二《户婚》，"卑幼私用财"条，法律出版社 1999 年版，第 222 页。
[4] 《敦煌社会经济文献真迹释录》（第二辑），全国图书馆文献缩微复制中心 1990 年版，第 142—143 页。

2. 畜乘安（鞍）马等两家□□□□□□取□□□□□。

3. 壹领壹拾三增，兄弟义让，□上大郎，不入分

4. 数。其两家和同，对亲诸（诸亲）立此文书。从今已〔以〕后，

5. 不许争论。如有先是非者，决丈（杖）五拾。如有故

6. 违，山河违（为）誓。

7. 城外舍：兄西分三口，弟东分三口；院落西头小牛舞（庑）

8. 舍合舍外空地，各取壹分；南园，于李子树已西大

9. 郎，已东弟；北园渠子已西大郎，已东弟；树各取半。

10. 地水：渠北地三畦共壹拾壹亩半，大郎分；舍东三畦，

11. 舍西壹畦、渠北壹畦，共拾壹亩，弟分。向西地肆畦，共

12. 拾肆亩，大郎分；渠子西共三畦拾六亩，弟分。

13. 多农地向南仰大地壹畦五亩，大郎；又地两畦共五亩，弟。

14. 又向南地壹畦六亩，大郎；又向北仰地六亩，弟。寻渠

15. 九亩地，弟；西边八亩地，舍坑子壹（亩），大郎。长地五亩，弟；

16. 舍边地两畦共壹亩，渠北南头寻渠地壹畦肆亩，计五亩，

17. 大郎。北仰大地并畔地壹畦贰亩，□（兄）；寻渠南头长地子壹亩，

18. 弟。北头长地子两畦各壹亩：西边地子弟；东边兄。

19. 大郎分：釜壹受九斗，壹斗五胜锅壹，胜半龙头

20. 铛子壹，铧壹孔，镰两张，鞍两具，镫壹具，被头

21. 壹，剪刀壹，钊壹，锹壹张，马钩壹，碧绢壹丈柒尺，黑

22. 自牛壹半对草马与大郎，镢壹具。

23. 遂恩：铛壹口并主鏊子壹面，铜钵壹，龙头铛子壹，种

24. 金壹付，镰壹张，安（鞍）壹具，大钎壹，铜灌子壹，镢□

25. 壹具，绢壹丈柒尺，黑牸牛壹半。

26. 城内舍：大郎分，堂壹口，内有库舍壹口，东边房壹口；

27. 遂恩分：西房壹口，并小房子厨舍壹口。院落并碾；

28. 舍子和大门外舞（庑）舍地大小不等，后移墙停分。舞舍：

29. 西分大郎，东分遂恩。大郎分故车盘，新车盘遂恩，贾

30. 数壹仰取新盘者出。车脚二，各取壹。大郎全毂，遂恩破
31. 毂。
32. 兄善护
33. 弟遂恩
34. 诸亲兄程进进
35. 兄张贤贤
36. 兄索神神（藏文署名）

从契约中可以看到，唐代农民在家庭财产分割时非常认真细致，分家之前首先召集宗族中主要成员到场，在众人监督下一一分割财产。分割的财物大到土地、房屋、牛马、树木等大宗物品，小到镰、剪刀等日常用品，全部实行均分，而且由于"舍地大小不等"，只好"移墙停分"；哥哥分了旧车盘，在分车脚的时候就全部给了弟弟弥补过来，"大郎全毂，遂恩破"。这说明现实生活中农民家庭的财产分割状况与法律是一致的。在英国伦敦博物馆收藏的敦煌文书 S. 2174《天复九年（909）董加盈兄弟三人分家契》也体现了这一点，现录其内容如下[①]：

1. 天复九年己巳岁八月十二日，神沙乡百姓赛田渠地，加合出买（卖）以人，怀盈和三人不关。佛堂门亭支。
2. 董加盈、弟怀子、怀盈兄弟三人，伏缘小失
3. 父母，无主作活，家受贫寒，诸道客作，
4. 兄弟三人久久不溢（？）。今对亲姻行巷，所有
5. 些些贫资，田水家业，各自别居，分割如后。
6. 兄加盈兼分进例，与堂壹口，椽梁具全，并门。城外地，
7. 取索底渠地三畦，共陆亩半。园舍三人亭支。
8. 葱同渠地，取景家园边地，壹畦共肆亩。又
9. 玖岁䚉牸（牛）壹头，共弟怀子合。
10. 又葱同上口渠地贰亩半，加盈、加和出卖与集，集断作

[①]《敦煌社会经济文献真迹释录》（第二辑），全国图书馆文献缩微复制中心1990年版，第148—149页。

直（?）

11. 麦粟拾硕，布一匹，羊一口，领物人董加和、董加盈、白留子。
12. 弟怀子，取索底渠地大地壹半肆亩半，葱同
13. 渠地中心长地两畦五亩。城内舍：堂南边舍壹口，
14. 并院落地壹条，共弟怀盈二（人）亭分，除却兄
15. 加盈门道，园舍三人亭支。又玖岁犐牸（牛）壹头，
16. 共兄加盈合。白羊（杨）树一、季（李）子树一，怀子、怀盈
17. 二人为主，不关加盈、加和之助。
18. 弟怀盈取索底渠大地一半肆亩半。葱同渠
19. 地东头方地兼下头共两畦五亩，园舍共三人亭
20. 支。城内舍：堂南边舍壹口并院落壹条，
21. 除却兄门道，共兄怀子二人亭分。又三岁黄
22. 草驴（?）壹头。
23. 右件家业，苦无什物，今对诸亲，一一
24. 具实分割，更不得争论。如若无大没
25. 小，决杖十五下，罚黄金壹两，充官入用，便
26. 要后检（验）。
27. 润八月十二日，立分书（当事人、见人签名略）
28. 兄董加盈（押）　　见人阿舅石神神（押）
29. 弟董怀子（押）　　见人耆寿康常清（押）
30. 弟董怀盈（押）　　见人兵马使石福顺

神沙乡百姓董加盈兄弟三人分家，园舍、土地、牲口、树木、粮食、布匹等物都均分，无法均分的物品就到集市上出卖，"出卖与集，集断作直"以保证分家的公平。并且将舅舅石神神找来作为第一见证人，当地有名望的"耆寿康常清"作为第二见证人，以保证分家的权威性。

唐代女性在家产中的继承权很有时代特色。

首先，值得一提的是女性在继承娘家财产中的角色。前文中曾提到的"王老嫁女"等事例中女儿可以从父母家得到数目可观的嫁资，实际上就

是一种从娘家间接地继承财产的方式。唐代女子出嫁时，父母一般都尽力陪送，将奁资嫁妆尽量丰厚些，在父母先逝的情况下还要为未出嫁的女儿在遗产中留出嫁资。① 为女儿置办丰厚的嫁妆既从感情上满足了父母的牵挂之心，也为女儿以后生计及其在婆家的地位打下了基础。此外，在娘家户绝时女儿也可以得到娘家的财产，这种继承方式为唐代社会所公认，如《唐令拾遗》卷三二《丧葬令》就规定："身丧户绝者，所有部曲、客女奴婢、店宅、资财，并令近亲转易货卖，将营葬事及量营功德之外，余外并与女。无女均入以次近亲。无亲戚者，官为检校。若亡人在日，自有遗嘱处分，证验分明者，不用此令。"按照历代的习惯做法，即使对户绝财产，女儿也不能简单地继承，要通过招婿入赘的方式在继承家产的同时承担起继立门户的义务，或者大量减少继承财物的数量。至宋代则规定："今后户绝者，所有店宅、畜产、资财，营葬功德之外，有出嫁女者，三分给予一分，其余并入官。如有庄田，均与近亲承佃。如有出嫁亲女被出，及夫亡无子，并不曾分割得夫家财产入己，还归父母家，后户绝者，并同在室女例。"② 出嫁女所得份额明显减少，这从一个方面反映了到宋代时妇女经济地位已经降低了。唐代有关赘婿的记载相比汉代、宋代时期明显稀少，这可能是唐代女儿继承户绝资产时缺少义务约束，因此从继承财产角度看就无须赘婿之为。

其次，唐代妇女在婆家的财产继承权也很有时代特点，妇女在婆家的财产继承主要是丈夫去世以后，无子或孩子幼小时候。唐令规定，如果分家时丈夫已去世，"寡妻妾无男者，承夫分，若夫兄弟皆亡，同一子之分"③，妻妾地位相等，同为合法继承人；如果有儿子，则应当由儿子代为继承，寡妻妾只能代儿子管理财产。但是，有子嗣之家有时也把家产直接分给妻妾，作为妻妾财产的一部分，如敦煌资料 S.4577 号文书记载了敦煌地区 835 年的文书残片：

---

① 《唐六典》卷三 "凡食封皆传于子孙" 条规定："有女在室者，准当房分得数与半。"《宋刑统》卷一二《户婚律》"卑幼私用财" 条引唐令规定也有类似的规定："（男子）未娶妻者，别与聘财，姑姊妹在室者，减男聘财之半。"中华书局1992年版。
② 《宋刑统》卷一二《户婚律》"户绝资产" 条，法律出版社1999年版，第222—223页。
③ 《宋刑统》卷一二《户婚律》"卑幼私用财" 条，法律出版社1999年版，第222页。

1. 癸酉年十月五日申时，杨将头遗留
2. 与小妻富子伯师一口，又镜架匣子，又舍一院。
3. 妻仙子大锅壹口。定千与驴一头，白叠
4. 袄子一，玉腰带两条；定女一斗锅子一口；
5. 定胜鏊子一，又匣壹口。①

文书中所指的"仙子"是杨将头的正妻，"富子"是小妾；从名字判断，"定千""定女""定胜"是杨将头的孩子，因此子女、妻妾都分到了一份家产。不过，这可能是多次析产中的一次，或者是析产的补充，因为重要的财产如土地就没有提到，而且将宅院给小妾也不合情理，但是无论怎样，这都是妻子、孩子同时获得财产的事实。

从唐代妇女的家产继承看，虽然较于男子还很不充分，但妇女继承遗产的程度已经达到了一个历史的高度，这种继承状况与汉晋、宋代及其以后都有着很大的区别。毕竟在"男女有别"的传统社会里，"妇人在家制于父，既嫁制于夫，夫死从长子，妇人不专行，必有从也"，② 兄弟与姐妹不可能同时平等地继承父母的家产，否则儿女婚嫁之后父母的田宅之类的不动产将被分割得支离破碎，没有使用价值了。因此，唐代女性能从娘家婆家有如此的经济地位，特别是财产继承的权力，从经济地位讲，当处于一个历史的高度了。

第二节　农民家庭与宗族、村社之间的经济交往

个体农民家庭是最基本的经营单位和消费单位，但它的经济行为离不开与社会的广泛联系，其中，与宗族、村社之间的经济交往成为农民家庭提高生存能力、规避风险的第一道屏障。敦煌社邑农民之间的互助问题，

---

① 《敦煌社会经济文献真迹释录》（第二辑），全国图书馆文献缩微复制中心1990年版，第154页。

② （晋）范宁集解、（唐）杨士勋疏《春秋榖梁传注疏》，李学勤主编《十三经注疏》（标点本），北京大学出版社2000年版，第13页。

已被学界所重视,并出现了系列成果①,为该成果提供了不可多得的理论借鉴和材料支持。

一 生产和生活互助

宗族和村社是农民家庭经济的第一交往圈。"宗族称孝焉,乡党称弟焉"②,宗族和村社在合作生产、维护村人共同的经济和社会利益中起着重要作用。

由于农民个体家庭力量的有限性,因此在农业生产上需要共同合作。唐代统治者非常重视亲邻之间的经济互助,要求乡邻做到"分灾恤患,州党之常情;损馀济阙,亲邻之善贷",提倡村民经济互助,以及时耕耘种植,"宜委使司与州县商量,劝作农社,贫富相恤,耕耘以时"③。唐代水利灌溉系统发达,进行灌溉时,需要村民统一规划和管理,几家联合尤为必要。这种联合绝大多数是通过亲属和亲邻网络实现的。除协同劳作之外,救济贫弱也是村社、宗族的责任。崔寔于《四民月令》中劝勉宗族乡党说:"三月……是月也,冬谷或尽,椹、麦未熟,乃顺阳布德,赈赡匮乏,务先九族,自亲者始;九月……存问九族孤寡老病不能自存者,分厚彻重以救其寒;十月……五谷既登,家储蓄积,乃顺时令,敕丧纪,同宗有贫窭久丧不堪葬者,则纠合宗人共兴举之。"④ 要求在青黄不接和天寒地冻季节对贫困族人给予接济,族人因家贫而办不起丧事的,大家应该共同捐助发丧。

唐代亲邻、村社共同承担鳏、寡、孤、独、贫等社会弱势群体的社会

---

① 关于敦煌社邑村民互助活动的研究,主要学者有宁可、郝春文、杨际平等先生,成果见宁可、郝春文《敦煌社邑的丧葬互助》,《首都师范大学学报》(社会科学版)1995年第6期;杨际平《唐末五代宋初敦煌社邑的几个问题》,《中国史研究》2001年第4期,《再论唐末五代宋初敦煌社邑的几个问题》,《中国史研究》2005年第2期;郝春文《唐末五代宋初敦煌社邑的几个问题商榷》,《中国史研究》2003年第1期,《唐末五代宋初敦煌社邑几个问题的再商榷》,《中国史研究》2005年第2期。这些成果对敦煌社邑的性质、内容、功能和作用及原因和影响等进行了分析和研究。
② 程树德:《论语集释》卷二七《子路下》,中华书局1990年版,第927页。
③ 《旧唐书》卷一〇五《宇文融传》,中华书局1975年版,第3220页。
④ 缪启愉:《四民月令辑释》,中国农业出版社1981年版,第37、94、98页。

责任,"在农民生活陷入经济危机时常常能起到减震器的作用"。① 很多富有的人家和外出经商致富的村人,都将扶助乡人作为义不容辞的责任。陈子昂的父亲陈元敬,"世高赀,岁饥,出粟万石赈乡里";"洞庭湖贾客吕乡筠常以货殖贩江西杂货。逐十一之利,利外诱羡,即施贫亲戚,次及贫人";② 宪宗时期的侍御史甄济,生子逢,"耕宜城野,自力读书,不谒州县",每当出现灾荒的时候,甄逢"节用以给亲里;大穰,则振其余于乡党贫狭者⋯⋯辄出家赀周赡",③ 受到族人的称赞;"窦建德,贝州漳南人。世为农⋯⋯乡人丧亲,贫无以葬,建德方耕,闻之太息,遽解牛与给丧事",④ 由此窦建德受到族人的拥戴,并由此积聚力量,成为战乱中一支不可小视的力量;韩愈在乡里"岁馑则力穑节用,以给足亲族;岁穰则施馀於其邻里、乡党之不能自持者,前后斥家财、排患难於朋友者数四,由是以义闻"。⑤ 可见,个人对宗族、乡党所做的贡献,成为社会对个人及家庭的重要评价体系,"恤惸寡,赈穷乏,九族以亲之,乡党以欢之"⑥ 是重要的标准之一。宝历时期大将军兼御史大夫王荣"矜孤愍穷,宽仁厚德,不伐其善,无施其劳,忠孝仁义,全乎始终。财帛洽於姻亲,粟禄沾于乡党",⑦ 由于王荣在乡里接济贫弱亲戚,对乡党、邻里有生活困难的都是尽力帮助,被认为是一个"忠孝仁义"的人。

历代统治者提倡宗族互助和村落互助,一则减轻国家经济上的负担,二则家国一体,便于管理,所谓"忠于国,孝于家。内则闺门和,外则乡党附。⋯⋯乡党附也,而移孝于忠"⑧。因此,政府将地方官吏组织宗族生产、互助等活动的成效,作为吏治良莠的标准之一。刘仁轨在地方上"整理村落,建立桥梁,补葺堤堰,修复陂塘,劝课耕种,赈贷贫乏,存

---

① 詹姆斯·C. 斯科特:《农民的道义经济学:东南亚的反叛与生存》,程立昱、刘建译,译林出版社 2001 年版,第 33 页。
② 《太平广记》卷二〇四《吕乡筠》,中华书局 1961 年版,第 1555 页。
③ 《新唐书》卷一九四《卓行》,中华书局 1975 年版,第 5568 页。
④ 《新唐书》卷八五《窦建德传》,中华书局 1975 年版,第 3696 页。
⑤ 《元稹集》卷二九《书·与史馆韩侍郎书》,中华书局 1982 年版,第 349 页。
⑥ 《全唐文》卷二一五《梓州射洪县武东山故居士陈君碑》,中华书局 1983 年版,第 2171 页。
⑦ 《全唐文》卷七二〇《镇国大将军王荣神道碑》,中华书局 1983 年版,第 7411 页。
⑧ 《全唐文》卷八二四《送外甥翁袭明赴举序》,中华书局 1983 年版,第 8686 页。

问孤老",高宗皇帝"深叹赏之,因超加仁轨六阶,正授带方州刺史,并赐京城宅一区,厚赉其妻子"。① 玄宗时期宰相张嘉贞对赵州瘿陶令李怀仁"敦励乡党"的施政方式赞不绝口:"君乘轻莅境……而以为政之本,学校居先,阜俗之原,耕桑是务,于是敦励乡党,黉塾俱开;课租农时,田畴尽辟。……若夫孤老疾恙,惸嫠穷竭,烟火不举,资费靡依,亲劝富豪,均为周赡,衣食毕继,咸无冻馁。"② 李翱认为乡党、宗族不仅可以让"羸老者得其安,幼弱者得其养,鳏寡孤独有不人病者皆乐其生",而且,宗族互助增强了群体生存的能力,为稳定地方社会秩序奠定了基础,"屋室相邻,烟火相接於百里之内,与之居则乐而有礼,与之守则人皆固其业,虽有强暴之兵不敢陵"。③ "改贯永留乡党额,减租重感郡侯恩",④可见族人对乡党、宗族群体的依恋和信赖,"上下相维如郡县,吉凶相恤如乡党"⑤ 成为农民生活的共识。白居易对村社、宗族之间相互扶持、共同生活的现象进行了描写:⑥

> 徐州古丰县,有村曰朱陈。去县百馀里,桑麻青氛氲。
> 机梭声札札,牛驴走纭纭。女汲涧中水,男采山上薪。
> 县远官事少,山深人俗淳。有财不行商,有丁不入军。
> 家家守村业,头白不出门。生为村之民,死为村之尘。
> 田中老与幼,相见何欣欣。一村唯两姓,世世为婚姻。
> 亲疏居有族,少长游有群。黄鸡与白酒,欢会不隔旬。
> 生者不远别,嫁娶先近邻。死者不远葬,坟墓多绕村。
> ……

朱陈村中朱、陈两族安守故土,"家家守村业,头白不出门",过着安居乐业的生活,经济生活分工明确,形成了一个相对固定的生活范围。

---

① 《旧唐书》卷八四《刘仁轨传》,中华书局1975年版,第2792页。
② 《全唐文》卷二九九《赵州瘿陶令李怀仁德政碑》,中华书局1983年版,第3038页。
③ 《全唐文》卷六三八《平赋书》,中华书局1983年版,第6440页。
④ 王贞白:《句》,《全唐诗》卷七〇一,中华书局1999年版,第8143页。
⑤ 《全唐文》卷四三〇《苏州嘉兴屯田纪绩颂》,中华书局1983年版,第4375页。
⑥ 《白居易集》卷一〇《感伤二·朱陈村》,中华书局1979年版,第184页。

从中可以看到以宗族、村社为依托的家庭生活具有稳定性和互助性,以至于连白居易本人都有了"长羡村中民"的情怀。

唐代法律保障宗族和四邻经济利益的优先权,如典当物业,要"先问房亲,房亲不要,次问四邻",在四邻不要的情况下,别人才能购买。① 出佃土地,亲邻有优先租佃权,而且对于逃户的土地问题,也是由邻人优先承佃,如大中二年正月制:"任邻人及无田产人,且为佃事,与纳税粮。如五年内不来复业者,便任佃人为主,逃户不在论理之限。"② 此外,在婚丧嫁娶、修房盖屋、农田经营等经济问题上,需要大家共出人手。黄宗智认为在华北平原上过去(现在大致上如此)一般全村合力帮忙盖房。沙井村有人盖新房时,全村出动约 100 人工(盖一个 5 间的房子)。第一天打地基、立柱梁,有二三十人帮忙;第二天筑墙、盖房基,有七八十人协助。全村的男子都有出力的义务,而屋主负责大家每日三顿的饭食。连吃什么都有习惯上的规定:一般要"两头粗、中间细"——换言之,早晚可用粗粮,但中午正餐要用细粮(如麦粉面条)。但是,在南方,在成都以南的新堰村,只有同坝的街坊帮忙建屋。显然,参与帮忙建房的人数较少,这和成都地区的房屋多用竹子,易于搬运有关。③

村社组织对养生送死之事进行互助。我国历来就有重视养生送死的传统,如果农家出现了丧葬之事,对农民将是一笔巨额的开支,仅靠单个家庭的力量很可能就会倾家荡产。唐代农民结社的目的最初就是为了共同承担丧葬支出,"闾里细人,每有重丧,不即发问,先造邑社,待营办具,乃始发哀。至假车乘,雇棺椁,以荣送葬。既葬,邻伍会集,相与酣醉,名曰出孝",④ 唐代民间诗人王梵志诗云:"遥看世间人,村坊安社邑。一家有死生,合村相就泣。"⑤ 长庆三年(823)李德裕也指出,基于百姓重视丧葬活动而单个家庭又无力承担的现实,只好"或结社相资,或息利自办"。⑥ 在敦煌发现的社邑文书中,有关营葬的材料很多,一百多件社

---

① 《宋刑统》卷一三《户婚律·典卖指当论竞物业》,法律出版社 1999 年版,第 231 页。
② 《唐会要》卷八五《逃户》,中华书局 1955 年版,第 1566—1567 页。
③ 黄宗智:《华北的小农经济与社会变迁》,中华书局 2004 年版,第 230 页。
④ 《新唐书》卷九八《韦挺传》,中华书局 1975 年版,第 3902 页。
⑤ 张锡厚:《王梵志诗校辑》卷一,中华书局 1983 年版,第 1 页。
⑥ 《唐会要》卷三八《葬》,中华书局 1955 年版,第 697 页。

司转帖中,有二十三件是通知社人参加营葬的,确属社人为营葬而助物的清单即纳赠历有九件,作为社邑规约的社条中,大部分对此有详细规定。社邑组织在个体农民举行丧葬活动中承担了大部分费用,使农民家庭经济减少了因丧葬而进行借贷的风险。童丕在研究了敦煌地区农民家庭的借贷情况后,认为在这些借贷中"没有任何一笔借贷是用于支付丧葬或婚宴费用,这是很引人注目的。因为在任何时代,这类支出经常是许多中国家庭耗尽钱财和负债的原因之一。但是,在敦煌有很多协会,世俗的或者是宗教的,称为'社',是为了向其他成员及其家庭提供合乎礼仪的葬礼保障"。[1] 婚丧费用主要来自社邑成员的共同捐助,实际上是一种共同承担风险的体制,如伯3544号文书《唐大中九年(855年)九月廿九日社长王武等再立条件凭》中规定[2]:

> 社长王武、社官所顺润(?)録事唐神奴等,为城煌贼乱,破散田苗,社邑难营,不能行下。今大中九年九月廿九日,就张禄子家,再立条件为凭。敦煌一群(郡),礼仪之乡,一为圣主皇帝,二为建窟之因,三为先亡父母追凶就吉,共结量缘,用为后验。一社内每年三斋二社。每斋,人各助麦一斗;每社各麦一斗,粟一斗。其社官禄(事),行下文贴,其物违时,罚酒一角。其斋,正月、五月、九月;其社,二月、八月。其斋社违月,罚麦一硕,决杖卅;行香不到,罚麦一斗。一社内三大者,有死亡,赠四尺祭盘一,不贰丈,借色布两足半。其赠物及欠少一色,罚酒半瓮。
>
> (后缺)

农民组成社邑本是为"济苦救贫""结交朋友,追凶逐吉",承担丧葬、保民、追凶就吉等责任,在遇到丧葬时成员要"赠四尺祭盘一,不贰丈,借色布两足半",而且在"三斋二社"时"每斋,人各助麦一斗;每社各麦一斗,粟一斗",要按时缴纳不能耽误,否则就将受到惩罚。在

---

[1] [法]童丕:《敦煌的借贷——中国中古时代的物质生活与社会》,余欣、陈建伟译,中华书局2003年版,第79页。

[2] 《敦煌社会经济文献真迹释录》(第一辑),书目文献出版社1986年版,第269页。

婚姻事情上，也同样体现了结社互助的社邑功能，如在结社章程中明文规定："若有……男女婚姻，人事小（少）多，亦乃莫绝"（S.3730）、"各各一心，阙者帖助"（S.6537），遇到婚嫁之事，社员们相互帮助，体现了村社成员共同承担经济责任、以求规避个体家庭风险的作用。

二　赋税和借贷

唐代的村、社不仅是经济互助的单位，也是最基层的管理组织，国家设有村正、里长进行管理，并负责征发赋税和徭役。大唐令规定[①]：

> 诸户以百户为里，五里为乡，四家为邻，五家为保。每里置正一人，（若山谷阻险，地远人稀之处，听随便量置）。掌按比户口，课植农桑，检察非违，催驱赋役。在邑居者为坊，别置正一人，掌坊门管钥，督察奸非，并免其课役。在田野者为村，别置村正一人。其村满百家，增置一人，掌同坊正。其村居如满十家者，隶入大村，不须别置村正。天下户为九等，三年一造户籍，凡三本，一留县，一送州，一送户部。常留三比在州县，五比送省。（仪凤二年二月敕，自今以后装潢省籍及州县籍也。）诸里正，县司选勋官六品以下白丁清平强干者充。其次为坊正。若当里无人，听於比邻里简用。其村正取白丁充，无人处，里正等并通取十八以上中男、残疾等充。

由唐令可以看出，乡、里是唐代征发赋税的最基本单位，里正、村正成为国家政权的代言人，负责征发赋税、检校户口、维持乡村治安、征发兵役及其组织乡人自助等。隋至唐初所实行的均田制度，实际上大都是在邻里、乡党范围之内调剂耕地，进行土地还受。每家每户都属于一定的邻、里、党组织，而且只有这类组织的成员才有资格受田。[②] 唐政府规定邻里之间也要相互承担交纳赋税的义务，如果一家逃亡，那么村邻就要代为缴纳，称其为均摊，即"十家内有一家逃亡，即摊赋税使九家共出。

[①]《通典》卷三《食货三》，中华书局1988年版，第63—64页。
[②] 李锡厚：《宋代私有田宅的亲邻权利》，载《中国社会科学院研究生院学报》1999年第1期。

税额长定，有逃即摊"，本来是相互扶助交纳赋税的体系，由于硬生生的摊征之弊，使得逃户大量出现，摊征"似投石井中，不到底不止，摊逃之弊，户不尽不休"。① 统治者对于这种现象也是非常担心，玄宗在天宝八载正月敕："朕永念黎元……令近亲邻保代输者，宜一切并停，应令除削，各委本道采访使与外州相知审细检覆，申牒所由处分。其有逃还复业者，务令优恤，使得安存。纵先为代输租庸，不在酬还之限。"② 由此可见，代邻里缴纳赋税，虽在乡村中常见，但也并非是统治者普遍推行的政策。

农民为了交纳赋税及应付家庭用度，就有可能进行借贷。乡村借贷是村社成员经济互助交往的另一体现。借贷主要有借钱、借粮食、借布匹等，保障日常用度、及时耕作以及缴纳赋税，以渡过生活难关。史料中较多记载的是关于农民的粮食借贷资料，根据敦煌资料可知敦煌地区农民借贷粮食的主要时间是春季。粮食借贷的内容中首先是借贷种子，其次的粮食借贷是关于家庭日常饮食消费的内容。谚语云："年好过，春难熬。"说的就是春季正是一年中青黄不接的时候，农民家庭最容易出现亏空，在此情况下农民只能靠亲友接济或者借贷。从敦煌地区的农民借贷情况看，其原因一般都是"为无粮用""为无种子""为无斛斗驱使"等，还贷的时间一般都是当年还清，"春借秋还"的借贷方式是比较流行。如S.1475文书中有"其麦请限至秋八月内还足"伯3423文书"限至秋八月十五日已前送纳足"。③ 除了借粮之外，借钱借绢的记载也不少。除了生活用度之外，也有很多是为了家庭发展、发家致富而进行借贷的，《太平广记》载："唐大中末，信州贵溪县乳口镇有童安玗者，乡里富人也。初甚贫窭，与同里人郭珙相善，珙尝假借钱六七万，即以经贩，安玗后遂致富。"④ 郭珙在同乡富人童安玗的资金帮助下完成了最初的资本积累，进行经商贩卖；广都县百姓陈弘泰者，家富于财，"尝有人假贷钱一万"，弘泰担心其难以偿还，因此"征之甚急"，不过借钱者非常自信，告诉弘

---

① 《全唐文》卷七一二《请免渭南摊征逃户赋税疏》，中华书局1983年版，第7310页。
② 《唐会要》卷八五《逃户》，中华书局1955年版，第1564页。
③ 《敦煌社会经济文献真迹释录》（第一辑），书目文献出版社1986年版，第90—94页。
④ 《太平广记》卷一三四《童安玗》，中华书局1961年版，第957页。

泰说:"请无虑,吾先养虾蟆万余头,货之,足以奉偿。"①

从敦煌地区的借贷情况来看,农民借贷的物品在唐代前期主要是以粮食为主。后期则主要是以布匹为主,唐代前期商品经济不发达,粮食是主要的日常消费和农民日常经营的主要内容。到唐代后期,农民借贷的织物是作为一种现实支付手段,用来出行、四乡经商等内容,体现了唐代中后期农村社会商品经济日趋发展的社会现实。②

表2—1　　　唐代敦煌农民不同时期的借贷物品 (单位:件)③

时间	粮食	织物
5—7世纪	0	0
8世纪	3(1)	0
800—850年	46(19)	2(2)
851—899年	12(5)	0
900—950年	9(9)	28(22)
951—999年	3(3)	11(11)

注:表中第一个数字指借贷契约数目,括号中的数字则是写本的数目。

借贷契约需要乡邻进行担保以承担责任。在唐代官私借贷中,多数信用借贷契约的订立,都是由债务人的家族及乡邻负连带偿还的责任以及保人责任的相关条款。敦煌地区的契约担保人主要由亲邻担当,沙、西二州出土的借贷契约,每件都载有亲邻等人作担保④。如伯3422号文书记载了百姓武光儿"为少年粮种子,于灵图寺便佛帐麦壹十五硕……如身东西,一仰保人男五娘代还……保人男五娘年十三、保人男张三年八岁、见人李骚骚"等内容,⑤从契约上看,一旦债务人无力偿还或者逃避债务,

---

① 《太平广记》卷一一八《陈宏泰》,中华书局1961年版,第829页。
② [法]童丕:《敦煌的借贷:中国中古时代的物质生活与社会》,余欣、陈建伟译,中华书局2003年版,第16页。
③ 据童丕的《敦煌的借贷:中国中古时代的物质生活与社会》,余欣、陈建伟译,中华书局2003年版第16页有关数据整理而成。
④ 李斌诚等:《隋唐五代社会生活史》,中国社会科学出版社1998年版,第42页。
⑤ 《敦煌社会经济文献真迹释录》(第二辑),全国图书馆文献缩微复制中心1990年版,第93页。

这些亲族"保人"就有代为偿还的法律义务。唐代对于借贷的管理规定比较完善，如果要借贷官府本钱，保人同样要负担相应的偿还责任，"及纳息利年深，正身既没，子孙又尽，移征亲族旁支，无支族，散征诸保人"①，那么这"诸保人"应是除了"支族"之外的乡邻了，他们来共同承担该借贷的责任和义务。

第三节　城乡经济之间的交往与互补

农民家庭是集农业生产、手工业生产和商业活动于一身的生产单位。在唐代社会，自给自足的自然经济仍然占统治地位，无论是均田制下还是两税法后都没有发生太大的变化。但是，农民无论如何都不能生产其家庭的全部需要，与市场进行商品交换是必不可少的。村社和宗族之间进行的调剂余缺是最初的交换活动，但这种调剂是有限的，大多数的交换要到交易市场中进行，如生产工具（犁、锄、耙等）的更新，日常生活中消费的食盐、陶制的器皿等，就必须通过市场来供给；家庭有余的粮食、家畜、家禽及副业产品，也要到市场上进行商品交换。交换市场可能是临时性的集市、墟市，也可能是郡县治所。早在南北朝时期，就有了"丰国市，五日一会"②的记录，在唐代前期，商品经济相对不发达，每隔三日五天的一个集市完全能够满足农民日常交换的需求。随着唐代经济社会的发展，特别是两税法实施后，农民赋税交纳体系和农村经营方式发生了变化，农民对市场的依赖程度加深，集市、墟市不能完全满足农村日益扩大的市场需求，因此以商品交易为目的的新兴城市就出现了。这种新兴商品城市的出现具有划时代的意义，使得农民家庭与城市之间的经济交往更为便利，并使其经济交换活动日趋频繁。

一　集市、墟市

村社交换和宗族互助，是农民日常调剂余缺的最初行为。但温情和友谊常常阻止了交换的公平进行，而且也无法满足农民需要的全部。只有在

---

① 《唐会要》卷九三《诸司诸色本钱下》，中华书局1955年版，第1683页。
② 《太平御览》卷八二七《资产部·市》，中华书局1960年版，第3688页。

公共的交易场合中，商品交换才能真正以市场交换的形态进行，食盐、茶、陶制家用器皿，生产工具铁犁、耙等，都需要到交易市场上进行购买和更新；此外，农民家庭"男耕女织"中粮食有余、织布有足后，都可能拿到市场上作为交换的物品。秦汉时期农民到市场上交易，都是到郡县城市中去。南北朝时期，定期交换商品的集市、墟市开始出现了，到唐代得到了迅速发展。农民通过集市、墟市进行交换，互通有无、调剂余缺。在集市中商品所有者与需求者之间通常是面对面进行，无须假手商贩即可完成交换活动，减少了中间环节和交易成本，"争买鱼添价"①，就是市场中讨价还价的自由贸易情形的体现。

农民到市场上出售的日常商品中，家禽和家畜在唐代资料中体现得较为普遍。禽畜饲养是农民家庭经济的有效补充，能随时到市场上交换家庭所需，"小奴缚鸡向市卖，鸡被缚急相喧争"②"蜀女下沙迎水客，巴童傍驿卖山鸡"③，以及唐人笔记小说中关于集市出售家禽的描写，如"久视年中，越州有祖录事，不得名，早出，见担鹅向市中者"，这些记载都是频繁市场交换的体现。牛、羊、马等家畜，则是市场交易中的大宗商品。当小户农家从大家庭中分离出来，开始独立从事农业生产的时候，如果大家庭没有分给耕牛，那么小家庭首先考虑的就是到市场上买进耕牛了。"卖马市耕牛，却归湘浦山"④，"且免向城卖黄犊"⑤，"注意奏凯赴都畿，速令提兵还石坂。三川顿使气象清，卖刀买犊消忧患"⑥ 等都是市场上买卖耕牛的体现。《齐民要术·养羊》篇说："凡驴、马、牛、羊收犊子、驹羔法，常于市上伺候，见含重垂欲生者，辄买取。驹、犊一百五十日，羊羔六十日，皆能自活，不复藉乳。乳母好，勘为种产辄，因留之以为种，恶者还卖，不失本价，坐赢驹犊。还更买怀孕者，一岁之中，牛马驴得两番，羊得四倍。羊羔腊月、正月生者，留以作种，率皆精好，与世间

---

① 唐彦谦：《宿独留》，《全唐诗》卷六七一，中华书局1999年版，第7736页。
② 《读杜心解》卷二《七古·缚鸡行》，中华书局1961年版，第304页。
③ 王建：《江陵即事》，《全唐诗》卷三〇〇，中华书局1999年版，第3394页。
④ 王建：《荆南赠别李肇著作转韵诗》，《全唐诗》卷二九七，中华书局1999年版，第3359页。
⑤ 王建：《田家行》，《全唐诗》卷二九八，中华书局1999年版，第3375页。
⑥ 武元衡：《兵行褒斜谷作》，《全唐诗》卷三一六，中华书局1999年版，第3548页。

绝殊，不可同日而语之。何必羔犊之饶，又赢饘酪之利矣。"贾思勰认为如果想买到好犊子，去买怀孕的牲畜比较合算。当然从中也可以看到农民饲养家畜获利不小。《酉阳杂俎》续集卷七《金刚经鸠异》记载太和年间，给事中李公石"初得书手时，作新人局，遣某买羊四口""使市肉"的故事，大量的货源反映了农民养羊进行市卖的普遍情形。

唐代之后的宋人曾这样描写南方的墟市："农夫争道来，晤晤更笑喧。数辰竞一虚……或携布与楮，或驱鸡与豚。纵横茝荨材，琐细难具论。"① 由此可见，除了家畜、家禽之外，布帛、粮食（当然一般是有盈余的时候，也不排除为应急而出卖口粮和衣物之布的情况）、蔬菜、经济作物以及家庭编织等，都是交易的内容。《茅亭客话》卷八所载的灵池县一带村民，"将麦豆入城货买，收市盐酪"；② 福建龙溪林昌业，"有良田数顷，尝欲春谷为米，载诣州货之"。一些商人收购了农民出卖的粮食后，囤积居奇，"江淮贾人，积米以待踊贵，图画为人，持钱一千，买米一斗"。③ 蔬菜也是农民经常到市场上出卖的商品，《齐民要术·种瓜》认为：种下甜瓜后，在甜瓜周围还可种几本薤，"薤可拔卖"，种小豆亦成，小豆叶也"可买"，《种薤篇》更说，"九月、十月出卖"，而且要抓紧时间，否则"经久不任也"，"果实菱茨"当然也在出卖之列。

在农忙之隙，农民经常手工编织一些日用品，如草鞋、蓑衣、篮子、簸萁等，家用有余时就到市场上出售，"去家行卖畚，留滞南阳郭"④ "中妇桑村挑叶去，小儿沙市买蓑归"，⑤ 说的就是家庭编织的市场行为。由于农民常冒雨进行田中劳作，因此蓑衣和斗笠就成为必备的防雨用具，成为日常消耗品，由此，具有编织条件的农家进行家庭编织和到市场出售的情况就非常普遍。例如在武宗会昌二年（842），荆州地区就有妇女织雨衣至十万钱的，"不费女工，自此安，常造雨衣，与胡氏家佣作，凡数岁

---

① 道潜：《参寥子诗集》卷一《归宗道中》，《四库全书》本，上海古籍出版社1987年版，第1116册第12页。
② 黄休复：《茅亭客话》卷八《好画虎》，载《宋元笔记小说大观》，上海古籍出版社2001年版，第445页。
③ 《唐国史补》卷中，载《唐五代笔记小说大观》，上海古籍出版社2000年版，第177页。
④ 储光羲：《田家杂兴八首》，《全唐诗》卷一三七，中华书局1999年版，第1386—1387页。
⑤ 皮日休：《西塞山泊渔家》，《全唐诗》卷六一三，中华书局1999年版，第7115页。

矣。所聚十三万，备掩藏固有余也"；① 又如"江南有芒草，贫民采之织履，缘地土卑湿，此草耐水，而贫民多着之。伊风子至茶陵门，大题云：茶陵一道好长街，两畔栽柳不栽槐。夜后不闻更漏鼓，只听锤芒织草鞋"，② 这些鞋子是否进入市场，资料中没有说，但是，既然是夜夜"锤芒织草鞋"，农民自家当然不可能消费得了这么多，流入市场是必然的。元和十二年（817），处州刺史苗稷向朝廷进贡麻鞋一万双，宪宗下诏"量宜却还本州"。③ 处州鞋子如此大的编织数量，应是当地的优势产业，反映了唐代农村编织业的发展。还有一些农民，专门烧炭伐薪，如有"伐薪烧炭南山中"的卖炭翁，有"十犹八九负薪归，卖薪得钱应供给"的夔州女，④ 这些农民与市场的联系就更加密切了。农民出卖产品的同时，也是为了买进自己所需的商品，《三水小牍》卷上记新安慈涧店北村农民王公直，"荷桑叶诣都市鬻之，得三千文。市彘肩及饼饵以归"⑤，说的是农民出卖桑叶后从市场上购买肉食的情景。由于食盐、铁器、陶器和染料等物品，农民自己不能生产，必须依靠市场才能满足，食盐更是农民日常所需，所以唐代集市和城市中都有固定的盐行，行商队伍中有大量的盐商。韩愈《论变盐法事宜状》认为食盐贸易中"百姓，贫多富少，除城郭外，有见钱籴盐者，十无二三。多用杂物及米谷博易"，因此建议官府不要垄断出售，要让商人自由籴卖。他还建议，"乡村去州县远处，令所由将盐就村粜易，不得令百姓阙盐⑥"，就是说让广大行商到村中货卖食盐，方便百姓。

可见，行商是集市、墟市贸易的扩大，是城市商业的延伸，"估客无住著，有利身即行……归来村中卖，敲作金玉声。村中田舍娘，贵贱不敢争"⑦，反映了商贾经常到村中出卖商品的现象；还有到农村中收购粮食

---

① 《酉阳杂俎续集》卷三《支诺皋下》，载《唐五代笔记小说大观》，上海古籍出版社2000年版，第735页。

② 《太平广记》卷五五《伊用昌》，中华书局1961年版，第342页。

③ 《册府元龟》卷一六八《帝王部·却贡献》，中华书局1960年版，第2027页。

④ 《读杜心解》卷二《七古·负薪行》，中华书局1961年版，第295页。

⑤ 《三水小牍》卷上，载《唐五代笔记小说大观》，上海古籍出版社2000年版，第1178页。

⑥ 马其昶：《韩昌黎文集校注》卷八《论变盐法事宜状》，上海古籍出版社1987年版，第646—647页。

⑦ 《元稹集》卷二三《乐府·估客乐》，中华书局1982年版，第268页。

的，如《酉阳杂俎》记载"有人状如卢所言，叩门求籴，怒其不应，因足其户，张重簣捍之"，① 由此推测，农民经常将粮食卖给来村中收购的商人。由于求医问病很难，农民一般都是自己备药，日常的摔伤跌打之类以及头痛脑热的病，都有相应的治疗方法，鉴于草药也并非是人人都能去采，于是就有了专门卖药的行当。"采樵过北谷，卖药来西村"② 就是此谓。卖药行当的人数不少，"我本江湖上，悠悠任运身。朝随卖药客，暮伴钓鱼人"③，所以出行时经常能见到卖药的人。至于这些人是否兼给人看病，就不得而知了。

为完成租税中用钱缴纳的部分，农民常到市场上出卖自家所产，这是农民与市场联系频繁的又一原因。唐代租庸调虽然主要是征收粟帛，但户税开始逐步兴起。户税收钱，玄宗天宝中，岁收二百万，八等户缴纳452文，九等户交222文，杜佑认为，户税主要是由八、九等户来交④。此外，百姓需支付称为"租脚"的运输费用，也要缴纳现钱。所以，玄宗开元时，杨崇礼在太府工作二十年，"每岁勾驳省便，出钱数百万缗"，这些钱有来自于正税的，如"扬州租调以钱"，然而大多数是直接以钱缴纳的户税钱或者"租脚"。开元二十五年（737）敕书也谈到了租脚钱数量的增加，"每计其运脚，数倍加钱"⑤。所以，农民为完成赋税中用钱缴纳的部分，就需要市场进行调剂。"借牛耕地晚，卖树纳钱迟"，⑥ 农民为了以钱缴税，只好将树卖掉。特别是唐代中期两税法代替租庸调成为正税后，农民照资产高低分等缴纳税钱，促使了唐代商品经济发展，加强了农民和市场的联系，成为中国赋税史上划时代的革命。当然，实行两税法是唐代商品经济发展的客观需要，同时，它也促进了商品经济的发展，加强了农民和市场的联系。两税法对唐代农村社会产生了重要影响，促使了唐代商品性农业的进一步发展。茶叶、甘蔗、蔬菜种植空前繁荣，农民经营

---

① 《酉阳杂俎》卷二《壶史》，载《唐五代笔记小说大观》，上海古籍出版社2000年版，第578页。
② 孟浩然：《山中逢道士云公》，《全唐诗》卷一五九，中华书局1999年版，第1631页。
③ 《白居易集》卷二〇《律诗·题别遗爱草堂兼呈李十使君》，中华书局1979年版，第432页。
④ 《通典》卷六《食货六》，中华书局1988年版，第110页。
⑤ 《唐会要》卷八三《租税上》，中华书局1955年版，第1533页。
⑥ 王建：《原上新居十三首》，《全唐诗》卷二九九，中华书局1999年版，第3388页。

方式也向多元化发展，弃农经商成为农民日常经营的社会趋向，从而使农村和市场更为紧密地结合起来。

乡村中商品经济的发展推动了交易市场——草市和墟市的发展，"草市迎江货，津桥税海商"，[①] 体现了农村草市中商品交换的繁荣。繁荣的市场吸引着大量的商家和富户到此集聚营生，进一步推动了地区经济的繁荣发展。于是《全唐文》卷七五一杜牧在《上李太尉论江贼书》中说："凡江淮草市，尽近水际，富家大室，多居其间。"[②] 随着草市和墟市交易范围的扩大，这些交易场所有向城市化发展的倾向。唐代有大量的此类记载，"当道管德州安德县，渡黄河，南于齐州临邑县邻接，有灌家口草市一所……伏请于此置县为上县，请以归化为名，从之"；"大历七年正月，以张桥行市为县"；[③]《全唐文》卷七六三盛均的《桃林场记》云，武、宣之际，"凌晨而舟车竞来，度日而笙歌不散……尝闻期月之内变为大县乎？是斯场人士之所愿也"。

总之，自战国以来，农民和市场交往的场所主要是在郡县城市进行，主要原因是由于农业生产力水平低，农民家庭剩余不多，用于交换的商品比较少，因此只是偶尔买卖一些产品。随着唐代农业生产力的巨大提高，手工业产品也随着农民副业的发展而有显著增加，农民之间，农民与手工业、商业者之间的交换日趋频繁，特别是在以钱夂税的赋税体系刺激下，他们迫切需要经常同市场接触以便就近交换商品，于是每三日、五日集会一次的墟市、集市就大量出现了，而且发展迅速，成为农民交易的主要场所。

二　城镇

农民到郡县治所进行商品交易，是自战国以来就有的交易方式。唐代集市和草市等定期交易场所的大量出现，方便了农民的日常交换。农民交换的场所首先是村落周围的市场，然后是大型的交易场所，如城市——农村牲口、木材以及急需的商品的供应地，由于城市的交易场所每日都在进

[①]　王建：《汴路即事》，《全唐诗》卷二九九，中华书局1999年版，3385页。
[②]　《全唐文》卷七五一《上李太尉论江贼书》，中华书局1983年版，第7788页。
[③]　《唐会要》卷七一《州县改置下》，中华书局1955年版，第1263—1264页。

行，因此为随时购买商品提供了方便。唐代城市出售货物都有专门的市场，进行交易一般都到专门店铺中，如粮食肆、酒肆、药肆、凶肆等。从唐代城市的功能看，经济功能逐步增强，市场交换行为不断扩大。如长安是唐代政治军事中心，同时也是全国著名的经济型大城市，商业繁华，是中外商品荟萃的场所。唐代发达的水路、陆路交通，方便了城乡交往，提高了城市的商业特性。扬州、苏州、杭州、江陵、成都、广州等都是国内重要的商业城市，其经济意义相当重要；分布在水、陆交通要道上的中小经济型城市在中唐以后大批涌现，也体现了城市功能变化的趋势。由此，唐代农村和城市之间的交往也体现了时代特色。

在唐代，城市日常的消费品，如粮食、蔬菜、鱼肉和燃料等，主要靠农村供给。长安人口众多，具体数量从韩愈的论述中可知大略，韩愈在《论今年权停举选状》中认为"今京师之人，不啻百万"，[1] 因此这百万人口的长安，形成一个庞大的消费市场。除了国家大量调拨粮食、布帛之外，农民进城贸易是重要的供给渠道。《茅亭客话》卷八载灵池县一带的村民，"将麦豆入城货买，收市盐酪"，[2] 福建龙溪林昌业，"有良田数顷，尝欲舂谷为米，载诣州货之"，[3] 以致由于大量的粮食贩运进城，而引起边塞粟麦缺少而涨价的情况：

> "今年京畿及西北边，稍似时熟。即京畿人家，竞搬运斛斗入城，收为蓄积，致使边塞粟麦，依前踊贵。兼省司和籴，变颇艰难。其弊至深，须有釐革。其京西北今年夏秋斛斗，一切禁断，不得令入京畿两界。"[4]

所以，统治者一方面希望保持城市的日常供应，而另一方面又担心过多的粮食贩卖进城，会引起边塞相对的短缺。因此，对于农民入城贸

---

[1] 马其昶：《韩昌黎文集校注》卷八《论今年权停举选状》，上海古籍出版社1987年版，第587页。

[2] 黄休复：《茅亭客话》卷八《好画虎》，载《宋元笔记小说大观》，上海古籍出版社2001年版，第445页。

[3] 《太平广记》卷三五五《林昌业》，中华书局1961年版，第2813页。

[4] 《唐会要》卷九〇《和籴》，中华书局1955年版，第1637页。

易的行为，常限制其规模："近畿京兆斛斗入京。如闻百姓多端以麦造面入城贸易，所费亦多。切宜所在严加觉察，不得容许。"① 蔬菜是城市另外一种重要的消费品，唐代笔记小说中有大量关于菜农的记载。清河店北有卖菜妪②；宋城也有位陈婆是"鬻蔬以给朝夕"③；龚播者"其初其穷，以贩鬻蔬果自业"；④ 大历时，甚至连刑部尚书王昂也"鬻公廨菜园，收其价钱以自润；"⑤ 在江州，春天山间多竹笋，"山夫折盈抱，抱来早市鬻，物以多为贱，双钱易一束"；⑥《茅亭客话》卷四记刘某结三间茅屋，植果种蔬，作终焉之计。每月两三度入青城县货药，市米面盐酪归山。⑦

除了粮食、蔬菜等日用品之外，由于唐代城市美化和绿化的要求，加大了对树木、苗圃、花卉的需求，由此大量农民进城货卖。西郊丰乐乡的果树专家郭橐驼，专门为城市提供果苗、树苗，"凡长安豪富人为观游及卖果者，皆争迎取养"，⑧ "竹院昼看笋，药栏春卖花"和司马扎笔下的"少壮彼何人，种花荒苑外。不知力田苦，却笑耕耘辈"的卖花翁，都是这一类的职业的体现。此外，木炭、茶叶等日用品也是城市所需，"客满烧烟舍，牛牵卖炭车"的老农以及白居易笔下的卖炭翁，是专门供给城市燃料以维持生计的行业的代表；茶叶，是唐代从南方开始兴起的消费饮料，后在全国风行。《封氏闻见记》记载了城市茶叶市场的兴盛场面："城市多开店铺，煎茶卖之，不问道俗，投钱取饮"，"其茶自江淮而来，舟车相继，所在山积，色额甚多"。⑨ 这些商品贸易队伍中，农民是主力军。

城市贸易带动了乡村经济的发展。农村是城市日常消费的主要承担者，因此，受城市供求关系的影响，农村商品经济发展迅速。同时，城市

---

① 《唐会要》卷九〇《和籴》，中华书局1955年版，第1637页。
② 《太平广记》卷一五九《定婚店》，中华书局1961年版，第1142页，出《续幽怪录》。
③ 《太平广记》卷一五九《定婚店》，中华书局1961年版，第1142页，出《续幽怪录》。
④ 《太平广记》卷四〇一《龚播》，中华书局1961年版，第3223页。
⑤ 《册府元龟》卷四八二《台省部·贪黩》，中华书局1960年版，第5761页。
⑥ 《白居易集》卷七《闲适三·食笋》，中华书局1979年版，第135页。
⑦ 黄休复：《茅亭客话》卷四《刘长官》，载《宋元笔记小说大观》，上海古籍出版社2001年版，第420页。
⑧ 《柳宗元集》卷一七《种树郭橐驼传》，第473页。
⑨ 赵贞信：《封氏闻见记校注》卷六《饮茶》，中华书局2005年版，第51页。

第二章　唐代农民家庭经济的管理与运行　/　83

为农村提供技术、资金和统一的商品流通区域，形成一个城市与农村统一的分工协作体系和经济活动网络体系。由于唐代城市商品经济的发展，为农民剩余劳动力提供了很多新的就业机会，发展了城市经济的同时又增加了农民收入，从而促进了社会经济的全面发展。

城市对日常用品的需求，形成了一批靠生产和供应粮食、蔬菜、鱼肉等为生的城郊农民。对于这一类农民学界已出现了较多的研究成果，如日本学者妹尾达彦先生认为随着唐代城市的发展，唐代长安城郊的农作物已经商品化了。[1] 宁欣先生认为对于政府需求而言，从唐中后期开始，政府逐渐从计划调拨走向市场供应，商品性增强[2]。因此，城市的需求对城郊和农村生产方式产生了积极的影响。仅以唐代的花木市场作为研究对象，唐代城市对树苗、果树的需求量非常大，"长安春时，盛于游赏，园林树木无闲地"[3]，既是游人众多的体现也是城市绿化、美化较好的描写，在街道两边多种槐、杨、柳、榆等树，水渠旁多栽垂柳。达官贵人甚至街坊住户都喜欢种花养草，因此唐诗中"共道牡丹时，相随买花去"[4]"韦曲城南锦绣堆，千金不惜买花栽"成为时尚。经营花木成为非常赚钱的行业，因此很多人由传统的种植粮食改为种花："禾黍不阳艳，竞栽桃李春。翻令力耕者，半作卖花人。"[5] 有的甚至是整个村子不再种植粮食蔬菜，专门种植花木以供城市需求，并将其作为谋生手段进行专业化生产和经营：

> 杜陵村人不田穑，入谷经豀复缘壁。
> 每至南山草木春，即向侯家取金碧。
> 幽艳凝华春景曙，林夫移得将何处。
> 蝶惜芳丛送下山，寻断孤香始回去。

---

[1] 见妹尾达彦《关中平原灌溉设施的变迁与唐代长安的面食》，史念海主编《汉唐长安与关中平原》，中日历史地理合作研究论文集第2辑，陕西师范大学中国历史地理研究所，1999年，第42—64页。

[2] 宁欣：《内廷与市场：对唐朝"宫市"的重新审视》，载《历史研究》2004年第6期。

[3] 《开元天宝遗事》卷下，载《唐五代笔记小说大观》，上海古籍出版社2000年版，第1734页。

[4] 《白居易集》卷二《秦中吟·买花》，中华书局1979年版，第34页。

[5] 郑谷：《感兴》，《全唐诗》卷六七四，中华书局1999年版，第7768页。

> 豪少居连鸤鹊东，千金使买一株红。
> 院多花少栽未得，零落绿娥纤指中。
> 咸阳亲戚长安里，无限将金买花子。
> 浇红湿绿千万家，青丝玉辔声哑哑。①

由于"千金才买一株红"，当然比粮食生产要合算多，产出效益提高。

农村为城市提供了日常消费品，而城市则为农村提供了先进的技艺和新的工具。如唐代新的灌溉工具筒车，就是先从城市中画出车样图纸，让京兆府造出成品后在广大农村推广的：

> 文宗时，大和二年（828）"闰三月丙戌朔，内出水车样，令京兆府造水车，散给缘郑白渠百姓，以溉水田。"②

碾硙是唐代碾磨粮食的主要工具。高力士对碾硙进行了改制和提高，"于京城西北截丰水作碾，并转五轮，日破麦三百斛"③，足见其技术高超、规模巨大。由此也对郊区农民的碾硙制作和使用产生了辐射效应，于是"富商大贾，竞造碾硙，渠流梗涩"④，不仅富商贵胄从事粮食加工业，城郊的百姓也加入进来，建造了技艺较高的碾硙，并将大量加工好的麦子进城货卖，所以有"百姓多端以麦造面，入城贸易"⑤的记载。城市同时又是交流制作技术的地方，如《集异记》记载在都通化门长店，多是车工之所居的地方，"广备其财，募人集车，轮辕辐毂，皆有定价"。而且，"每治片辋，通凿三窍，悬钱百文"，⑥所以，吸引了大量的能工巧匠到此制作。制作水平提高，为农民生产提供了技艺和工具。

唐代城市的发展为乡村提供了更多的就业机会。这些就业的范围包括

---

① 刘言史：《买花谣》，《全唐诗》卷四六八，中华书局1999年版，第5353页。
② 《旧唐书》卷一七《文宗纪上》，中华书局1975年版，第528页。
③ 《旧唐书》卷一八四《高力士传》，中华书局1975年版，第4758页。
④ 《通典》卷二《水利田》，中华书局1988年版，第39页。
⑤ 《唐会要》卷九〇《和籴》，中华书局1955年版，第1637页。
⑥ 《太平广记》卷八四《奚乐山》，中华书局1961年版，第541页，引《集异记》。

经营商业、服务业以及纯粹出卖劳动力的佣工等行业。唐代前期，城市严格执行坊市制度，日常的交易行为都在市中完成。市肆分门别类、琳琅满目，大致有食品类（肉行、鱼行、麸行、饮食行、煎饼团子店、酒肆等）、服装类（帛肆、衣肆、彩缬铺、鞋肆等）、器物类（称行、笔行、铁行、法烛行等）等，多经营百姓日常生活中所必需的物品。除了东、西两市进行交易之外，长安的居民坊中也有许多的小店、小商小贩、手工业作坊，它们主要都集中在西市与东市的周围，成为两市向外辐射的交易地点。到了唐代中后期，随着商品大潮的涌起，坊市制度被逐渐突破，出现了市内增设店铺甚至破墙开店的现象①。城市的从业人员，多是来自农村，如在苏州专门开酒肆的范俶②，在市井中"日逐小利的汉州什邡县百姓王翰"，③有"不识农事，尝用巨舫载鱼蟹鼍于吴越间"的当涂农民刘成，也有"以小车推蒸饼卖之"的邹骆驼，当然，更多的农民是在城市中从事佣工，靠出卖力气赚钱。"佣作坊"是雇佣劳动的集聚地，有茅山陈生者，就曾"到佣作坊，求人负担药物"④。大中年间，有个叫王詹的人，非常能干，"佣作之直五百"⑤，"勾龙义，间州俚人，唐长庆中，于鄠县佣力自给"⑥，贞元年间，广陵人冯俊，就是以"佣工资生"的。⑦

农村中很多资金也是来源于城市。土地经营是中国古代经营之本，虽然有"农不如工，工不如商，刺绣纹不如倚市门"的利润诱惑，但大多数的商人和官僚地主都秉承"以末致财，以本守之"的信条，在城市中无论是"士"还是"工"和"商"，他们有了一定积蓄后都会将资金投入到经营土地中去，使资金重新回归农村。唐代均田制瓦解后，土地重新进入市场成为自由买卖的商品，地主制经济恢复正常运转，因此城市投资

---

① 《唐会要》卷八六"街巷"条载"太和五年七月，左右巡使奏……伏见诸司所有官宅，多是杂赁，尤要整齐，如非三绝者，请勒坊内开门，向街门户，悉令闭塞，请准前后敕令式各合开外，一切禁断。馀依。"
② 《太平广记》卷三三七《范俶》，中华书局1961年版，第2674页。
③ 《太平广记》卷一〇八《王翰》，中华书局1961年版，第731页。
④ 《太平广记》卷七四《陈生》，中华书局1961年版，第464页。
⑤ 《太平广记》卷五三《麒麟客》，中华书局1961年版，第325页。
⑥ 《太平广记》卷一〇七《勾龙义》，中华书局1961年版，第729页。
⑦ 《太平广记》卷二三《冯俊》，中华书局1961年版，第156页。

农村的趋势增强了。宋人刘克庄对唐中后期城市富户从原来大量购买赀珠等奢侈品转而投资土地的现象进行了描写:"昔之所谓富贵者,不过聚象犀珠玉之好,穷声色耳目之奉,其尤鄙者则多积坞中之金而已。至于吞噬千家之产业,连亘数路之叶陌,岁入号百万斛,则开辟以来,未之有也",① 商人也争相购置庄田,"多置庄田广修宅,四邻买尽犹嫌窄",②且"多居要路津,千金买绝境"③。城市富人向农村投资土地,可以进行规模化经营,资金重新向农村转移。

除了直接投资土地进行生产外,城市还以和雇、借贷等业务使资金回流到农村中。和雇,是由官府出钱雇人,从事徭役劳动的雇佣行为。汉代时期曾有关于政府出钱的记载,如两汉有关于"顾山钱月三百"记载。④但总的说来,从两汉至魏晋,官府纳庸免役的不少,官府出钱雇用的并不多。从唐代起,由于商品经济的发展,以及"纳庸代役"的普遍实施,和雇也进入了市场化运营。"开元二十四年(736),上以为谷、洛二水或泛溢,疲费人功,遂敕河南尹李适之出内库和雇,修三陂以御之。"⑤ 在修建大明宫的工程中,先天二年(713)五月,玄宗担心工程影响农民收稼,于是下诏缓建,要求"先役工匠,即优还价值,勿令悬欠"⑥。和雇给进城务工的农民带来不少的收入,唐睿宗为其女修建金仙、玉真两观,"用工巨亿",工匠、瓦工主要都是农人,所以这些工钱主要又返流回农村。甚至在农忙时,由于城里高价雇役,诱使不少农人弃农受雇,荒废农事。⑦ 地方州县各有专门的和雇资金,"乾元元年敕:'长安、万年两县,各备钱一万贯,每月收利,以充和雇。'"⑧ 城市出钱和雇农人,在唐代已经成为社会共识,以至于到五代后期周太祖郭威临死的时候,都告诫其后嗣柴荣,身死速葬,"应缘山陵役力人匠,并须和雇,不计近远,不得差

---

① 《后村先生大全集》卷五一《备对札子三》,四部丛刊本,上海书店1989年版,第212册。
② 《云溪友议》卷下《蜀僧喻》,载《唐五代笔记小说大观》,上海古籍出版社2000年版,第1316页。
③ 刘禹锡:《城东闲游》,《全唐诗》卷三五七,中华书局1999年版,第4030页。
④ 《汉书》卷一二《平帝纪》,中华书局1962年版,第351页。
⑤ 《唐六典》卷七《工部尚书》,中华书局1992年版,第222页。
⑥ 《册府元龟》卷一四七《帝王部·恤下》,中华书局1960年版,第1778页。
⑦ 《旧唐书》卷一〇一《韦凑传》,中华书局1975年版,第3145页。
⑧ 《唐会要》卷九三《诸司诸色本钱上》,中华书局1955年版,第1676页。

配百姓"。① 柴荣遵命照办，"工人役夫，并须先给钱物雇觅"。② 此外，也有大量的对农人进行借贷业务的，不仅让部分资金先期流入农村，解决农民的生产和生活之急，同时也盘活了商人手中的资金。但是，如果是由于灾荒或者经营不力而进行的生活借贷，在本钱和利息的加码下，农民家庭经济会由此陷入困境。正如陆贽所言："凶荒不遑赈救。人小乏则取息利，大乏则鬻田庐。剑穫始毕，执契行贷，饥岁室家相弃，乞为奴仆。"③ 城市富商的放贷现象自不待言，唐政府也有专门进行放贷的"公廨本钱"，目的是为了"以供公私之费"，"州县籍一岁税钱为本，以高下捉之，月收赢以给外官。复置天下公廨本钱，收赢十之六"，④ 这些钱是用来公私借贷的，利率较高是显而易见的。总的说来，遍布城乡的借贷业的发展，是唐代商品经济发展的反映，也帮助农民从一定渠道获得资金，渡过生产和生活难关。

总之，城乡之间的经济交往和互补，使农民的经济交换行为大都能在市场化的范围内按照市场规律进行，"不同的经济阶层通过市场以他们自己的最大利益行事，市场的高度竞争性把任何阶层能够加之于其他阶层的垄断权降到最低。地价、借贷成本和商品交换价值把农民卷入一系列的与其他农户和集镇的交往之中"。⑤ 而从国家的层面来讲，农民经济是国家经济的基础，是国家税收的主要来源，城乡经济之间的良性互动，是政府所追求的目标，同时国家政权还通过其他的形式来保护和发展农民经济。

小 结

高宗、武后时期的裴守真在《请重耕织表》⑥ 曾对耕织结合的农家经济有过深刻的描述：

---

① 《旧五代史》卷一一三《周太祖纪第四》，中华书局1976年版，第1503页。
② 《册府元龟》卷九六《帝王部·赦宥》，中华书局1960年版，第1148页。
③ 《新唐书》卷五二《食货二》，中华书局1975年版，第1357页。
④ 《唐会要》卷九三《诸司诸色本钱上》，中华书局1955年版，第1676页。
⑤ 马若孟：《中国农民经济》（史建云译），江苏人民出版社1999年版，第325页。
⑥ 《全唐文》卷一六八《请重耕织表》，中华书局1983年版，第1717页。

> 夫谷帛者，非造化不育，非人力不成。一夫之耕，才兼数口，一妇之织，不赡一家。赋调所资，军国之急，烦徭细役，并出其中；黠吏因公以贪求，豪强恃私而逼掠。以此取济，民无以堪。又以征戍阔远，土木兴作，丁匠疲于往来，饷馈劳于转运，微有水旱，道路遑遑。岂不以课税殷繁，素无储积故也。

从中可以看出，小农经济是较为脆弱的，即使是在唐代前期王朝兴盛发展的过程之中，农民经济的特点仍然如此。主要原因在于自耕农、半自耕农是国家赋役的主要承担者，同时也是黠吏、豪强侵夺、逼掠的对象。为什么唐代农民在这样的情况下仍然能保持了家庭经济的发展呢？主要原因就在于农民经济的顽强和再生性，而家族、宗族互助、村社互助以及与集市和城市的商品交换等形式，在一定程度上克服了小农经济本身的脆弱性。正如王家范、谢天佑先生所言"小农经济一锄、一镰（或者再加上一犁，不是家家都有畜力，那就用人力拉犁）、一个主劳力加上一些辅助劳力，一旦和土地结合，就可以到处组织起简单再生产。这种再简单不过的生产结构虽然脆弱，经不起风吹雨打（经济兼并，政治动乱，水旱灾荒），但极容易复活和再生，又非常顽强。……犹如蚯蚓，截去一段肢体，又会再生出更长的一段。这就是新王朝经济得以恢复和发展的前提"。[①] 在这旺盛的小农生命力的背后，精打细算的家庭经济管理和互助的运行途径，有效地保障了农家经济的日常运转和正常发展。

[①] 王家范、谢天佑：《中国封建社会农业经济结构试析——兼论中国封建社会长期停滞问题》，载《中国农民战争史研究集刊》第3辑，上海人民出版社1983年版。

第 三 章

唐代农民与国家之间的经济关系

农民家庭经济的管理和运行的各种交往关系中，与国家之间的交往是最为重要的。农民家庭以交纳钱、粮等形式承着担国家的租、调、庸和杂税；国家承担着常年发展生产、灾年救济灾民和弱势群体的责任。

对于包括唐代在内的中国古代国家与农民之间的经济关系，研究中存在着一些误区。传统的观点一般都是用"压迫""剥削"的关系进行定位[1]，认为政府和各级官吏对农民进行残暴压迫、经济剥夺，坐享农民的经济成果，完全成为经济地位的对立方，没有共同的利益，更没有良性互动的状态可言。甚至出现了对于中国古代各级官吏队伍在保护农民、发展社会经济方面的努力进行全盘否定的论点[2]。实际上，这些论点是在简单接受阶级斗争观点的前提下，进而用以偏概全的方法把我国古代农民与国家之间的经济发展变化关系简单化、教条化了。这一片面的理论对研究古代农民和国家的经济关系造成了失误和损害，从理论体系上看，也是对马克思主义理论的误读。马克思主义认为（政治权力）"可以朝两个方向去起作用。或者按照合乎规律的经济发展的精神和方向去起作用，在这种情况下，它和经济之间就没有任何冲突，经济发展就加速了。或者违反经济

---

[1] 见翦伯赞《中国史纲要》，（修订本）上册，人民出版社1995年版，第386页；韩国磐：《隋唐五代史纲》，人民出版社1979年版，第149页；胡如雷：《中国封建社会形态研究》，生活·读书·新知三联书店1979年版，第65-164页。

[2] 刘泽华等学者认为，古代历史上清廉、有为的君主和官吏，他们励精图治，关心生产和社会发展的行为，这纯粹是为了搜刮农民更多的东西。"历代统治者根本没有关心生产和农民经济的发展"，认为"君主专制制度的主要职能是镇压和消费""君主专制制度从来没有把社会发展列入自己的议事日程"。见刘泽华《专制权力与中国社会》，天津古籍出版社2005年版，第271、284页。

发展而起作用，在这种情况下，除去少数例外，它照例总是在经济发展的压力下陷于崩溃"。① 由此看出，农民经济和国家之间虽然具有对立、激化的矛盾，但在一定时期内也呈现出合作、发展的态势。在史学研究越来越理性的今天，有必要对这些历史现象进行梳理，恢复历史本来面目，以期为解决目前的"三农"问题困境、建设和谐的政府和农民关系提供借鉴。

第一节 国家与农民之间的关系概述

国家与农民之间具有良性互动和恶性循环的二重关系。当国家政治清明、经济政策与社会发展相协调时，国家与农民之间体现出共同发展的趋势，农民完成国家赋税，国家保护农民家庭的正常生产，在这样的时期内二者之间是良性互动阶段；当统治者不作为、吏治腐败或者是有范围大的国家战争行为时，会导致国家的统治成本提高，统治者大量增加农民的赋役负担，在这样的情况下，常常会造成二者之间的恶性循环。从中国历代王朝的发展时间看，常常是朝代初创，统治者励精图治，政治清明，体现出良性互动的趋势。在朝代中期和晚期，由于统治者倦怠，吏治腐败，加上社会动荡等因素，国家统治成本增加，增加农民承担的赋税，这个时候常常会造成二者之间的恶性循环关系。

因此，对于国家和农民之间的关系可以用图表进行说明，见图3—1。

一 良性互动

中国自古以来就是以农立国的国家，民本思想源远流长。早在战国时期，荀子就提出了"君者、舟也，庶人者、水也；水则载舟，水则覆舟"的观点。以农户家庭经济为主体的农业生产具有相对的稳定性，因此中国历代王朝都把国家财政建立在小农经济之上，只要通过国家分配给农户一定数量的土地，农民家庭就可以在安排好自身生活的基础上源源不断地提供岁入。到唐代，这一思想和国家政策紧密结合，为农民提供良好的生产环境和生活环境，成为唐代统治阶层的共识。土地问题，事关国计民生，合理的土地政策与农民利益息息相关。唐代继续实施北朝以来的均田制，

---

① 《马克思恩格斯选集》第三卷，人民出版社1995年版，第526页。

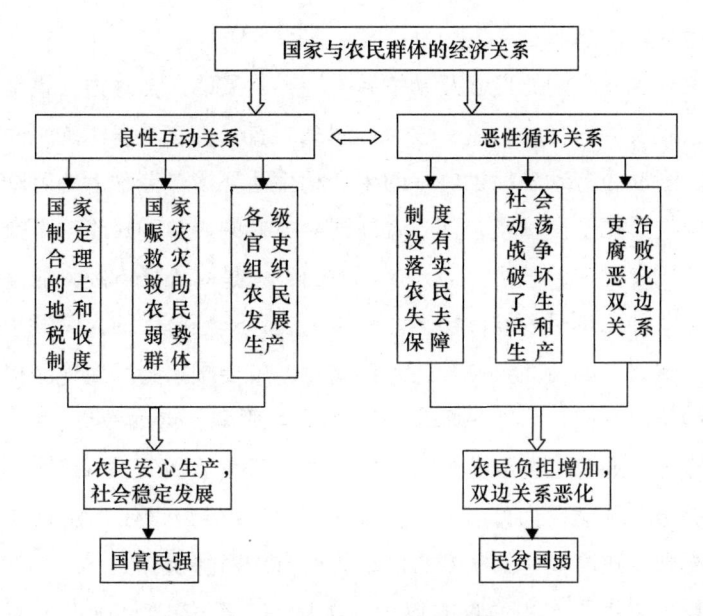

```
                  ┌─────────────────────────┐
                  │ 国家与农民群体的经济关系 │
                  └─────────────────────────┘
                    ↓                    ↓
         ┌──────────────┐ ⟷ ┌──────────────┐
         │ 良性互动关系 │    │ 恶性循环关系 │
         └──────────────┘    └──────────────┘
```

图3—1　唐代国家与农民的经济关系

资料来源：《王祯农书》卷十九，浙江人民美术出版社2015年版，第523页。

并进行了相应的改革。把奴婢、耕牛等有利于世家大族受田的规定悉被革去，完全按照丁口数量进行授田。同时，对于国家赋税政策也进行调整，"以庸代役"，尽量少用民力，给予农民更多的自由劳动时间，把农民从繁重的劳役中解放出来，体现了唐代"以民为本"的时代进步性。为了保障政策的实施，对地方官吏的选拔和使用也非常谨慎，认为："致治之本，惟在於审。量才授职，务省官员"，统治者常常是"朕每夜恒思百姓间事，或至夜半不寐。惟恐都督、刺史堪养百姓以否"。[①] 安史之乱前，土地兼并问题一直是困扰统治者的大问题，在高宗以来一直到玄宗时期，每年都有大量的诏敕、上疏来探讨解决土地兼并问题的途径，反映了统治者在此问题上对农民的关注；安史之乱后，安定民心、稳定农村成为统治者优先考虑的课题，此后的两税法改革、兵役制度改革、国家救助体系改革，无不是反映了统治者在发展社会经济、稳定农民群体的努力。因此，在唐代的大多数时间里，都体现了以统治者为代表的国家与农民群体之间

[①] 《贞观政要》卷三《择官第七》，上海古籍出版社1978年版，第89页。

良性互动关系的趋向。

　　国家与农民之间的良性互动关系是社会发展的必然动力，也是几千年社会动态发展的内在动因。从政治学理念上看，国家是全体国民共同生活的家园，国家为劳动者提供良好的生产和生活环境，劳动者的劳动产品部分地以税收形式上交国家，这二者是同生共存的。英国政治哲学家霍布斯把主权者或者国家的职责概括为三个方面：一是对外抵御敌人的侵略，保障国家安全；二是对内维护社会的和平与安定；三是保障人民通过合法的劳动生产致富。如何让人民合法地致富呢？就要国家为所属地区提供统一的行政与法律制度，为臣民提供必要的公共服务，诸如教育、社会保障、公共设施等，最为主要的是国家可能在一定程度上管理或调节经济。[1] 由此，他提出，国家权力的"理由"基于一种权力与责任、权威与义务相对应的原则。政府权力的基本职能是为所有成员提供公共产品。从而，政府就垄断了使用暴力和税收的权力。英国古典经济学家亚当·斯密也认为，提供基础设施、国防、治安，是政府的"三大天职"[2]。从霍布斯和亚当·斯密对国家的职能概述看，无论在西方中世纪还是在中国历史上，国家和政府都具有上述职能，国家和政府在履行上述职能的时候，为与农民之间良性互动关系打下了基础。

二　恶性循环

　　当然，在统治者好大喜功或腐化不为、吏治腐败或者国家在面临内外战乱等情况时，常常会增加统治成本，造成财政运转困难。在这种情况下，只有加重对农民的赋役征收量，才能达到国家收支的供需平衡。加收农民的赋税，大批征发徭役常常会使农民群体与国家之间呈对立状态。首先是隐性对立，如农民逃亡、脱籍，成为逃户，从此不再承担国家赋役。在这种情况下，不仅会出现大量土地无人耕种，而且国家财政收入和控制的丁口、徭役也会大大减少；其次是二者之间的显性对抗，也就是正面的武装抗争。从秦至清，中国历史上出现了无数次的农民抗争的实例，出现

---

　　[1] 参见［英］霍布斯《利维坦》，黎思复、黎廷弼译，商务印书馆1985年版，第260—275页及出版说明第5页。

　　[2] 毛寿龙、李梅：《有限政府的经济分析》，上海三联书店2000年版，第95—96页。

"振臂一呼，应者云集"的状况，体现了国家与农民关系的显性对抗关系，预示着农民群体和国家之间的恶性循环关系达到了顶峰。

每个朝代中期，常常是关系变化的分水岭。以唐代社会为例，安史之乱之前，二者关系的主流是良性互动的关系；安史之乱之后，恶性循环成为二者关系的主流。为了平叛和镇压藩镇割据，国家财政吃紧，统治者不得不增加对农民的税收，扩大税收范围，吏治也相对开始变坏。特别是唐宣宗以后，虽牛李党争暂告平息，但专权宦官与朝官之争又趋激烈，并势同水火。以皇帝为首的统治集团或尽情享乐，不理朝政，或肆意聚敛，卖官鬻爵，致使贪污成风，贿赂公行，吏治大坏。唐后期由于钱重物轻，广大农民的两税负担大为增加。加之统治者又巧立名目，横征暴敛，特别是盐税的增加，又给广大农民加重了赋税负担。多数地方官贪婪残暴，对农民进行残酷压榨。唐宣宗李忱时期，朝政腐败、宦官专权的矛盾日渐突出；战争不断，社会经济发展遭到严重破坏；土地兼并集中，赋税逐年繁重，农民与国家之间的对抗关系先是以农民逃亡为特征。其后由于连年自然灾害和政府救助不力，形成了农民反抗官府的激烈行为——暴动。大中十三年（859）十二月，浙东人裘甫聚众暴动，攻占象山（今属浙江）。随后，攻克剡县（今浙江嵊县），大败唐军于三溪（今嵊县西南）。十四年（860）三月，这支义军分兵攻州夺县，先后夺取唐兴、上虞等六城，立足宁海（今浙江宁海）与朝廷抗衡。在唐政府的反复围攻下，才被压制下去。其后又有庞勋、黄巢等领导反抗政府的农民暴动，造成了唐代后期国家和农民关系急剧恶化的后果。在这些对立因素的影响下，唐王朝瓦解。

第二节 国家与农民之间的良性互动关系

对于古代国家政权及各级官吏的历史作用，目前越来越受到众多学者的关注和重视①。有的学者认为史学界过去倾向于强调生产力和劳动人民

---

① 2004年7月，河北大学宋史研究中心与中国经济史学会联合召开的"中国经济发展史上的政府职能与作用国际研讨会"，对中国经济发展史上不同时期政府干预经济发展的政策、方式和成败得失进行了总结，会议成果见《政府与经济发展——中国经济发展史上的政府职能与作用国际研讨会论文集》，知识产权出版社2005年版。

在生产中的积极作用,"而对于生产关系与生产力相适应时期国家政权和地主阶级在组织生产中的积极作用,则是有意避开不敢提及,只强调其残酷剥削和压迫的一面",① 因此,客观地认识政府和各级官吏在发展农民经济和社会生产上所做的努力,有助于全面了解唐代经济繁荣的历史真实。通过对唐代历史的研究,我们发现国家和农民群体之间的经济关系是互补共生的,农民为国家提供赋税使国家机器能正常运转,国家制定的赋税政策要考虑到农民的承受能力。一代明君唐太宗道出了政府和农民关系的历史真实:"为君之道,必须先存百姓,若损百姓以奉其身,犹割股以啖腹,腹饱而身毙。"② 认识可谓深刻。因此,君主希望自己的臣民安居乐业,生活富足。霍布斯也对君民关系进行过阐述,"君主的财富、权力和尊荣只能来自人民的财富、权力和荣誉。因为臣民如果贫穷、鄙贱或由于贫乏、四分五裂而积弱以致不能作战御敌时,君主也就不可能富裕、光荣与安全"。③ 这些深刻的论断对研究唐代政府的作用、国家和农民之间的关系具有重要的借鉴意义。本节试从国家为农民提供良好的生产环境、各级官吏组织生产、国家为农民提供社会救助等方面对唐代农民与国家之间的经济关系进行论述。

一 国家制定合理的土地和税收制度

中国自古以来就是以农立国的国家,农民家庭既是社会最基本的生产单位也是国家赋役的主要承担者。唐太宗认为,应该与民休息,发展农业生产。隋亡的教训在于"东西征讨,百姓不堪",因此,为农民提供良好的生产环境和生活环境,成为唐代统治阶层的共识。太宗"夙夜孜孜,惟欲清净,使天下无事。遂得徭役不兴,年穀丰稔,百姓安乐。夫治国犹如栽树,本根不摇,则枝叶茂荣。君能清净,百姓何得不安乐乎?"④ "创业难,守成更难"就成为唐业初创后统治者更为具体的目标,"帝王之起,必承衰乱。覆彼昏狡,百姓乐推,四海归命,天授人与,乃不为难。

---

① 程民生:《中国北方经济史·序》,人民出版社 2004 年版。
② 《贞观政要》卷一《君道第一》,上海古籍出版社 1978 年版,第 1 页。
③ [英]霍布斯:《利维坦》,商务印书馆 1986 年版,第 144 页。
④ 《贞观政要》卷二《政体第二》,上海古籍出版社 1978 年版,第 22 页。

然既得之后，志趣骄逸，百姓欲静而徭役不休，百姓凋残而侈务不息，国之衰弊，恒由此起。以斯而言，守成则难"①，这是唐太宗对"守成"的担忧，但这些忧虑的内容归根结底还是农民问题能否处理得好，农民的利益能否得到保障的问题。

解决农民的土地问题是统治者优先考虑的对象。土地是农民最为重要的生产资料，是农民谋生的手段。因此，如果农民的土地问题处理不好，在失去土地后农民群体缺少稳定性，并且常常成为社会动乱的根源，因此社会是否安定与农民的土地问题息息相关。从西周时期的井田制、战国时期的授田制到其后的屯田制、占田制，甚至王莽的王田制等，都是国家解决土地问题的途径，是为了限制兼并、保障农民能有一定数量的土地而设立的制度。均田制是北魏开始实行、中古时期较为成熟的土地制度。实施的目的是为了"土不旷工，民罔游力"，"雄擅之家不独膏腴之美，单陋之夫亦有顷亩之分"②，限制兼并、保障小农土地的目的非常明确。唐朝继续实施北朝以来的均田制，并进行了相应的改革：奴婢受田、耕牛受田等有利于世家大族的规定悉被革去，完全按照丁口数量进行授田。唐律严格限制占田过限，《唐律·户婚律》规定："诸占田过限者，一亩笞十，十亩加一等；过杖六十，二十亩加一等，罪止徒一年。"③

表 3—1　　　　　　　　均田制下授田对象的发展变化过程

朝代	奴婢	耕牛
北魏	人数不限，受田数与农民同	一头受田 30 亩，限 4 牛
北齐	限 60—3000 人，受田数与农民同	一头受田 60 亩，限 4 牛
北周	未有明文规定	未有明文规定
隋代	限 60—300 人，受田数与农民同	一头受田 60 亩，限 4 牛
唐代	不受田	不受田

经过近 300 年的发展，均田制的内容规定越来越向"以民为本"的

---

① 《贞观政要》卷一《君道第一》，上海古籍出版社 1978 年版，第 3 页。
② 《魏书》卷五三《李孝伯附安世传》，中华书局 1974 年版，第 1176 页。
③ 长孙无忌：《唐律疏议》卷一三《户婚律》，法律出版社 1999 年版，第 266 页。

方向发展，严格限制官吏侵夺农民的土地，"诸在官侵夺私田者，一亩以下杖六十，三亩加一等；过杖一百，五亩加一等，罪止徒二年半"。[①]唐朝同其他各个朝代一样，实施严厉抑制土地兼并和打击豪强的措施。开元二十九年（741）末年（741）所颁布的《禁买卖口分永业田诏》，云："天下百姓口分、永业田，频有处分，不许买卖典贴。如闻尚未能断，贫人失业，豪富兼并，宜更申明处分，切令禁止。"[②]在均田制下，农民和土地的结合方式更为合理，有利于提高农民的生产积极性，促进社会经济发展，为有唐一代的繁荣打下坚实的物质基础。

安史之乱后，均田制大坏。大历八年（773）代宗废华州屯田，将屯田土地分给贫民耕种。[③]规定，凡是流民能归业从事农耕的，免除三年的赋税。目的是什么呢？"虑失三农，尤深万姓"，希望农民能与土地相结合，否则既不利民生也不利安国。国家不仅尽力保障农民土地，而且也努力解决相应的耕牛问题。贞元二年（786），"上以关辅禄山之后，百姓贫乏，田畴荒秽，诏诸道进耕牛，待诸道观察使各选拣牛进贡，委京兆府劝课民户，勘责有地无牛百姓，量其地著，以牛均给之。其田五十亩已下人，不在给限。高上疏论之：'圣慈所忧，切在贫下。有田不满五十亩者尤是贫人，请量三两家共给牛一头，以济农事。'疏奏，从之"。[④]本来德宗皇帝认为，农户五十亩以上的才给耕牛，但给事中袁高认为，不足五十亩土地的尤其是贫困农民，应该给予耕牛，德宗皇帝听从了袁高的意见，将耕牛分给农民进行耕作。

合理的税收，有利于农民经济的正常运转和国家税收的稳定。明代经济思想家丘浚认为国家税收应该有个恰当的切合点，"不能不取于民，亦不可过取于民。不取乎民，则难乎其为国；过取于民，则难乎其为民"[⑤]，既要考虑到国家所需，又要考虑到农民的实际承受能力，这一征税思想是对国家赋税征收量的最好注解，历代统治者在制定赋税时首要考虑的就是

---

① 长孙无忌：《唐律疏议》卷一三《户婚律》，法律出版社1999年版，第268页。
② 《全唐文》卷三〇《禁买卖口分永业田诏》，中华书局1983年版，第343页。
③ 《新唐书》卷六《代宗纪》，中华书局1975年版，第176页。
④ 《旧唐书》卷一五三《袁高传》，中华书局1975年版，第4088页。
⑤ 丘浚：《大学衍义补》卷二二《制国用·贡赋之常》，《四库全书》第712册，上海古籍出版社1987年版，第315页。

农民家庭的实际承受能力,在"立国"和"为民"之间,找到恰当的平衡点。

农民承担的国家赋役主要有田租、人头税、徭役和兵役。春秋时期的初税亩制度改革是缩小"国人"与"野人"之间在承担赋税方面的差异,让国民共同承担国家赋税的尝试。田租,在每个朝代的正常时期里,都秉承传统的"十一而税"的内容,汉初的文帝、景帝多次调整为"三十税一",甚至多年不收税,而唐代"百亩税收两石"的标准,更是远远低于"十一而税"。当然,田租只是农民负担中的一部分,自秦汉以来,国家对农民实行的是轻税重赋的政策,人口是征税的重要参照标准。唐初实行的是北朝以来的租庸调制,"有田则有租,有家则有调,有身则有庸",[①]丁口在赋税征收中仍然占有重要地位。但是,历史发展的根本动力是人,保护劳动力、制定相应的赋税政策体现了国家以人为本政策的进步,"朕与公等衣食出于百姓",[②]农民的经济利益与统治集团的利益休戚相关。基于这一认识,唐代统治者更为重视人文关怀和劳动力的保护,在"庸"的规定中不再限制丁五十岁以上才能以庸代役,都可纳钱代役,而且一再提高成丁、降低入老的年龄,体现了国家对生产者人身控制的逐渐松弛。

建中元年(780)的两税法改革是中国赋税史上划时代的革命。两税征收的标准是"户无主客,以见居为簿。人无丁中,以贫富为差",征收的内容是"丁租庸调及杂税等一切税收,并入两税"。[③]从两税法的内容来看,其进步意义在于改变了过去以人丁为征收标准的做法,改为资产征税,乡村富户和有产阶层成为国家承担赋税的主体,体现了社会进步和公平。同时放松了对农民的人身控制,而且赋税全部并入两税,"余征额息罢",改变了农民过去缴纳杂税而"旬输月送"的局面,农民有更多的时间从事生产。其后宋代的方田均税法、明代的一条鞭法、清代的摊丁入亩改革,赋税变革的趋势是将人力从国家徭役中彻底解放出来,顺应了历史发展的潮流,体现了"以劳动力为本"的历史发展过程。

[①]《新唐书》卷五二《食货二》,中华书局1975年版,第4176页。
[②]《贞观政要》卷五《公平第十六》,上海古籍出版社1978年版,第163页。
[③]《旧唐书》卷一一八《杨炎传》,中华书局1975年版,第3421页。

二　国家及其各级官吏组织农民发展生产

唐太宗认为，"国以民为本，人以食为命。若禾黍不登，则兆庶非国家所有""为君之道，必须先存百姓，若损百姓以奉其身，犹割股以啖腹，腹饱而身毙"①。政府认识到保存百姓、发展农业生产的重要性，唐代各级统治者重视发展农业生产，加强农业基础设施的建设，确实在一定程度上起到了保护农民利益的作用。

怎样发展农业生产呢？从国家的层面看，制度最为重要。唐前期地广人稀，统治者制定了相应的均田制和租庸调制。此后，根据土地兼并和均田制被破坏等变化形势，与时俱进地制定了两税法税收制度，以求均衡农民赋税，从而发展农业生产，保障国家财政收入。而推行国家制度和政策的具体执行者是地方官吏，地方官吏的优劣决定着地方的管理绩效。因此，唐代统治者重视对地方官的任用，认为"致治之本，惟在於审。量才授职，务省官员"，地方官吏代表中央行使权力，施政得当与否与民生息息相关。"朕每夜恒思百姓间事，或至夜半不寐。惟恐都督、刺史堪养百姓以否。故于屏风上录其姓名，坐卧恒看，在官如有善事，亦具列于名下。朕居深宫之中，视听不能及远，所委者惟都督、刺史，此辈实治乱所系，尤须得人。"② 不仅最高统治者，即使是王公大臣对此也认识深刻，侍御史马周上疏太宗认为："治天下者以人为本。欲令百姓安乐，惟在刺史、县令。"

在这样的社会环境中，地方的官吏也多以组织农业生产、保障农民经济正常发展为己任。唐前期的官吏大都是清正廉洁，忠于职守，《旧唐书·良吏传》中共载有五十四位良吏，而安史之乱之前的就多达四十多位，可见唐代前期官吏的整体风气较好。这些官吏中有清正廉洁的，如贾敦颐"在职清洁……累迁洛州刺史，时豪富之室，皆籍外占田，敦颐都括获三千余顷，以给贫乏。又发奸摘伏，有若神明"；③ 有大力修建水利工程的，如薛大鼎为沧州刺史时，"界内先有棣河，隋末填塞。大鼎奏闻

---

① 《贞观政要》卷一《君道第一》，上海古籍出版社1978年版，第1页。
② 《贞观政要》卷三《择官第七》，上海古籍出版社1978年版，第89页。
③ 《旧唐书》卷一八五《良吏传》，中华书局1975年版，第4788页。

开之，引鱼盐于海。百姓歌曰：'新河得通舟楫利，直至沧海鱼盐至。昔日徒行今骋驷，美哉薛公德滂被。'境内无复水害"；① 有为农民改进耕作方式的，如王方翼，"以功迁夏州都督。属牛疫，无以营农，方翼造人耕之法，施关键，使人推之，百姓赖焉"。②

除组织农业生产外，保障农民的合法权益、禁止影响农民的生产也成为地方官吏的重要职责，有时即使涉及皇亲国戚也无所畏惧。高宗朝万年县令杨德干，"有宦官恃贵宠，放鹞不避人禾稼，德干擒而杖之二十，悉拔去鹞头。宦者涕泣诉背以示于帝，帝曰：'你情知此汉狞，何须犯他百姓'"③。开元四年（716），玄宗令宦官往江南采鸂鶒等鸟，路由汴州。汴州刺史倪若水上疏极言其不可，认为"方今九夏时忙，三农作苦，田夫拥耒，蚕妇持桑"，这样做只能是影响农民生产，浪费地方资源。玄宗皇帝无言以对，只好"赐卿物四十段，用答至言"。④

唐代前期治世中的清官良吏固然重要，但是社会变乱后的地方官吏，为经济恢复而兢兢业业的努力更显可贵。代宗大历三年（768），薛嵩出任相州刺史时，"兵不满百，马惟数驷，府微栖粮，家仅余堵。公乃扫除秕政，济活人命，一年而墙宇兴，二年而稼穑盛，日就月将，遂臻夫小康"。⑤ 永泰年间（765—766），郑州刺史马遂致力于恢复发展，"辟其田亩，均其户版，每岁一税，百姓便之，生齿益息，庶物蕃阜"；⑥ 肃宗时令狐彰治滑州，"滑当寇冲，城邑墟榛，彰躬训吏下，检军力农，法令严，无敢犯者。田畴大辟，库委丰余，岁时贡赋如期。时吐蕃盗边，召防秋兵，彰遣士三千，自赍粮，所过无秋毫犯，供馈让不受，时韪其能"。⑦ 杜亚，在德宗兴元元年（784）至贞元五年（789）任淮南节度使，疏导句城湖、修筑爱敬陂，既可通舟、又可溉田，极大地促进农民生产的发展：

---

① 《大唐新语》卷四《政能第八》，载《唐五代笔记小说大观》，上海古籍出版社2000年版，第249页。
② 《旧唐书》卷一八五《良吏传》，中华书局1975年版，第4803页。
③ 《隋唐嘉话》卷中，载《隋唐五代笔记小说大观》，上海古籍出版社2000年版，第105页。
④ 《旧唐书》卷一八五《良吏传》，中华书局1975年版，第4812页。
⑤ 李昉等：《文苑英华》卷八〇六《相州公宴堂记》，中华书局1966年版，第4261页。
⑥ 李昉等：《文苑英华》卷九七四《马遂行状》，中华书局1966年版，第5124页。
⑦ 《新唐书》卷一四八《令狐彰传》，中华书局1975年版，第4766页。

贞元初，公由秋官之贰，出镇兹土。既下车，乃验图考地，谋新革故，相川原，度水势。自江都而西，循蜀冈之右，得其浸曰句城湖，又得其浸曰爱敬陂，方圆百里，支辅四集，盈而不流，决而可注。图以上闻，帝用嘉允。乃召工徒，修利旧防，节以斗门，酾为长源，直截城隅，以灌河渠，水无羡溢，道不回远。于是变浊为清，激浅为深，洁清澹澄，可灌可鉴。然后漕挽以兴，商旅以通，自北自南，泰然欢康。其夹是之田，旱暵得其溉，霖潦得其归。化硗薄为膏腴者，不知几千万亩。①

这些包括令狐彰、马遂、杜亚等地方官吏吏治有方，对恢复发展农业生产、有效保护农民的生命财产安全起到了重要作用。

即使是那些割据一方的藩镇，也都是将发展生产、保护农民作为自己的要务之一。无论其主观的目的如何，在客观上都起到了稳定社会、发展经济的作用。代宗大历年间（766—799），田承嗣接任魏博节度使时，"属大军之后，民人离落，闾阎之内，十室九空。公体达化源，精洁理道，弘简易，刬苛烦，一年流庸归，二年田莱辟，不十年间，既庶且富，教义兴行，魏自六雄升为五府"。② 宪宗时，凤翔节度使李惟简，"益市耕牛，铸锓钅刃钅属，以给农之不能自具者，丁壮兴励。岁增田数十万亩，连八岁，五种俱熟，公私有余。贩者负入褒斜，船循渭而下，首尾相继不绝"。③

由此可见，地方官吏在发展社会生产、保护农民经济中的作用是不可小视的。史学界过去倾向于强调生产力和劳动人民在生产中的积极作用，而对于生产关系与生产力相适应时期国家政权和地主阶级在组织生产中的积极作用，则是有意避开不敢提及，只强调其残酷剥削和压迫的一面，这种史学研究的方法和思想都难以反映历史的真实。

---

① 《全唐文》卷五一九《通爱敬陂水门记》，中华书局1983年版，第5274页。

② 李昉等：《文苑英华》卷九一五《魏博节度使田公神道碑》，中华书局1966年版，第4816页。

③ 马其昶：《韩昌黎文集校注》卷七《凤翔陇州节度使李公墓志铭》，上海古籍出版社1987年版，第464—465页。

合理的国家土地和税收政策为农民搞好家庭经营、发展社会生产创造了良好的外部环境，而各级官吏对农民和农业生产的重视则是农民发展生产的内在动力。在这种情况下，农民可以安心生产和生活，家庭经济收支平衡并且略有剩余，从而促进了国家经济的发展。笔者《唐初农民家庭收支与社会发展》一文认为由于唐代均田制下农民家庭的粮食剩余率是20%左右，符合传统社会"耕三余一"的要求，① 由此，不仅有利于农民生活水平的提高，而且促使了唐代繁荣局面的出现。《资治通鉴》谈到贞观年间的情况是：

  天下大稔，流散者咸归乡里，斗米不过三四钱，终岁断死刑才二十九人。东至于海，南极五岭，皆外户不闭，行旅不赍粮，取给于道路焉。②

至开元年间（713—741），更是"物殷俗阜"，当时"左右藏库，财物山积，不可胜较。四方丰稔，百姓殷富。管户一千余万，米一斗三四文。丁壮之人，不识兵器，路不拾遗，行者不囊粮"。③ 唐代的国家富庶与农民的生活有余是相辅相成的，是国家与农民和谐互动关系发展的体现，正如大诗人杜甫对唐代繁荣时期所描写的：

  忆昔开元全盛日，小邑犹藏万家室；稻米流脂粟米白，公私仓廪俱丰实。④

"公私仓廪俱丰实"所描写的就是农民富足、国家强盛的双赢结果。因此，唐代历史上先后出现了"贞观之治""开元盛世"等兴盛局面，都是二者之间良性发展的结果，这种发展大大提高了政府抵御风险的能力，以至于唐代中期即使发生了安史之乱这样的重大事件，也没有导致唐王朝

---

① 张安福：《唐初农民家庭收支与社会发展》，载《齐鲁学刊》2004年第1期。
② 《资治通鉴》卷一九三，中华书局1956年版，第6085页。
③ 《开天传信记》，载《唐五代笔记小说大观》，上海古籍出版社2000年版，第1223页。
④ 浦起龙：《读杜心解》卷二《忆昔二首》，中华书局1961年版，第287页。

崩溃，并且又继续发展了 150 年之久。

三 国家赈灾、救灾，救助农民弱势群体

农业经济是农业社会国家经济的主体，对国计民生具有重要意义，但由于农业受自然条件的限制较大，恶劣气候常常造成农业歉收。我国有着悠久的减灾、赈灾传统，从先秦时期就开始建立相关的救助体系。这些救助体系不仅包括在自然灾害发生时要救济灾民、赈灾减灾，而且还要承担日常的救济鳏寡孤独、残疾等社会弱势群体责任。历代王朝大都将此放在与江山社稷同等重要的位置上来处理，"君主的财富、权力和尊荣只能来自人民的财富、权力和荣誉。因为臣民如果贫穷、鄙贱或由于贫乏、四分五裂而积弱，以致不能作战御敌时，君主也就不可能富裕、光荣与安全"。[①]

国家对农民的赈灾、救灾。我国自古以来就是自然灾害多发的国家，如果从大禹治水开始，历经秦汉、魏晋，各朝代《五行志》中对灾害的记载非常多，相应的救灾制度也非常发达。《周礼·地官·大司徒》中关于"大司徒"的职责就明确提到"以保息六养万民，一曰慈幼，二曰养老，三曰振穷，四曰恤贫，五曰宽疾，六曰安富"，把"振穷"和"恤贫"作为重要职责之一。《管子·入国》"九惠之教"中"振困"也提出凶荒之年，国家要发放库粮对农民进行救助。唐代统治者对救灾和赈灾程序逐步完善，作为制度规范下来。这一制度对救灾过程也有具体的程序，当国家发生灾害时，首先是报灾，地方官员通过逐级上报的方式将灾情奏报朝廷；第二步是勘灾，朝廷得到报告后，临时派员赴灾区核实受灾范围及程度，为救灾措施提供依据；第三步是免除赋役，《唐六典》规定："凡水、旱、虫、霜为灾害，则有分数：十分损四已上，免租；损六已上，免租、调；损七已上，课、役俱免。若桑、麻损尽者，各免调。若役、已输者，听免其来年"；[②] 第四步是赈灾，国家除了免除农民的赋税之外，再以赈灾的形式给灾民发放救济品，《册府元龟》卷一○五《惠民》载，贞观十一年（637 年）七月，"诏以水灾，其雒州诸县百姓漂失资产、乏

[①] 霍布斯：《利维坦》，商务印书馆 1986 年版，第 144 页。
[②] 李林甫等：《唐六典》卷三，中华书局 1992 年版，第 77 页。

绝粮食者……量以义仓赈给。……赐遭水之家帛十五疋,半毁者八疋";贞元十四年(798),"以久旱谷贵人流,出太仓粟分给京畿诸县,其年七月,诏赈给京畿麦种三万石,其年九月,以岁饥,出太仓粟三十万石出籴"。①

那么,当时每户农民得到的救济口粮数究竟有多少呢?开元年间(713—741)的赈灾数据是:"应给贷粮,本州录奏,敕到,三口以下给米一石,六口以下给米两石,七口以下(?以上)给米三石;如给粟,准米计折。"潘孝伟对农民具体的赈灾数的估计"是在九斗九升至六石二斗一升之间"。②根据潘孝伟的计算,灾害发生时如果按照平均五口之家给粟两石的话,按照笔者对唐代一家五口年消费粟30石粮食的标准看,③当能维持近一个月的家庭生活用度,暂时能缓解灾民的生存危机。唐代官方赈灾活动累计不下一百三四十次,比之《西汉会要·食货》所载的三十七次,可谓是高出数倍,差不多贯穿唐代始终。而且,唐代的赈济的范围往往跨州兼道,非常广泛,救济粮动辄数万石、数十万石,有时竟"多至一百万石"乃至"二百万石"。④

表3—2　　　　　　　　　唐代减灾、赈灾情况　　　　　　　　单位:次

类别\次数\时期	高祖	太宗	高宗	武后	中宗	睿宗	玄宗	肃宗	代宗	德宗	顺宗	宪宗	穆宗	敬宗	文宗	武宗	宣宗	懿宗	僖宗	总计
赈济	1	29	14	3	8	1	26			10		13	1	1	24		2	1		134
蠲税		1	3	1			10		1	6		8	2	1	15	2	3	2	1	57
贱粜			3				5		2	3		3	1	1	1					19
总计	1	30	20	4	8	1	41	0	3	19		24	4	3	40	2	5	3	1	210

唐代如此空前规模的经常化的减灾救荒活动,对稳定农民群体和发展

---

① 王溥:《唐会要》卷八八《仓及常平仓》,中华书局1955年版,第1615页。
② 潘孝伟:《唐代减灾与当时经济政治之关系》,载《安庆师院社会科学学报》1995年第4期。
③ 张安福:《唐前期农民家庭收支与社会发展》,载《齐鲁学刊》2004年第1期。
④ 《全唐文》卷六四五《论户部阙官斛斗疏》,中华书局1983年版,第6536页。

农业生产产生了积极效果。从一定意义上讲，唐代社会尽管遭受了近千次的灾害袭击，仍然能够创造出经济空前持续发展和政治长期相对稳定的奇迹，不能不与唐代救济制度的完善和对减灾活动的常行不懈有关，以及国家对农民弱势群体的经济权益保障。古代的社会弱势群体，主要是指鳏寡孤独者、年老以及身体有疾者，还有一些极为贫困者。对弱势群体的救助，一直是统治者关注的重点，是社会进步的体现。管子认为，国君应该力行"九惠之教"，包括"老老""慈幼""恤孤""养疾""合独""问病""通穷""振困""接绝，"[①] 强调国家和社会对生活贫困无着以及残疾人的生活救助。只有这样，国君才能实施其教化。汉文帝认为，解决鳏寡孤独、贫困之人的生活困难是政府的职责，否则就无以体现国家的"养老之意"。[②] 汉成帝建始元年（32）规定孤、独、盲者及侏儒，官吏不得擅自征召，狱讼时不需缚绑，鳏寡无子之人结为夫妇后，农耕不收租，经商不征赋。[③] 南北朝时期，开始出现了专门的收养机构——六疾馆与孤独园，对鳏寡孤独、贫病无依者予以集中救助。这些对社会贫弱的救助措施，起到了稳定社会、保障民生的目的。

唐代对弱势群体的救助，首先是保障他们拥有一定数量的土地、减免租税。土地是农民家庭收入的主要来源，均田制下，唐代明确规定分给废疾、守寡之人田地，而且并不需课征，"老男、笃疾、废疾各给口分田四十亩，寡妻妾各给口分田三十亩，先永业者，通充口分之数。黄、小、中、丁男女及老男、笃疾、废疾、寡妻妾当户者，各给永业田二十亩，口分田二十亩"，[④] "若老及男废疾、笃疾、寡妻妾、部曲、客女、奴婢及视九品以上官，不课"。[⑤] 国家分给农民弱势群体土地而又免除课役，体现了古代社会对农民弱势群体的救助水平提高到一个新的阶段。对于年老者，除了给予田地外，还实行了给侍制度。对八十岁以上的老人，许给侍丁，享受免役优待。《天宝八载》云："高年给侍，本属存养，因时定式，务广仁恩。其天下百姓，丈夫七十五以上、妇人七十以上，宜各给中男一

[①] 黎翔凤：《管子校注》卷一八《入国第五十四》，中华书局2004年版，第1033页。
[②] 《汉书》卷四《文帝纪》，中华书局1962年版，第113页。
[③] 王子今等：《中国社会福利史》，中国社会出版社2002年版，第91页。
[④] 《通典》卷二《食货二》，中华书局1988年版，第29页。
[⑤] 《新唐书》卷五一《食货一》，中华书局1975年版，第1343页。

人充侍，仍任自简择。至八十以上，依常式处分。"① 这一规定，又将养老给侍的年龄降低了五到十岁，让更多的年老者得到国家救助，体现了传统社会"老吾老以及人之老，幼吾幼以及人之幼"的人文关怀。成丁是国家赋役的主要承担者，唐代国家对于成丁的年龄逐步提高，而对年老的年龄界限却逐步降低，缩小成丁范围，② 一方面反映了唐代经济发展的程度，另一方面也体现了国家对劳动力的保护，有利于农业生产和家庭经济发展，是社会进步的体现。

唐代为救助社会弱势群体，设立了专门的救助机构。"六疾馆"创立于南齐，设立的目的是"立六疾馆以养贫民"，"孤独园"也是为了救助贫民而设立的，目的是为了"凡民有单老孤稚不能自存，主者郡县咸加收养，赡给衣食，每令周足，以终其身"。③ 唐代继承了国家设机构进行救助的传统，长安年间（701—704）政府将设置于寺院、专门收养贫病孤老者的慈善机构——"悲田养病坊"纳入国家救济体系，设专使进行管理。这样一来，"国家矜孤恤穷，敬老养病，至于安庇"，就"各有司存"了。④ 养病坊的经济来源，主要是政府拨给专门的田地，"其两京望给寺田十顷，大州镇望给田七顷，其他诸州，望委观察使量贫病多少给田五顷，以充粥食"，除了国家给田之外，"如州镇有羡馀官钱，量予置本收利"⑤ 也充入到养病坊中。"悲田养病坊"对于救助社会贫弱、稳定逃亡农民等都起到了扶助作用。唐代政府对养病坊非常重视，以至于武宗灭佛的时候，对寺院病坊没有武断处理，而是下敕批准："悲田养病坊，缘僧尼还俗，无人主持，恐残疾无以取给，两京量给寺田赈济。诸州府七顷至十顷，各于本处选耆寿一人勾当，以充粥料。"⑥ 直到唐末农民起义时，

---

① 宋敏求：《唐大诏令集》卷九《唐大诏令集》，商务印书馆1959年版，第54页。
② 《唐六典》卷七《食货七》载：大唐武德七年定令，男女始生为黄，四岁为小，十六为中，二十一为丁，六十为老。神龙元年，韦皇后求媚于人，上表，请天下百姓年二十二成丁，五十八免役，制从之。……九载制："天下虽三载定户，每载亦有团貌，自今以后，计其转年合入中男、成丁、五十九者，任退团貌。"（广德元年制，天下"百姓二十五成丁，五十五入老"。），中华书局1992年版。
③ 姚思廉：《梁书》卷三《武帝下》，中华书局1973年版，第64页。
④ 王溥：《唐会要》卷四九《病坊》，中华书局1955年版，第863页。
⑤ 同上。
⑥ 《旧唐书》卷一八《武宗纪》，中华书局1975年版，第607页。

当黄巢军队逼近京师，"神策军士皆长安富家子……闻当出征，父子聚泣，多以金帛雇病坊贫人代行"，[①] 可见，养病坊中仍然救助着相当多的贫人，发挥着救助社会的作用。

唐代的救助机构模式是较为成功的，对于稳定社会、救济民生起到了重要的作用，从而也增加了社会的和谐因素，避免了社会阶层的对立。继起的五代置"悲田院""养病院"，宋代置"福田院""安济坊"，金代置"普济院"，元明置"惠民药局"，清置"养济院"，民国时期置"救济院"等慈善机构[②]，大都是继承和发展了唐代的救助模式而进行的社会救助。

四 农民安心生产和生活是社会稳定和发展根本动因

农民是唐代社会物质财富的最主要创造者，农民所承担的赋税是国家财政的主要来源。农民群体的安定生产与否，与社会稳定和发展息息相关。

中国自先秦时就对农民生产与社会稳定与发展认识深刻，认为农民安心生产是民用充足和统治者收入来源稳定的基础，如果农民财用匮乏，不但会"民乏财用，不亡何待"，[③] 更会使王朝失去物质基础而崩溃。楚灵王之所以众叛亲离亡国自缢，就在于"其民不忍饥劳之殃"。《左传·桓公元年》认为："夫民，神之主也"，"国将兴，听于民"。《管子》认为农民是物质财富的创造者，是农业生产的主力军，"彼民非谷不食，谷非地不生，地非民不动，民非作力，毋以致财，天下之所生，生于用力"，[④] 表达了人民不种粮食就没有饭吃，粮食离开土地就无法生长，土地没有人民就没法耕种，如果没有人民的劳动力，就不可能得到财富之意。因此，"民惟邦本，本固邦宁"成为中国传统的农业社会发展的共识。

唐代统治者正是基于对农民与社会发展和稳定关系的认识，比较重视保护民力，制定了有利于国计民生的土地和赋税政策。早在唐朝建立初期

---

① 《资治通鉴》卷二五四，中华书局1956年版，第8237页。
② 邓云特：《中国救荒史》，中国书店1984年版，第333—334页。
③ 《国语》卷一《周语上》，上海古籍出版社1978年版，第27页。
④ 黎翔凤：《管子校注》卷五《八观第十三》，中华书局2004年版，第261页。

就拒绝了封德彝等人"任法律，杂霸道"的严刑峻法主张，而采纳了魏徵等人"王道仁政，安人理国"的治国方略。这些政策的实施提高了农民群体的劳动积极性和对国家的向心力，有利于稳定社会。从唐代社会经济发展看，在太宗初期的唐王朝仍很贫困，自长安至于岭南，自洛阳至于山东，人烟稀少，经济萧条，灾荒的严重程度到了一匹绢才得一斗米，"霜旱为灾，米谷踊贵"。而且国家还面临着"突厥侵扰，州县骚然"的外部威胁，因此这个时期的唐王朝是既有内忧又有外患，形势较为严峻。国家对农民的政策处理不好势必出现社会动荡、农民流离的境况，国家所面临的危难局面将无法解决。由于唐初实行了稳定农民群体的政策，有效地促进了社会经济的发展。唐代大多数统治者也励精图治、志在安民，因此广大的农民群体能保持稳定、安心生产，"百姓虽东西逐食，未尝嗟怨，莫不自安"。[①] 到了贞观三年（629），年成稍有好转，流亡他乡的农民都纷纷回到乡里，竟无一人逃散。由于农民群体的稳定，因此唐初的社会稳定、秩序井然。贞观四年（630），全国被处死刑者仅29人，出现了"牛马布于野，外户不闭"的太平景象。到贞观八、九年，国家情况大为好转，根据《贞观政要·政体》记载："商旅野次，无复盗贼，囹圄常空，马牛布野，外户不闭，又频丰稳，米斗三四钱，行旅自京师至岭南，必厚加供待，或是发时有赠遗，此皆古未有也。"[②] 被后世所称道的"贞观之治"盛世景象，与其说是经济繁荣倒不如说是社会安定、国、民同心协力的局面。贞观之治所形成的良好社会环境和安定的农民群体为唐朝盛世的到来奠定了基础。

唐朝建立还不到一百年，农民对国家的离心力开始增加。产生这些离心力的主要原因在于均田不均、吏治开始变坏，而且到唐中后期官员俸禄、军费数量急剧增加，大大增加了国家的管理费用。

农民受田不足现象到高宗、武则天时期开始严重起来，狄仁杰在《乞免民租疏》中讲到："窃见彭泽地狭，山峻无田，百姓所营之田，一户不过十亩、五亩。"[③] 由于受田不足，逃户农民增多，到天宝年间

[①] 《贞观政要》卷一《政体第二》，上海古籍出版社1978年版，第24页。
[②] 同上。
[③] 《全唐文》卷一六九，狄仁杰《乞免民租疏》，中华书局1983年版，第1728页。

(7425—756）杜佑认为逃户的数量相当大，"少犹可有千三四百万矣"，①这些逃户脱离政府控制，不再承担国家赋役，到安史之乱后，逃户现象更为严重，元结做道州刺史时认为"道州旧四万余户，经贼以来不满四千，大半不胜赋税"②，正如韩愈所言，"财已竭而敛不休，人已穷而赋愈急，其不去为盗也，亦幸矣！"③ 在这样的情况下，农民对政府的离心力是不言自明的，以至于在德宗时期的"泾源之变"中，几名哗变的士兵只是喊出了"不征间架税和除陌钱"④ 的号召，哗变队伍就应者云集，而德宗皇帝呼吁御贼时，"竟无一人响应"，差点让德宗皇帝成为亡国之君。以至于到僖宗时期的黄巢起义队伍能在几年之内发展壮大而席卷全国，农民是起义队伍的重要力量，农民群体与唐王朝离心力增加是其参加起义队伍的重要原因。

由此可见，农民安定则社会安定，农民勤劳耕作则社会稳定发展；反之，农民离散则社会停滞不前，农民武装反抗则国家混乱动荡，以致瓦解、灭亡。

第三节　国家与农民之间的恶性循环关系

传统社会国家与农民之间的经济关系，既有良性互动的因素也有恶性循环的关系。美国经济学家诺思认为：国家有两个方面的目的，既要使统治者的租金最大化，⑤ 又要降低交易费用以使全社会总产出最大化。如果国家注意降低交易费用、使社会公共利益增加时，就会出现国家经济和农民经济良性互动的局面。如果国家一味攫取租金并且超过了农民的正常的承受能力，那就成为农民的负担，两者之间就会发生恶性循环的结果。

从经济因素看，国家与农民关系恶化主要是由于农民负担增加，一定程度上超出了农民所能承受的范围。农民赋税增加的原因在于国家的统治

---

① 《通典》卷七《历代盛衰人口》，中华书局1988年版，第153页。
② 《全唐诗》卷二四一《舂陵行》，中华书局1999年版，第2695页。
③ 马其昶：《韩昌黎文集校注》卷四《送许郧州序》，上海古籍出版社1987年版，第237页。
④ 《资治通鉴》卷二二八，建中四年，中华书局1956年版，第7353页。
⑤ ［美］道格拉斯·诺思：《经济史中的结构与变迁》，陈郁等译，生活·读书·新知三联书店1994年版，第24页。

成本增加，如官员俸禄和军费增加、贪官污吏所造成的管理费用增加等，这些财政开支最终要由农民来负担；亦可能是由于国家所给予农民的制度保障没有到位，如农民受田不足、政府随意增加租调等赋税数量，遇到天灾人祸时政府救灾不力等，都可能是诱发农民与国家之间恶性循环的因素。

从时间看，每一个朝代初创时，统治者大都励精图治，农民安心生产，社会逐步恢复和发展，这一朝代初期常常是二者之间良性互动的时期。随着朝代的发展，官员队伍庞杂臃肿，财政压力增大，各级官吏不再遵守已有赋税制度，随意加税，国家统治成本巨幅增加，这时候常常是二者之间由良性互动向恶性循环关系发展的时期。为了挽救对抗危机，有为的统治者常常进行政治和经济改革，改革的初衷是革新吏治、增加财政收入和减轻农民负担，初期大都取得一些效果，但最终常常成为增加农民负担的新的制度依据。到朝代的后期，常常是恶性循环成为二者之间关系的主流，王朝最终也是在对立中瓦解和消亡。因此，统治成本增加和农民赋税增加成为恶性循环关系的主要原因。

一 国家统治成本加剧的原因分析

从经济学角度看，国家统治成本增加，主要是由于国家财政支出过泛造成，如官员俸禄增加，军费增加，统治者奢侈腐化等原因。正如建中二年（781）左拾遗沈既济上疏所云："臣尝计天下财赋耗斁之大者，唯二事焉：最多者兵资，次多者官俸。其余杂费，十不当二事之一。所以，黎人重困，杼轴犹空。"[1] 贞元中，陆贽也指出"且经费之大，其流有三：军食一也，军衣二也，内外官月俸及诸色资课三也"。[2] 这些支出使得财政压力加大，国家只好又将其以各种赋税的名义摊派到农民身上。

军费支出有平时费用和战时费用。维持一支常备军队以备战时之需，这是必要的，因此每年的定额常费成为必然，但是随着唐代时局的发展，军队数量也是在不断增加，尤其是唐后期军队数量大大超过唐前期，因此在常备军费数量上也呈现出明显增长的趋势。当然，战时的军费耗费巨

---

[1] 《旧唐书》卷一四九《沈传师传》，中华书局1975年版，第4037页。
[2] 《全唐文》卷四六五《均节赋税恤百姓》第二条，中华书局1983年版，第4753页。

大，所给农民带来的负担更重。唐代建立之初，军费主要是用在平息各地的反抗力量。安史之乱时，军费主要是用在平定叛乱。由于安史之乱所涉及的范围之广、时间之长，给唐代财政造成了巨大的压力。其后是藩镇割据时期，中央王朝一直到僖宗时期才彻底放弃了平定藩镇、统一国家的打算，所以这一时期的德宗、宪宗朝是军费开支甚巨的时期。建中四年（783）德宗与河北诸藩交战，月费钱130万贯；元和五年（810），半年费钱700余万缗①；长庆初讨幽镇，魏博一军，全师出界，"其军一月之费，计钱二十八万缗"；大和初讨李同捷，"朝廷竭力奉之，江淮为之耗弊"，战争期间，每年耗资1000余万贯，"几乎相当于每年定额供军军费的一倍，这无论对供军经费已占全部收入2/3的度支，还是对捉襟见肘的国家财政而言，均是难以承受的"。② 为了维持战争的继续进行，唐王朝不得不将财政压力向农民群体转移。元稹认为："兵兴则户减，户减则地荒，地荒则赋重，赋重则人贫"，③ 这可以部分地解释为什么两税法后，农民所承担的赋税仍然是名目繁多，层出不穷。而农民除了要支付战争的费用之外，还要承担战争对经济的破坏。当战争爆发时，农村中强壮男子和耕畜都被拉走服役，农户无法像以前一样有效地翻耕土地、播种、灌溉、中耕和收获，结果是农业产量下降，家庭破产、生活难以为继。

国家财政在官俸方面的开支增加，主要是由于官员数量增长。唐代的官俸数额较大，根据《唐会要》的记载，一品官员至九品官员的月俸分别从三十一千到一千九百一十七文不等④，这些记载还不包括官员的职田、公廨田等，由此可见官员俸禄数目的庞大。唐代建立之初，一切精兵简政，"贞观六年，大省内官，凡文武定员，六百四十有三而已"，⑤ 但太宗以后，官僚队伍迅速膨胀，显庆二年（657），"内外文武官一品以下，九品已上，一万三千四百六十五员"，⑥ 到玄宗时期，官员达到"一万八

---

① 《资治通鉴》卷二三八，元和七年八月条，中华书局1956年版，第7693页。
② 李锦绣：《唐代财政史稿》（下卷），北京大学出版社2001年版，第776页。
③ 《元稹集》卷二八《策·才识兼茂明於体用策一道》，中华书局1982年版，第333—334页。
④ 《唐会要》卷九一《内外官料钱上》，中华书局1955年版，第1654—1655页。
⑤ 《通典》卷一九《历代官制总序》，中华书局1988年版，第87页。
⑥ 《旧唐书》卷八一《刘祥道传》，中华书局1975年版，第2751页。

千八百五员。其中内官二千六百二十一,外郡县官一万六千一百八十五。"隋代盛时的官员数量仅为一万二千五百七十六员,① 唐代官员数量比隋代增长了50%。甚至到了元和年间,文武官吏及食禄者达到了三十六万八千六百六十八人的一个新的顶点,② 如果以当时全国的纳税户一百四十四万来计算的话,③ 平均是每七户供奉两个官员。由于官员队伍的迅速膨胀,官俸支出庞大,国家财政出现困难。为了缓解国家财政紧张的状况,统治者只好在农民的赋税问题上打主意,开始设立许多新的税目。先是作为社会公益性"以备凶年"的义仓,逐渐变成了农民必须缴纳的赋税,并且统治者可以随意挪用,"高宗、武后数十年间,义仓不许杂用。其后公私窘迫,贷义仓支用,自中宗神龙之后,天下义仓,费用向尽";④ 其次是杂税的订立。武周晚年开始有了关于征收户税的记载,《旧唐书》卷四三《职官志》比部郎中员外郎条载:"凡税天下户钱,以充州县官月料,皆分公廨本钱之利",玄宗时期将户税征收纳入正轨,开元十年(722),"复税户以给百官"。⑤ 青苗钱的征收也是为了解决官员的俸禄问题,《资治通鉴》卷二二三载:"税天下青苗钱,以给百官俸。"⑥ 安史之乱后,官民比例更为悬殊,杜佑认为兵革之后,出租赋者减耗严重,而食租赋者仍旧,"如一州无三数千户,置五六十官员,十羊九牧,疲吏烦众"。⑦ 在这种情况下,农民所负担税额自然是增加了。

二 国家与农民之间恶性循环关系的表现形式

国家统治成本增加常常导致国家财政吃紧,进而影响到国家日常财政的运转,影响到官员俸禄发放、军费使用和及时处理重大事件的能力。为了维持国家财政体系的正常运转,国家势必要把这些财政赤字用赋税的形式转嫁到农民身上。农民在产出基本稳定的情况下,额外承担新增赋税,

---

① 《通典》卷一九《职官一》,中华书局1988年版,第481页。
② 《通典》卷四〇《职官二十二》,中华书局1988年版,第1106页。
③ 《旧唐书》卷四〇《宪宗纪上》,中华书局1975年版,第424页。
④ 《通典》卷十二《轻重》,中华书局1988年版,第291页。
⑤ 《新唐书》卷五五《食货五》,中华书局1975年版,第1398页。
⑥ 《资治通鉴》卷二二三,广德二年七月,中华书局1956年版,第7165页。
⑦ 《通典》卷四〇《职官二十二》,中华书局1988年版,第1108页。

常常超出了所能承受的范围。当新增赋税超出了承受能力后，二者的关系将进入一个恶性循环的怪圈之中，表现形式常常以农民对国家的隐形对抗和显性对抗两种方式表现出来。

农民对国家的隐形对抗主要表现为脱离国家版籍控制，不再承担国家的赋税和徭役。在唐初，农民所缴纳的租庸调是一种在均田制下按人丁征课的赋税制度，这种征课方法是以授田为基础，以把人丁固定在土地上为前提的。但是，到高宗、武则天时期就出现了大批无田和少田的农民，农民为了逃脱赋税，纷纷脱籍，成为逃户。武则天时期逃户避役的人群大增，当时，陈子昂在《上蜀州安危事》的疏中云："今诸州逃户有三万余，在蓬、渠、果、合、遂等州山林之中，不属州县。"① 韦嗣立也说："今天下户口，亡逃过半。"② 李峤也曾上表指出："今天下之人，流散非一。……而越关继踵，背府相寻。"③ 中国历代农民的乡土观念强，在正常情况下很少愿意远离故土而背井离乡，正如白居易笔下的朱陈村的村民一样"家家守村业，头白不出门"。农民脱籍的现象体现了农民不堪忍受赋税的重压，用脱籍的形式寻求出路，客观上形成了与国家之间的隐性对抗。到玄宗时期，农民逃亡的现象更甚，为此唐政府专门派劝农使宇文融等进行检括逃户，"诸道括得客户凡八十余万"④。安史之乱后，"科敛之名凡数百，废者不削、重者不去，新旧仍积，不知其涯。百姓受命而供之，旬输月送，无有休息"，处于战乱之后的农民不堪忍受，纷纷大量逃亡。广德二年（764），唐王朝所掌辖的有二百九十三万户，几年之后，大历中，仅有一百二三十万户。⑤ 在舒州，独孤及为刺史，"据保簿敛，百姓并浮寄户共有三万三千，比来应差科者唯有三千五百，其余二万九千五百户，蚕而衣，耕而食，不持一钱以助王赋……每岁三十一万贯之税，悉踵于三千五百人之家"⑥，可见当时舒州的逃户所占比例极大。

---

① 《全唐文》卷二一一《上蜀州安危事三条》，中华书局1983年版，第2133页。
② 《旧唐书》卷八八《韦思谦传附韦嗣立传》，中华书局1975年版，第2867页。
③ 《唐会要》卷八五《逃户》，中华书局1955年版，第1560—1561页。
④ 同上书，第1563页。
⑤ 《通典》卷七《丁中》，中华书局1988年版，第157页；广德二年户口数，见《资治通鉴》卷二二三，第7171页。
⑥ 《全唐文》卷三八六《答杨贲处士书》，中华书局1987年版，第3929页。

第三章 唐代农民与国家之间的经济关系

实施两税法后，农民的负担并没有实际上减轻多少，反而由于赋外有赋、税上加税，农民承受着更大的压力，隐性的对抗更为剧烈。建中以后，赋敛屡加，新的逃户不断增加。① 贞元十三年（796）即两税法推行十六年之后，德宗皇帝也不得不承认农民用逃户形式对抗的现实，谓宰臣曰："百姓有业则怀土，失业则去乡，彼客户者，咸以遭罹苛暴，变成疮痍之人。"② 而地方的腐败吏治也加重了农民对政府的离心力。德宗贞元二十年（804），关中大旱，但京兆尹李实却"为政猛暴，方务聚敛进奉，以固恩顾"，正赋杂税如数征收，毫不赦免。人穷无告，乃彻屋瓦木，卖麦苗以供赋敛。当时，有个叫成辅端的优人写了一首打油诗讥讽此事，诗曰："秦地城池二百年，何期如此贱田园。一顷麦苗伍石米，三间堂屋二千钱。"③ 至是，农民的逃亡更是空前严重起来，"是以十天下之人，九为游食"。④ 宣宗皇帝对此也深表忧虑，认为"江淮数道……流亡转徙，十室九空"，⑤ 这样下去，必将对唐王朝的稳定造成隐患。

至于农民与国家之间显性的对抗形式主要是抗捐、抗税乃至武装起义。早在文宗大和年间（827—835），刘蕡已敏锐地感受到存在的社会危机，特别是农民群体对政府的对抗趋势，指出："今四海困穷，处处流散。饥者不得食，寒者不得衣……百姓无所归命，官乱人贫，盗贼并起。瓦崩之势，忧在旦夕。即不幸因之以师旅，继之以凶荒，臣以谓陈胜、吴广不独生于秦，赤眉、黄巾不独生于汉也。"⑥ 此后的时局不幸被其言中，裘甫领导的浙东农民起义、庞勋领导的徐泗农民起义以及黄巢等领导的唐末农民大起义，最终瓦解了唐朝的政权，使国家与农民的关系用最极端的方式体现出来。对这一领域的研究，学者们已多有撰述⑦，不再

---

① 《通典》卷七《丁中》云：建中以后，"仍属多故，兵戈荐兴，浮冗之辈，今则众矣。"中华书局1988年版，第158页。
② 《唐会要》卷八五《逃户》，中华书局1955年版，第1566页。
③ 《旧唐书》卷一三五《李实传》，中华书局1975年版，第3731页。
④ 《全唐文》卷六五二《对才识兼茂明于体用策》，中华书局1983年版，第6626页。
⑤ 《全唐文》卷八一《赈恤江淮百姓德音》，中华书局1983年版，第852页。
⑥ 《全唐文》卷七四六《对贤良方正直言极谏策》，中华书局1983年版，第7722页。
⑦ 见韩国磐《隋唐五代史》，《隋唐五代史论集》，生活·读书·新知三联书店1979年版，第356—389页；翦伯赞《中国史纲要》，人民出版社1995年版，第419—424页。

赘言。

小　结

　　在自然灾害面前，农民经济是脆弱的。如何保护和发展农民经济，是每个朝代都需认真面对的问题。当然，对于国家与农民之间良性互动关系的社会性质也不能估计过高。毕竟农民是国家赋税的主体，在以农立国的唐代，农民经济和国家经济是同兴共衰的关系，统治者在关注农民利益的同时，也是以自己的利益为出发点的。

　　唐太宗对朝臣所说的话语可谓寓意深刻，贞观四年（630），太宗对公卿大臣说："朕终日孜孜，非但忧怜百姓，亦欲使卿等长守富贵。"太宗的话可算肺腑之言，孜孜施政的目的不仅可以使农民安居乐业，而且自己可以"长守富贵"。如果不能兢兢业业地做好国计民生的事情，就会遭受天谴人怨的，"天非不高，地非不厚，朕常兢兢业业，以畏天地。卿等若能小心奉法，常如朕畏天地，非但百姓安宁，自身常得骧乐。古人云：'贤者多财损其志，愚者多财生其过。'此言可为深诫。若徇私贪浊，非止坏公法，损百姓，纵事未发闻，中心岂不常惧？恐惧既多，亦有因而致死"。[①] 太宗道出了统治者的真实感受，由此，也可以看出统治者和农民阶层的利益具有一致性。正如霍布斯所言："他们虽然留意谋求公共福利，但他会同样或更多地留意谋求他自己以及他的家属和亲友的私人利益。在大多数的情况下，当公私利益冲突的时候，他就会先顾及个人的利益，因为在大多数的情况下，人们的感情力量一般来说比理智更为强大。从这一点就可以得出一个结论说：公私利益结合得最紧密的地方，公共利益所得到的推进也最大。在君主国家中，私人利益和公共利益是同一回事。君主财富、权力和尊荣只可能来自人民的财富、权力和荣誉。"[②]

　　因此，统治者如要自己常富贵，必先认识治国之道。早在春秋时期，齐相管仲就提出了"治国之道，必先富民"，理由是，"民富则易治也，

[①]　《贞观政要》卷六《贪鄙第二十六》，上海古籍出版社1978年版，第211页。
[②]　[英] 霍布斯：《利维坦》，黎思复、黎延弼译，商务印书馆1985年版，第144页。

民穷则难治也"。① 就是说，统治者对于民富与治国之间的关系认识是很清醒的，对其内在的联系也早有认识。

　　唐代统治者是怎么体现"私人利益和公共利益是同一回事"呢？有两则史料很有意义：第一则是关于太宗时期授田不足的问题，这就是"（贞观）十八年（643）二月己酉，幸灵口，村落逼侧，问其受田丁三十亩"，史家通常认为这则史料是用来反映唐初授田不足，甚至认为均田制徒有其名的，确实，从这则材料看，授田不足的现象是存在的。但是，太宗如何处理授田不足的问题却被常常忽视甚至是故意避而不谈。《册府元龟》记：太宗"遂夜分而寝，忧其不给，诏雍州录尤少田者并给复，移之於宽乡……并以义仓赈给之"。② 这就是说，太宗对雍州地区农民受田不足的状况感到非常意外和震惊，竟然达到了半夜才睡的程度，而且随后下诏蠲免其受田不足地区的赋税，并将这些农民迁移到宽乡受田，可见太宗对此事的重视程度，说明统治者对于涉及农民养生、致富的土地问题，是非常警觉和重视的。另外一条史料是德宗时期的，贞元三年（787）十二月，德宗皇帝到新店打猎，到农民赵光奇家，问："百姓乐乎？"对曰："不乐。"上曰："今岁颇稔，何为不乐？"对曰："诏令不信。前云两税之外悉无它徭，今非税而诛求者殆过于税。后又云和籴，而实强取之，曾不识一钱。始云所籴粟麦纳于道次，今则遣致京西行营，动数百里，车摧牛毙，破产不能支。愁苦如此，何乐之有！"③ 大多数史家对这条资料的解读，都是认为两税法没有起到减轻农民负担的作用，而恰恰是加重了对农民剥夺的见证，是德宗皇帝贪财好利的后果。而司马光对此史料的认识就有了进一步的意义，认为这件事情反映了皇命不能贯彻的悲哀，出现了"人君之泽壅而不下达，小民之情郁而不上通；故君勤恤于上而民不怀，民愁怨于下而君不知"④ 的困境，两税法的加税常常是因为地方官吏的违反规定引起，而作为皇帝常常难以控制。德宗皇帝随后的行为也体现了统治者对此类事件的反思和重视。首先他对赵光奇的回答也颇感意外，当即

---

① 黎翔凤：《管子校注》卷一五《治国第四十八》，中华书局2004年版，第924页。
② 《册府元龟》卷一〇五《帝王部·惠民》，中华书局1960年版，第1257页。
③ 《资治通鉴》卷二三三，"贞元三年十二月"，中华书局1956年版，第7508页。
④ 《资治通鉴》卷二三三，德宗贞元三年"臣光曰"，中华书局1956年版，第7508页。

决定"命复其家",而且在丹凤楼下罪己诏,希望能引以为戒,"朕以菲薄,托于王公之上,恭承天地之序,虔奉祖宗之训,遐想至理,思臻大和。而诚不感物,化不柔远,声教犹郁,征赋仍繁……元元何辜,皆朕之失。乃者辇毂之下,凶狂结构,上帝垂祐,悉自伏诛,刑以止杀,谅非获已。今三阳布和,万物资始,思与群公兆庶,惟新政理",希望以此为契机,"宜敷在宥之泽,以覃作解之恩"。[①] 德宗的决心不可谓不大,但由于刚刚稳定李希烈的叛乱,加之吐蕃再次犯边,唐政府不得不重开战事,由于军费开支巨大,而使国家财政负担沉重,德宗皇帝确实是无暇顾及了。

以唐代国家与农民的关系看,既不能一味地认为中国古代国家与农民之间是简单的压迫和剥削的关系,也不能认为一概是和谐的状态。客观地说,国家政治相对清明、对农民合理地税收时,是二者之间良性互动的时期,如唐初,均田制保障了农民稳定的家庭收入,而且农民家庭承担合理的租庸调税收,由此保持了 20% 的剩余率,"民富则国强",开、天之际的强盛和农民的富足是良性互动的;而一旦国家税收超出了农民的承受能力,就会出现恶性循环的结果。安史之乱后,国家为了应付战局,统治成本增加,大量征税。一边是纳税人数量不断减少,另一边是税收不断增加,由此导致了肃宗、代宗时期国家艰难的财政收支局面。政府由此进行了税收制度改革,两税法的征税体制使农民的税收负担在一定时期中得到了改善,但由于唐代后期战事频繁,政府向农民经常加税征收,并用"摊逃"等方式保证税收总量,又导致了农民不断逃亡的恶性循环的结果。其中唐代统治者也进行改进,收到了一定的效果,出现了一系列阶段性良性互动的时期,如宪宗、文宗等时代,但没有改变唐代后期双边关系整体恶性循环的状况。

---

① 《旧唐书》卷一三《德宗纪》,中华书局 1975 年版,第 363 页。

第 四 章

均田制下农民家庭的经济状况

唐代是我国古代社会发展的高峰时期,贞观至开元年间的盛世局面一直为后世所称颂。那么,唐代盛世局面出现的原因是什么呢?在传统农业社会的唐代,其国家经济强盛的首要基础是发达农业的生产及丰富的农产品供给。因此,把农民家庭经济的良好运转作为前提从而保证了农民具有较高的家庭产出能力。农民阶层不仅经济状况得到了空前的改善,还成为了一个相对富裕的阶层。否则,很难想象在一个农民普遍贫弱的国家里,还能出现一个富强、繁荣、持久的唐帝国。而即使到了安史之乱后的唐代中后期,唐代的生活状况仍被世人所称道,曾在中国居留了十年(838—847)的日本和尚圆宁(仁),在他的日记中描述了当时的唐代社会后期的繁荣富庶状况:"其富庶安定、百官的恪奉职守和朝廷的大一统权威,在当时世界上都是罕逢其匹的。"[1] 因此,唐代社会的富足和农民家庭经济的良好运转是相辅相成的。

第一节 均田制对农民生产的影响

在过去一个相当长的时期内,学界关于农业生产及社会发展的动力问题有过种种看法,而阶级斗争说最为盛行。公允地说,农民的反抗斗争会对统治者的腐败现象进行打击,并对土地的产权集中现象产生一定的冲击,在这种情况下,有助于提高农民阶层的经济、社会地位,使原已集中的地权趋向分散,从而发展农民小土地所有制。但是,从中国经济史发展

---

[1] [美] 费正清:《中国:传统与变迁》,张沛译,世界知识出版社2002年版,第139页。

的过程来看，直接促进社会经济发展的，应该是广大农民生产积极性的充分发挥。农业是社会的基础，只有农业发展了，才能促进手工业的发展，农业和手工业发展了，才能刺激商品生产和交换的发展，从而提高整个社会的经济水平。远者暂且不论，20世纪70年代末联产承包责任制的实施，如何使得农民在同样的土地数量和同样的劳力基础上，创造了成倍增加的产出？归根结底，是其劳动积极性的充分发挥和责任意识的增强，从而在单位土地上追求着产出的最大化。

农民的劳动积极性从哪里来？休谟认为，"在人的一切情感中，满足情绪是每个人努力的目标，而谦卑情绪则是被厌弃的，而最容易让人产生满足情感的乃是拥有财产关系中的财产权"，那么什么是财产权呢？休谟认为，财产权就是"在不违犯正义的法则和道德的公平范围以内，允许一个人自由使用并占有一个物品，并禁止其他任何人这样使用和占有这个物品的那样一种人和物的关系"。① 在农民看来，最为重要的财产权莫过于拥有一块土地，过上"三十亩地一头牛，老婆孩子热炕头"的传统生活，只有这样，才能拥有"满足"的情绪，才能使其不遗余力地去追求土地的最大化产出和家庭的最大化收入。对于农民的这种心理状态，很多有识之士早有认识。早在战国时期，孟子就认为有恒产者有恒心，让民有"五亩之宅，树之以桑，五十者可以衣帛矣。鸡豚狗彘之畜，无失其时，七十者可以食肉矣。百亩之田，勿夺其时，八口之家可以无饥矣"。② 只有让农民拥有一块土地，他们才会安心在自己的土地上进行投入，发挥生产积极性，从而促进社会发展。

唐代的均田制从制度上保障了这一点，并且将北魏以来的制度进一步完善，使土地分配制度更为公平和利民，极大地提高了农民生产的积极性。北魏开始的均田制，是在农民流散和豪强兼并的背景下开始实行的，"时民困饥流散，豪右多有占夺"，目的是"盖欲使土不旷功，民罔游力。雄擅之家，不独膏腴之美；单陋之夫，亦有顷亩之分。所以恤彼贫微，抑兹贪欲，同富约之不均，一齐民于编户。……今虽桑井难复，宜更均量，

---

① ［英］休谟：《人性论》，关文运译，商务印书馆1996年版，第345页。
② 焦循：《孟子正义》卷二《梁惠王上》，中华书局1987年版，第55—58页。

审其径术，令分艺有准，力业相称，细民获资生之利，豪右靡余地之盈①"。经过北魏、北齐以及隋朝的不断发展，唐代的均田制度更趋完善，其内容如下②：

> 凡天下之田，五尺为步，二百有四十步为亩，亩百为顷。度其肥瘠宽狭，以居其人。凡给田之制有差：丁男、中男以一顷；老男、笃疾、废疾以四十亩；寡妻妾以三十亩，若为户者则减丁之半。凡田分为二等：一曰永业，一曰口分。丁之田二为永业，八为口分。凡道士给田三十亩，女冠二十亩；僧、尼亦如之。凡官户受田减百姓口分之半。凡天下百姓给园宅地者，良口三人一下给一亩，三口加一亩；贱口五人给一亩，五口加一亩，其口分、永业不与焉。凡给口分田皆从便近；居城之人本县无田者，则隔县给授。凡应收授之田皆起十月，毕十二月。凡授田先课后不课，先贫后富，先无后少。凡州、县界内所部受田悉足者为宽乡，不足者为狭乡。

与北魏、北齐以及隋代的均田制相比，唐代的均田制中有关耕牛和奴婢受田的规定有了很大的变化。

表4—1　　　　　　　　均田制下奴婢、耕牛的受田情况

朝代	奴婢	耕牛
北魏	人数不限，受田数与农民同	一头受田30亩，限4牛
北齐	限60—300人，受田数与农民同	一头受田60亩，限4牛
北周	未有明文规定	未有明文规定
隋代	限60—300人，受田数与农民同	一头受田60亩，限4牛
唐代	不受田	不受田

首先，唐代均田制对官户以外的一般奴婢、部曲及耕牛不再授田，抑制了豪强、贵族及官僚对土地的大量占有，打击了门阀、豪强势力，保护

---

① 《魏书》卷五三《李孝伯附安世传》，第1176页。
② 《唐六典》卷三《户部尚书》，中华书局1992年版，第74—75页。

了农民利益,并相应地分配了土地和均衡了赋役负担,从而有利于发挥个体农民和中小地主生产和经营的积极性。其次,从唐代均田制的内容可以看出,政府首先按照劳动能力对丁男和鳏寡孤独之类的家庭进行了分类,并授予相应的土地,以尽地力之效。这和孟子、荀子等所提出的有关农民理想生活的精神实质是一致的,即:"五亩宅,百亩田"足以养活自耕农民,使之过上安居乐业的生活,这种劳动力和土地的结合状态也是广大农民的理想生活方式。均田制注重社会保障,对鳏寡孤独者进行授田,体现了传统社会"使老有所终""幼有所长,鳏寡孤独废疾者皆有所养"[1] 的思想。这一授田措施,能够调动各阶层的劳动积极性,保障农村社会稳定,最大限度地发挥人力与地力相结合的功效。同时,由于农民经济的自主性和流动性开始加强,唐代均田制也适应着不断变化的社会形式,开始更大程度地允许土地买卖,《通典》载:

> 诸庶人有身死家贫无以供葬者,听卖永业田,即流移者亦如之。乐迁就宽乡者,并听卖口分(卖充住宅、邸店、碾硙者,虽非乐迁,亦听私卖)。诸买地者,不得过本制,虽居狭乡亦听依宽制。其卖者不得更请。凡卖买,皆须经所部官司申牒,年终彼此除附。若无文牒辄卖买,财没不追,地还本主。[2]

以上是农民在均田制规定下所能拥有的土地资源。那么,农民要对国家承担什么义务呢?也就是说,农民在得到国家契约保护的同时,还要为这契约付出多少租金呢?只有通过权利和义务之间关系的对比,才能发现农民的"得到"与"付出"之间的比例,从而分析这种比例对农民生产积极性的影响。

从唐代赋税制度看,农民在均田制下的"租金"付出主要是承担租庸调的赋役规定的有关内容:

> 凡赋役之制有四:一曰租,二曰调,三曰杂徭。课户每丁租粟二

---

[1] 朱彬:《礼记训纂·礼运篇》,中华书局1966年版,第330—331页。
[2] 《通典》卷二《田制下》,中华书局1988年版,第31页。

石；其调随乡土所产绫、绢、𬘓各二丈，布加五分之一，输绫、绢、𬘓者绵三两，输布者麻三斤，皆书印焉。凡丁岁役两旬，无事则收其庸，每日三尺，有事而加役者，旬有五日免其调，三旬则租、调俱免。……凡水、旱、虫、霜为灾害，则有分数：十分损四以上，免租；损六以上，免租、调；损七以上，课、役俱免。①

从农民的赋役负担量看来，如果丁男受田百亩足额的话，即使是亩产一石粟，那么每丁租粟二石的租量是非常轻的，比汉初的三十税一的税率还要轻；而且农民可以纳庸代役，这样的赋税制度规定给了农民更多自由的生产时间，可以使农民按照农时安心生产、不误农作，降低了农民在国家劳役上的依附程度。此外，自然灾害对农民所造成的损失也从赋税中给予蠲免，体现了政府对农民的救助，有利于维系小农经济的正常运转。因此如果仅从租庸调的赋役制度规定看，唐代农民的负担量并不算多。

唐初以唐太宗为代表的统治者，对农民生产积极性与社会发展的关系也有着清醒的认识，太宗认为"自古以来，国之兴亡不由蓄积多少，唯在百姓苦乐"，②只有百姓乐于生产，才能保持社会稳定和发展。由于统治者对农业生产的重视以及为之实施了有效的政策，唐初社会迅速从隋末战乱中得到稳定，"贞观之初，频年霜旱，畿内户口并就关外，携负老幼，来往数年，曾无一户逃亡，一人怨苦"。③

此外，唐代均田制中关于狭乡和宽乡的规定，也是激发农民生产积极性的重要原因之一。唐律规定："凡州县界内所部，受田悉足者为宽乡，不足者为狭乡"④，"狭乡授田，减宽乡之半"。⑤唐代宽、狭乡政策的基本精神，在于对宽乡实行优奖，对狭乡加以限制，而其重点又在前者。这点，后人看得也较为清楚，元朝人朱礼在其《汉唐事笺》中指出："唐之法，狭乡授田减宽乡之半，而狭乡工商不给，所以优宽乡也。徙乡者得卖世业，而自狭徙宽者得并卖口分，亦以优宽乡也。四方降户与奴婢之纵为

---

① 《唐六典》卷三《户部尚书》，中华书局1992年版，第75—77页。
② 《贞观政要》卷六《奢纵第二十五》，上海古籍出版社1978年版，第209页。
③ 《贞观政要》卷一〇《慎终第四十》，上海古籍出版社1978年版，第300页。
④ 《唐六典》卷三《户部尚书》，中华书局，1992年版，第75页。
⑤ 《新唐书》卷五一《食货志》，中华书局1975年版，第1342页。

良者，皆以附宽乡。狭乡不许耕占过限，宽乡则弛其禁，亦以优宽乡也。"① 限制狭乡，优待宽乡，不仅可以减少狭乡人多地少而引起的供求矛盾，更重要的是，可以促使更多的农民去宽乡开垦荒地，扩大耕地面积，促进边远及荒芜地区的开垦，有利于地区经济均衡发展。唐初的统治者对此认识相当深刻，就是鼓励农民到宽乡受田，尽量避免在狭乡中受田不足，《唐律疏议》在解释律文"宽闲之处（占田过限）者不坐"时说："若占于宽闲之处不坐，谓计口受足以外仍有剩田，务从垦辟，庶尽地利，故所占虽多，律不与罪。"② 这里的"务从垦辟，庶尽地利"，应该说不仅是放宽占田规定的出发点，也是其他优奖宽乡规定所追求的目标。由此可以认为，唐朝授田区别宽狭乡，是一项通过优奖办法来吸引人们开垦荒地、发展生产的土地政策。到开元、天宝年间，出现"四海之内，高山绝壑，耒耜亦满"的情况，与这项政策的实施是有关系的。

总之，均田制在政策上保障农民拥有了一定数量的土地，极大地提高了农民的生产积极性，保障了唐初社会的稳定和发展。而取消奴隶、耕牛、已婚女子的单独授田等规定是历史发展的需要，体现了对社会劳动力的尊重，有利于推动以一夫一妻制的男耕女织为基础的农民经济的发展，从而奠定了唐代富裕、强盛的基础。

第二节　均田制下农民的受田情况

土地是农民最为重视的生存资源。从战国时期农民为获得土地而在战场上拼杀，到各种职业人等"以末致财、以本守之"思想的根深蒂固，广大农民无不是始于斯、终于斯。从国家的层面看，只有让农民和土地结合，才能保证广大农民群体稳定和农业生产发展。围绕如何解决土地问题，统治者和各级管理阶层提出了大量的方案。他们殚精竭虑，力图从根本上解决这一涉及农民切身利益的问题，保持传统的小农家庭生产，从而维持社会稳定和国家长治久安。在这些方案中，有三代的"井田"，董仲舒的"限田"，王莽的"王田"，西晋的"占田"，以及北魏开始的"均

---

① 《汉唐事笺·后集》卷六《宽狭乡》，粤雅堂丛书本。
② 《唐律疏议》卷第一三《户婚律》，法律出版社1999年版，第266页。

田"。唐中叶到宋以后的时代,尽管也不时出现了一些解决土地问题的方案,但大都是前几种方案的轮回和重复。在上述几种解决土地问题的方案中,唯有"均田"自北魏开始实行后,就影响着以后的社会历史并在唐代达到了顶点,其授田对象、授田方式、授田法律保障等各方面都达到了相对完善的程度。对于农民来讲,能从政府手中得到土地保障,就能确保日常家给人足,维持再生产,是实实在在的实惠。均田制能具有如此长时间的生命力,就在于得到了农民的拥护。

一　农民受田的数量

均田制下每户农民到底拥有多少土地?对于农民受田的数额问题,史学界分歧较大。[①] 根据唐代的土地法令和敦煌、西州地区受田的情况看,均田制不仅实行过,而且政府及其地方官吏也认真贯彻均田制的授田精神进行授田。但是,由于政府所控制的荒田数量有限,而且时代不同,国家掌握的荒地数量也不同,从而使农民的授田数量也存在差别。不过,从唐代总体看,对于每户农民能否受足均田土地,不应估计过高。

对于唐代前期农民的受田数量可以用三种方法来测算。首先,可根据史料中农民占有垦田数量的实际情况加以推测。唐代授田分为宽乡和狭乡,唐律规定:"凡州县界内所部,受田悉足者为宽乡,不足者为狭乡"[②],"狭

[①] 对于均田制是否实行的问题,主要有两种观点,一种观点认为唐代确实实行了均田制,而且较为普遍。韩国磐先生认为:唐代用以均田的土地,主要是官田荒地,所以由于土地有限,农民普遍受田不足。但是,各户受田虽然千差万别,不过永业田基本上都能得到满足,见韩国磐《北朝隋唐的均田制度》,上海人民出版社1984年版,第213页;唐长孺先生认为均田制实行的前提是政府掌握大量的抛荒土地,而唐代初期具备了这种条件,但南方地区是否实行了均田制还存在疑问,见《魏晋南北朝隋唐史三论》,第261—263页;另外一种观点认为,唐代的均田制是一种限田制,至于农民是否得到土地,和政府法令是脱节的。日本部分学者以敦煌文书中户籍上关于均田农民的田土已受率千差万别的记载为根据,否定均田的"还受否定论",以日本铃木俊先生为代表,从研究唐代户籍入手,提出唐代户籍上登记的不过就是人户的私田,唐代均田制不是分配土地的制度,也不存在土地还受问题。但是,这种结论的论据缺乏说服力,还把"一夫百亩"的唐代户籍格式的规定内容解释为"限田"规定,提出"均田制就是限田制",见铃木俊《敦煌发现之唐代户籍与均田制》,载《史学杂志》47—7,1936年;还有学者认为,均田制根本就没有实行过,后人不了解"品式"制度,治史者把北魏以"均田"名义制定的"户籍样"误解为国家向农民分配荒地的法令,提出了"均田制"的说法,严重曲解了历史的真实情况,见张尚谦:《何物"均田制"》,载《云南师范大学学报》2005年第3期。

[②] 《唐六典》卷三《户部尚书》,中华书局1992年版,第75页。

乡授田，减宽乡之半"。① 梁方仲先生认为唐代口分田、永业田很少给足，所以唐代所授的口分田，是以"狭乡减半"为常，② 宁可先生也认为50亩地为狭乡授田足额的数字，也应是宽乡授田普遍可行的数字。③ 不过，在唐代社会初期，受田不足30亩应该是少见的现象，如贞观年间，唐太宗"幸灵口，村落偪侧。问其受田，丁三十亩。……诏庸州录尤少者，并给复，移之宽乡"。④ 就是说，在唐初丁30亩是不正常的，应该是户均土地多于30亩，所以才有"给复"及"移之宽乡"的处理措施。但到唐高宗时，由于人口增长，均田的数量开始下降，员半千上书陈情，言其出身清贫时说："臣家赀不满千钱，有田三十亩，粟五十石。"⑤ 员半千少时客居晋州，属于狭乡，丁三十亩的现象并不少见。当然，到武则天时期均田数量减少更甚，狄仁杰认为："彭泽地狭，山峻无田，百姓所营之田，一户不过十亩、五亩。"⑥ 宽乡地区的土地相对宽松，到玄宗时期，宣州刺史裴耀卿在上书中提出："其浮户请任其亲戚乡里相就，每十户以上，共作一坊……丁别量给五十亩已上为私田，任其自营种，率其户于近坊，更供给一顷，以为公田，共令营种⑦。"浮户都是从狭乡逃往宽乡，宣州为浮户较多的地区，当为宽乡，裴耀卿提出的"丁别量给五十亩已上为私田"反映了宽乡授田的可行程度。从唐代前期的史料中可以看出唐代农民的户均土地量，大体可以定位在30~50亩。

其次，可以寻求人口和土地总量进行均平计算。通过对天宝年间土地和户口的计算，可大体计算出当时的户均土地数量。先看唐代天宝年间土地的总量，《通典》卷六《食货典·赋税下》载天宝记账为："其地税约得千二百四十余万石"，这个估计是否准确呢？汪篯先生认为，杜佑的这一估计，"虽不十分精确，但与实际情况不致相差太远"。⑧ 虽然杜佑的估

---

① 《新唐书》卷五一《食货志》，中华书局1975年版，第1342页。
② 梁方仲：《中国历代户口、田地、田赋统计》，第480页。
③ 宁可：《中国经济发展史》，中国经济出版社1999年版，第715页。
④ 《册府元龟》卷一〇五《帝王部·惠民》，中华书局1960年版，第1257页。
⑤ 《新唐书》卷一一二《员半千传》，中华书局1975年版，第4161页。
⑥ 《全唐文》卷一六九《乞免民租疏》，第1728页；《新唐书》卷一一五《狄仁杰传》，第4210页。
⑦ 《唐会要》卷八五《逃户》，中华书局1955年版，第1563页。
⑧ 唐长孺等编：《汪篯隋唐史论稿》，中国社会科学出版社1981年版，第69页。

计以汉测唐，汉代每户垦田不过 70 亩，杜佑也以此为准。地税为 1240 万石，每亩收税 2 升，则有耕地 620 万顷。汪篯先生经过翔实的测算后，则认为唐代的垦田数量要多于 620 万顷，当在 800 万顷到 850 万顷。汪篯先生的研究，也得到了许多学者的认可。综上所述，唐代垦田数是在 620 万顷至 850 万顷之间，当不为虚。

预测出唐代天宝年间土地的大体数量，就应该计算该时段农民的数量情况了。考察天宝时期的户口问题，就不能忽视逃户问题，杜佑认为逃户的数量相当大，"我国家自武德初至天宝末，凡百三十八年，可以比崇汉室，而人口才比于隋氏。盖有司不以经国驭远为意，法令不行，所在隐露之甚也"，就其具体隐漏的数量，杜佑认为"若比量汉时，实合有加数，约计天下人户，少犹可有千三四百万矣"。[1] 从杜佑的分析可以推测，天宝末有实际人口 1400 万户，据唐史所记载的人口资料可以看到天宝年间的隐漏人口有近 500 万户之多。如果用天宝末年的实际耕地 620～850 万顷除以 1400 万户，那么户均有田 44—60 亩。但是，由于地税是普遍税，自王公以下都要缴纳。在均田制下土地占有是不均的，贵族、官僚等不仅可以得到大量的赐田，而且均田制本身对各级官吏授田的名目繁多、数量也很大，凡有爵位、勋功及官职者，即授予数量不等的永业田，高的达 100 顷，最低也有两顷，京城内外职事官可授数量不等的职分田作为俸禄，公廨田作为办公费用，因此农民群体的户均受田量不可能超过每户 44～60 亩的标准，而是应该低于这个标准或处于这个范围的下层。

最后，还可以用敦煌的资料来进行分析。敦煌农民受田的资料数据翔实，时代明确，而且也可以对数据进行量化分析，从而得出相对客观的土地数量信息。根据《敦煌社会经济文献真迹释录》中《籍帐》部分收录的文书中有关于农民受田数量的明确记载，可以以此作为农民受田的主要数据根据进行分析。《籍帐》部分共录有十五份文书，其中唐代文书十三份，分别是唐初到代宗大历年间的资料，其中能断定是农民身份的共有三

---

[1]《通典》卷七《历代盛衰人口》，中华书局 1988 年版，第 153 页。

十四户,[①] 经整理后,其受田情况如表4—2所示。

表4—2 均田制下农民受田的情况 单位：亩

文书号	年代	姓名	应受田	实受田	永业田	口分田	宅园田	未受田
斯6343	7世纪后期		101	32	20	12		69
伯3557	701	邯寿寿	131	44	20	23	1	87
伯2822	701	缺	101	36	20	16		65
伯3877	716	缺	151	37	20	16	1	114
伯3877	716	杨法子	131	15	14		1	116
伯3877	716	母王（寡）	51	26	20	6		25
伯3877	716	董思勗	131	28	20	8		103
伯3877	716	杨法子	101	39	20	19		62
伯3877	716	余善意	161	28	20	7	1	123
伯3877	716	杜客生	201	40	39	0	1	161
伯3899	722	郭玄昉	201	20	20	0		181
伯3877	722	赵玄义	52	11	11	0		41
伯3877	722	汜尚元	51	15	14	0	1	36
伯3877	722	赵玄表	101	25	20	5		76
伯2684	722	王万寿	101？	11	10？	0	1？	90？
伯2684	722	缺	151	50	20	30		101
斯5950	开元年代	缺	102	20	19	0	1	82
дх476	开元年代	缺	101	40	20	17	3	61
伯163	744	张奴奴	82	22	20	0	2	60
伯2592	747	缺	184	40	40	0		144
伯2592	747	郑恩养	234	101	52[1]	47	2	133
伯3354	747	刘智新	163	69	20	47	1	95
伯3354	747	阴承光	262	49	40	7	2	221
伯3354	747	刘感德	51	0	0	0	0	51
伯3354	747	令狐仙尚	51	8	7		1	43
伯3354	747	卑二郎	234	57	50[2]	7		177

---

① 断定的标准有二：首先应是课户或者是鳏寡孤独伤残等的不课户，以农业生产为家庭主要经营方式；其次是没有官吏职务或者军功身份，没有勋田。

续表

文书号	年代	姓名	应受田	实受田	永业田	口分田	宅园田	未受田
斯514	749	赵大本	453	90	89		1	
		张可曾	81	46	20	25	1	
		安大忠	101	33	20	12	1	
		令狐娘子	81	39	20	19		
		索仁亮	332	103	60	43		
		李大娘	59	59	45[3]	13	1	
		樊黑头	101	43	20	22	2	
		唐元钦	151	90	40	50		
户均			139.4	40.2	23.8	13.3		99.2

注：[1] 其中12亩买田。

[2] 其中有10亩勋田，估计是其父曾为卫士时所受。

[3] 其中有买田25亩。

从表4—2中可以看出，在这三十四户农民家庭中，受田的情况是：永业田大都得到了满足，虽然唐政府规定每丁授田百亩，但在授田的过程中，首先保证农民的永业田；口分田从0亩到47亩不等，三十四户农家中没有足额授予的，平均每户受口分田十三亩多，只占应得口分田总量很少的比例，说明唐代对于口分田的应授数量和实授数量差距较大。三十四户农民共受田1366亩，平均每户受田数量是40.17亩，[①] 即唐代前期农民家庭的户均拥有土地量是40亩左右。

由以上分析可知，每户农家受田是40亩，还没有达到国家规定数量的一半。在这样的受田情况下，能否做到"无令人有余力，地有遗利"呢？先看理想中的"井田制"中的人、地比例情况，按照孟子的说法是"方里而井，井九百亩，其中为公田，八家皆私百亩"，八家"同养公田"。[②] 就是说，每户农民分得的私田是百亩，承担的公田劳作量是十二

---

① 韩国磐先生根据敦煌的户籍残卷，统计了索习才、张玄均等45户的受田情况。但是，这45户并非全为农户，有官吏和军官等，因此户均受田数量偏高，这45户共受田2275亩，丁数为65.1丁，每丁受田34.95亩，沙州敦煌县为宽乡，若以户数平均，每户实际受田为50.5亩。见韩国磐《北朝隋唐的均田制度》，第214—215页。

② 焦循：《孟子正义》卷一〇《滕文公上》，第361页。

亩半。按每户农民家庭有两个人具备完全劳动力折算，每人合耕田五六亩。而汉以前的一百亩相当于以后的三十一亩多①，那么这五六亩相当于以后的十七亩多点儿，那么一家的土地数量就是三十五亩左右。汉以后，所谓"力业相称"，大体是以一个农村全劳动力配置二十亩左右土地为准。《汉书》卷六九《赵充国传》记载："愿罢骑兵，留驰刑应募，及淮阳、汝南步兵与吏士私从者，合凡万二百八十一人，用谷月二万七千三百六十三斛……田事出，赋人二十亩。"就是说，一个年轻力壮的士卒所承担的"田事"劳动量也不过才二十亩。三国时期吴国钟离牧的传记中载："少爱居永兴，躬自垦田，种稻二十余亩……率妻子春所取稻得六十斛米。"②钟离牧稻田二十多亩，当是其中的一季田，全家田地该有四十亩左右，因此"尽地力之利"当是"丁二十亩"左右。北魏高祖的诏令认为一夫如果能治田 40 亩、中男治田 20 亩就达到了"人无余力，地有遗利"的目标：

  其敕在所督课农事，有牛者加勤于常岁，无牛者倍庸于余年。一夫治田四十亩，中男二十亩。无令人有余力，地有遗利。③

  从对先秦到北魏时期农民拥田的理想比例可以看出，唐代户均有田 40 亩的情况，与传统的人、地比例相吻合。在这种情况下，达到了人力与地利的最佳结合，有利于农民家庭发挥小生产者的组织优势，从而提高土地利用率。

二 农民受田的地块分布

  在老子的思想里，农民的理想生活状态是土地围绕在村舍周围，人不远涉，村村之间鸡犬相闻，老死不相往来。老子的思想是传统小农社会相对封闭的反映，体现了农民生活和生产相统一的固定居住范围。唐代均田制下的土地分配，最初也是"凡给口分田皆从便近"的原则，农民所受

---

 ① 梁方仲：《中国历代户口、田地、田赋统计》，第 546 页。
 ② 《三国志》卷六〇《吴书·钟离牧传》，中华书局 1959 年版，第 1392 页。
 ③ 《魏书》卷七《高祖纪》，中华书局 1974 年版，第 144 页。

土地和自己的院落相距不远，即使是到 7 世纪后期，土地距离住地较远的也不过是几里之遥。① 随着均田制实施过程中的频繁还授，以及人口增长及其对土地需求的增加，村落附近的土地几乎都被授之一空，村民只好到村落远处受田，土地也突破了地域限制，甚至出现了"隔县给授"的现象。这种授田方式，完全打破了原来村落相对封闭的生活状态，形成了村落之间农民家庭的土地相互交错，甚至异乡授田的情况；同时，土地在长期的还授过程中割裂零碎，向零细化发展。最初的地块常常是以完整的十亩、二十亩作为授田单位，随着多次零星分割，农民家庭所得到的土地开始细碎化发展，而且这些细碎的土地往往分在多处、相距遥远，给日常耕作带来极大不便。在这种情况下，唐代中期农民的经营方式发生了相应的变化。现以敦煌地区的授田土地为例，分析这种变化的过程和趋势。先从北魏以来均田制实施后不同时代的两份农民所受土地的分布情况进行分析。

1. 西魏大统十三年（547）农民侯老生的土地分布情况②：

（上略）

43. 应受田一顷，六十四亩已受，卅六亩未受

46. 一段十亩麻　舍南一步　东至曹匹智拔　西至侯老生　南至撅　北至渠

47. 一段廿亩正　舍西五步　东至麻　西至刘文成　南至元兴北至道

48. 右件二段户主老生分　麻正足

49. 一段五亩麻　舍西卅步　东至老生　西至文成　南至老生北至渠

50. 一段十亩正　舍南一里　东至曹乌地拔　西至文成　南至圻北至老生

51. 右件二段腊二分　麻正足

52. 一段十亩麻　舍西一步　东至舍　西至渠　南至阿各孤　北

---

① 《敦煌社会经济文献真迹释录》（第一辑），书目文献出版社 1986 年版，第 128 页，斯 6342 号文书。

② 同上书，第 114 页，斯 613 号文书。

至曹羊仁

53. 一段八亩正　舍南十步　东至渠　西至丰虎　南史敬香　北至渠

54. 右件二段息阿显分　麻足　正少十二亩

（下略）

2. 武则天大足元年（701）邯寿寿的土地分布情况①：

（上略）

8. 廿亩永业

9. 四十四亩已受　　廿三亩口分

10. 合应受田一顷三十一亩　　　一亩居住园宅

11. 八十七亩未受

12. 一段六亩永业　城东卅里两支渠　东宋孝行　西邯娑　南张善贵　北荒

13. 一段五亩永业　城东卅里两支渠　东刘相　西曹石生　南自西　北荒田

14. 一段五亩永业　城东卅里两支渠　东荒　西自田　南索仲谦　北刘海相

15. 一段五亩四亩永业　一亩口分　城东卅里两支渠　东树生　西屯屯　南索仲谦　北索仲谦

16. 一段二亩口分　城东卅里两支渠　东自田　西场　南渠　北渠

17. 一段一亩口分　城东卅里两支渠　东自田　西自田　南渠　北自田

18. 一段二亩口分　城东卅里两支渠　东索善住　西道　南自田　北道

---

① 《敦煌社会经济文献真迹释录》（第一辑），书目文献出版社1986年版，第130—131页，伯3557号文书。

19. 一段二亩口分　城东卅里两支渠　东自田　西邯文相　南道北菌

20. 一段十五亩口分　城东卅里两支渠　东康才　西宋君才　南渠　北渠

21. 一段一亩居住园宅

（下略）

相比西魏和武周时期这两份授田材料可以看出，两个时代农民的受田状况发生了很大的变化。首先，农民田地的大小发生了变化。西魏侯老生的田地比较完整，基本是以十亩、五亩为单位，最小的一块土地是五亩麻，当然还有一亩居住园宅；武则天时期村民邯寿寿所受之田，基本以一亩、二亩为单位。如果从北魏太和九年（485）开始实行均田制算起，到武则天时期土地还授已经有三百多年的时间；如果从唐高祖时期开始实施均田制时算起，到武则天时期土地还授已经近百年，由此表明土地经过长时间的不断还授和分割，已经向零碎化发展。每家所分之田零散坐落于四方，耕作者终日奔走于距离较远的田块之间，造成人力的巨大浪费。日本的大谷探险队曾在吐鲁番地区寻得大量的唐开元年间的土地文书残卷161件[1]，所给授的田地都是小块地段，最小的地段只有120步，也就是半亩，最大的一段也只有4.4亩。其中大部分的地段是1亩整，次者为2亩，3亩以上的为数很少，似乎表明政府为了便于分配土地，已将所有耕地整齐分割成以1亩或2亩整为标准的单元。[2]

其次，土地与住地之间呈现出越来越远的趋势。侯老生的土地离住家较近，只有几步的距离，最远的也不过是"舍南一里"，体现了均田是以"凡给口分田皆从便近"[3]为原则，因此，日常耕种非常方便。而邯寿寿的均田土地距城竟然有三十里之遥，表明经过长时间的土地还授，附近已经没有可授的土地，只好到远处授田，唐代关于狭乡和宽乡的划分就是这一现象的体现。唐律允许狭乡的农户可以到宽乡受田，并且允许卖掉原来

---

[1] ［日］西嶋定生：《中国经济史研究》，东京大学，1966年，第637—652页。
[2] 同上书，第662页。
[3] 《唐六典》卷三《户部尚书》，中华书局1992年版，第75页。

所受的永业田和口分田，也允许隔乡、隔县甚至隔州受田，"凡田，乡有余以给比乡，县有余以给比县，州有余以给比州"①，《景龙案卷》中就有关于农民异地请田的材料②：

104. 景龙三年十二月　日宁昌人乡人张智礼辞
105. 县司：智礼欠口分常田四亩，部田六亩，未□
106. 给授。然智礼寄住南城，请勘责［　］
107. 于天山县宽□(乡)请授。谨此。
108. 付　司　□　□　□

张智礼为宁昌县人，却请"于天山县宽□"受地，在这种情况下，就形成了受田农民与其土地之间相隔较远的情况。农民这些小块土地并非相互连接地坐落一处，而是相隔很远，有的竟达100里的距离③。小块和远距离的土地给农民生产带来了极大的不便，严重降低了农民的耕种效率，造成大范围的土地和人力资源浪费。为了便于耕作，农民常常相互租佃名下的口分田，换得其住宅附近的土地以便集中耕作。也有少数因劳动力不足等其他原因，不得不将所受口分田租给他人耕种，或者因为缺少用度而将自己的口分田作为抵押品佃租给别人，甚至有的佃租时限竟长达22年之久。④因此，农户占有土地的零碎分散必将导致租佃现象的发生，而且在唐代开元、天宝时期，这种现象是普遍的。西州地区关于租佃土地的资料很多，现择一二分析如下。

材料1：《唐天宝七载（748）杨雅俗与某寺互佃田地契》⑤

1. ［　　］渠□分常田一段肆亩（东西南北）
2. ［　　　］平城南地一段叁［　］（东西南北）

---

① 《新唐书》卷五一《食货志》，中华书局1975年版，第1342页。
② 《吐鲁番出土文书》卷七，文物出版社1986年版，第506—523页。
③ ［日］西嶋定生：《中国经济史研究》，东京大学，1966年，第662页。
④ 孙达人：《对唐至五代租佃契约经济内容的分析》，《历史研究》1962年第6期。
⑤ 《吐鲁番出土文书》卷一〇，文物出版社1991年版，第276页。

3. [ ][ ]七载十二月十三日杨雅俗寄住
4. 南平，要前件寺地营种，今将郡
5. 城樊渠口分地彼此逐（便）（营）种。缘
6. 田地税及有杂科税，仰［ ］［ ］［ ］
7. 各自知当。如已后不愿佃地者，
8. 彼此收本地。契有两本，各执一
9. 本为记。
10. 地主杨雅俗载廿四
11. 保人兄处俗载廿［ ］
12. 保人高澄载廿一

杨雅平寄住南平，遂将在（交河）郡城之口分常田与某寺在天山县南平之一段土地互佃，目的是为了"逐便营种"，将远处的土地租佃出去，转而租种距家较近的新地块。

材料2：《唐张小承与某人互佃田地契》①

1. [ ][ ]承匡渠西奇口分常田五亩（后略）
2. [ ][ ]年十一月廿四日［ ］逐隐便将上件地
3. [ ]酒泉城口分枋渠常田一段五
4. [ ]家各十年佃。如此后两家
5. [ ]种，各自收本地。如营种以后，
6. [ ]役，各自祗承，不得遮护。两
7. 共平章，恐人无信，故立此契为记。
8. 数内一亩地子张处直　　地主张小承年四十二
9. 边收麦两斛一斗。　　保人弟[　　]
10. 契有两本各执一本。　　保人张处直[　　]
11. 保人

---

① 《吐鲁番出土文书》卷一〇，文物出版社1991年版，第303页。

土地相互租佃，反映了农民面对变化的土地形势，为了克服距离远、土地零星琐碎的困难，唐代开始寻求相应的措施，以期在一定数量的土地上寻求家庭收益的最大化，减少不必要的额外负担，以满足家庭用度的需要。

总之，从隋至唐代中期，均田制下农民的小土地所有制一直占据统治地位。隔乡授田、零星授田都反映出政府在实施均田制过程中所作出的努力。国家对少地或无地的农民，用闲荒土地进行拨补，还制定了"给复制"等措施，奖励无地和少地的农户迁往宽乡地区居住和开垦，并对其适当地减免赋税。对那些占田超过均田规定的民户，则实行相应的惩罚（在唐律中关于占田过限的处罚是较为严重的）。在系列政策的保障下，国家能保障农户户均 40 亩左右的土地，产出基本能满足日常生活用度甚至稍有结余。这也使得农民的家庭经济能一直正常发展并成为唐代前期经济繁荣、社会稳定的重要基础。关于这部分的内容，下文将进行重点阐述。

第三节　均田制下农民的家庭收入

考察农民家庭经济运转的情况，主要是在适当量化的基础上衡量农民家庭收入量和支出量的比率。对于如何考察唐代农民的生活状况，韩国磐先生是较早进行探索的学者。韩国磐先生考察了唐代均田制下的农民受田亩数、亩产量，进而探求了农民的收入情况；通过考察农民家庭所负担的赋税情况和日常家庭衣食消费情况，计量了唐代均田制下农民生活的经济状况。韩先生的结论是即使是号称盛世的开元、天宝年间，唐代农民仍然生活在入不敷出的状态下，如果年景歉收或有意外灾祸，那么，农民就只有破产逃亡了。[①] 韩国磐先生对唐代农民经济生活的研究，开创了对唐代农民家庭经济量化研究的先河，使研究者对于唐代农民的经济生活状态有了直观的印象。但是，该文在探索农民家庭收入渠道以及由此所形成的观点上尚有商榷的余地。首先是韩国磐先生在计量农民家庭收入的时候，仅

[①] 韩国磐：《隋唐五代史论集》，生活·读书·新知三联书店 1979 年版。原载《厦门大学学报》1963 年第 4 期。

仅计量了农民的土地数和亩产量，也就是粮食的产量而忽略了家庭其他经营收入的考察，而自春秋战国以来的中国传统社会中粮食以外的家庭收入，如家庭副业和其他收入在农民家庭中占有相当重要的比重，很多朝代的统治者甚至都自上而下地发布关于这方面的保护和促进措施。当然，韩国磐先生此后也认识到自己研究的不足，认为"如果把农民的副业收入加上的话，农民的生活水平会好一些"。其实，粮食收入只是农民收入的一部分，而副业收入在家庭收入中的比例已不再仅仅是程度上的问题，其已成为农家主要收入来源。其次是对于唐代农民饮食消费结构的考察，韩国磐先生也仅仅以粮食数量来衡量，也是不全面的。因为农民的饮食结构是多式多样的，并且总是能根据各种季节的食物拥有情况，以及农忙、农闲时节的生产状况，做出相应的食物搭配，以维持日常饮食的消费。即使是到了20世纪中期的中华人民共和国时代，为度过困难时期，毛泽东同志还号召广大农民"糠菜半年粮……忙时多吃，闲时少吃，有稀有干，粮菜混吃"，"恢复传统的饮食结构"。[①] 因此，很难用一年的粮食总量考察出农民日常饮食消费水平的全貌。当然，从现代社会看，粮食消费的比例常常在一定程度上和居民生活水平呈反比，而奶蛋制品、肉制品等的消费比例常常成为重要的考核指标。

　　唐代是中国传统农业社会中较为发达富庶的时期，这种发达富庶必然是以农业生产技术水平的提高和农业普遍增收为前提，以国家财富的积累和农民的普遍富庶为基础，即杜甫所描述的"公私仓廪俱丰实"的现象，才能做出合理的解释。因此，对于唐代这一时期的农民生活状况，值得学界进行深入思考和研究。很难想象在中国传统社会发展的高峰时期，在唐代"开元盛世"的时代，农民还大都过着"食不果腹、衣不蔽体"的生活。我们认为，在唐代正常年景下，安居乐业和丰衣足食是农民生活的常态，至少是农民能根据自己的经济状况合理安排家庭衣食用度，维持起码的生活需求，入不敷出并非是农民的普遍状态。不过，唐代以后，尤其是清代以来，社会人口急剧膨胀，而农业生产力水平却没有发生质的改变，农民的家庭收入渠道仍然保持着传统的模式，生活质量迅速下降是自然的。而此后列强入侵、国内政治腐败等原因使近代中国农民的生活

[①] 《毛泽东文集》卷八，人民出版社1999年版，第83页。

贫困状况更为加剧。因此，对于传统社会农民社会生活的研究，要将其放在具体的生活环境中去考察，也不能为了迎合某种理论或某些斗争，就一定要以一种先入为主的观点去考量古代社会的农民生活。正如张泽咸先生所言"吾人不宜以近世赤贫等情况，概述中古民众亦必如此"，[①]此言甚是。

一 粮食收入

正常情况下，农民的土地数量和单位面积产量决定其粮食收入水平。考察农民的家庭粮食收入水平，首先就要考察农民家庭的土地数量和粮食亩产量。上文中已经对均田制下农民的户均田亩数进行了分析，认为唐代均田制下户均40亩耕地较为实际。此外，唐政府对农户的园宅地也有规定："应给园宅地者，良口三口以下给一亩，每三口加一亩，贱口五口给一亩，每五口加一亩，并不入永业口分之限。"[②] 传统农户的五口之家拥有40亩耕地，达到了"分艺有准、力业相称"的人力与地力的最佳结合效果，也符合传统社会"三十亩地一头牛"的理想耕作模式，有利于提高农民的劳动生产率及土地利用率。那么，这40亩地有多少桑田呢？均田制初始的北魏时期，每丁受露田40亩，为了轮耕，露田加倍或加两倍授给，给桑田20亩，除植桑外，还要课种一定数量的枣树、榆树。也就是说，桑田占到总数的1/5（露田倍给）或者是1/7（露田两倍给）。唐代没有具体规定桑田的数量，只是规定"二十亩永业，八十亩口分"，"诸永业田皆传子孙，不在收授之限，即子孙犯除名者，所承之地不追。每亩可种桑五十根以上，榆枣各十根以上，三年种毕。乡土不宜者，任以所宜树充"。[③] 也就是说，永业田中种植桑、枣、榆是其主要的经营内容。永业田在唐代授田量中占到总数的1/5，那么，在农户实际所受的40亩田地中，如果按照这个比例的话，就至少该有8亩是植桑的永业田。永业田不可能种植单一的桑树或者榆树、枣树，而是和其他农作物混种，在桑间植套种农作物。李翱在《平赋书》中特别指出：禾田种桑，密度要适

---

① 张泽咸：《汉晋唐时期农业》上册，中国社会科学出版社2003年版，第224页。
② 《通典》卷二《食货二》，中华书局1988年版，第30页。
③ 同上。

中，不然的话，桑"太寡则乏于帛，太多则暴于田"说的就是这种套种方式，① 唐诗中"桑下种粟麦，四时供父娘"②的说法，也是这一方式的体现。每亩适中的种植密度应该是多少呢？难道真如《通典》中所说的"每亩种桑五十根"吗？这一问题分歧较大③，李伯重先生认为应该是每户植桑50株为低限，从数十株到数百株不等。与《平赋书》差不多同时期的元和七年四月诏书与此相类："诸道州府有田户无桑处，每检一亩，令种桑两根，勒县令专勾当。"④ 也就是说，这8亩桑田中，仍有部分可以耕种，姑且算作是一半，也就是4亩。那么农户可以用来耕种农作物的田亩数共有36亩。

分析了农户可以耕作的田亩数后，我们再探求粮食的亩产量。对于唐代的粮食产量，学者们众说纷纭，有亩产七八斗、一石、一石半、二石诸说，其中多数学者认为唐代亩产因作物而异，粟、麦、水稻的产量差别较大，其中水稻的产量最高，粟次之，麦又次之。⑤ 水稻的产量最高，对此学者们没有争议。在唐人的很多史料中大都记载了水稻的产量在3石左右。《唐会要》记代宗时李栖筠奏请拆京城碾硙七十余所，"以广水田之利"⑥，每年岁收粳稻三百万石。根据永徽时郑、白二渠共溉田一万余顷的数据来看，虽然广德时白渠灌溉田地数不详，但拆毁碾硙后的溉田数大概不会超过永徽时二渠所溉田总数。暂按一万顷计，岁收三百万石，则亩产粳稻三石。元稹在《论当州朝邑等三县代纳夏阳韩城两县率钱状》中说，当州田地，"计十亩不敌京畿一二"。⑦ 唐代京畿地区多水田，而同州却多是旱地，元稹所谓十亩不敌一二，有所夸大，但是也说明了水稻产量

---

① 《全唐文》卷六三八《平赋书》，中华书局1983年版，第6439页。
② 《云溪友议》卷下，载《唐五代笔记小说大观》，上海古籍出版社2000年版，第1316页。
③ 历代均田令都规定：一个普通农户（一丁户）可受桑田（永业田）20亩，并被课种50株。但是，到底"桑田20亩"与"桑树50株"之间是什么关系？到底是这50株桑树种在20亩桑田上，还是20亩桑田每亩都种桑50株？迄今尚无定论。唐长孺、杨志玖、松井秀一等先生持前说，而王仲荦、宫崎市定等先生主后说。
④ 《册府元龟》卷七〇《帝王部·务农》，中华书局1960年版，第791页。
⑤ 见韩国磐《隋唐五代史论集》，第224页；胡戟《唐代粮食亩产量》，载《西北大学学报》1980年第3期；曹贯一《中国农业经济史》，中国社会科学出版社1989年版，第496页。
⑥ 《唐会要》卷八九《碾硙》，中华书局1955年版，第1622页。
⑦ 《元稹集》卷三九《论当州朝邑等三县代纳夏阳韩城两县率钱状》，中华书局1982年版，第439页。

大大高于旱田的事实。稍后的贞元年间，荆州因重修古堤，整治废田，"广良田五千亩，亩收一钟"。① 此处虽没有明确是何种作物，但是荆州地区主要种植水稻当无异议，水稻亩产一钟，为 6 石 4 斗，估计这也是唐代亩产纪录的最高水平。

至于粟的产量，高宗时黑齿常之，在河源"垦田五千顷，岁收粟斛百余万"②，即为亩产二石。敦煌吐鲁番出土文书"武周时期西州勘田牒"③，有关于粟产量的记载：

（前略）
绝户田四亩，主白居兜，□□义达种秋粟
右同前据　　上件地去年
秋是前件人佃种，亩别收子两硕
以上者，件勘如前
（后略）

亩别收粟两硕，产量当属不低。唐代人李翱认为"亩之田，以强并弱，水旱之不时，虽不能尽地力者，不下粟一石"④，也就是说唐代粟的亩产量在 1 石以上。代宗时期，有议者谓：天宝以来，"田以高下肥瘠丰耗为率，一顷出米五十余斛"。⑤ 这是一个概括性的数字，可代表唐代开元、天宝时期粟田亩产量的一般情况。1 顷出米 50 余斛，即合亩产粟当不下 1 石。唐代粟的亩产量平均在 1 石以上，当无争议。唐代麦田的亩产量，史无记述，吴章铨先生在《唐代农民问题研究》一书中，根据永泰、大历时期京兆夏秋税的征收量，考得其麦田产量为 7 斗上下。20 世纪 70 年代出土了一份高昌国末期（相当于隋末唐初）的租契文书，记载的同一块常田的麦租量，为粟租量的 6/7。⑥ 即在同一块常田

---

① 《文献通考》卷六《田赋六》，中华书局 1986 年版，第 69 页。
② 《新唐书》卷一一〇《黑齿常之传》，中华书局 1975 年版，第 4122 页。
③ 《吐鲁番出土文书》第八册，文物出版社 1987 年版，第 165 页。
④ 《全唐文》卷六三九《平赋书》，中华书局 1983 年版，第 6439 页。
⑤ 《新唐书》卷五四《食货志四》，中华书局 1975 年版，第 1388 页。
⑥ 《文物》1977 年第 3 期。

上麦、粟产量之比应该是 6∶7 左右。那么，麦的亩产量就是 8 斗至 9 斗。

对唐代粮食产量的考察，还应该注意作物复种制的情况，复种提高了单位面积的产量。贞观十四年（640）秋，唐太宗想到同州校猎，栎阳县县丞刘仁轨建议"退延旬日"，因为当时还正是秋收的农忙季节，而且"贫家无力，禾下始拟种麦"，①因此，如果皇帝要进行校猎势必会影响正常的作物复种。唐代已广泛进行套种和复种，北方主要是关中地区实行粟、麦、豆、黍等多种作物的复种制，其形式颇为复杂。据西嶋定生、米田贤次郎、古贺登等学者的研究，唐代的主要复种形式有"粟—麦—豆"、"粟—麦—粟"与"黍—麸"三种两年三作制和"粟—豌豆—麦—绿豆"三年四作制。②西嶋定生先生认为"粟—麦—粟"二年三作制是唐代中原的主要种植制度。而李伯重先生认为，粟耗地力很厉害，麦也极耗地力，粟麦两年三作，地力无法维持。从后代情况看，"粟—麦—豆"二年三作制是中原旱田的主要复种方式，在这种耕作方式下，李伯重先生认为旱田的亩产量应为谷物（粟、麦、豆）平均 1.4 石，而南方稻田的亩产量要远远高于北方的亩产量，大约为 4 石。③

考虑到以上因素，将唐代的水稻、豆麦等都折合成粟计，每亩产量 1.5 石是可以达到的。分析至此，唐代均田制下每户的粮食收入就可以计算出来了，耕种 40 亩耕地，其中 36 亩用来经营粮食，亩产粟 1.5 石，共收入粟 54 石。

唐代粮食的生产情况在中国古代历史上占有重要地位。宁可先生、阎守诚先生对唐代人均粮食占有量进行了分析，认为是中国古代历史上最高的时期。宁可先生认为，唐代的亩产量高于汉代的亩产量，而且唐代的农业劳动生产率也要高出汉代的 20% 左右，这是我国古代社会最高的农业劳动生产率，宋以后由于人、地比例的失调，因此农业劳动生产率一直呈

---

① 《唐会要》卷二七《行幸》，中华书局 1955 年版，第 514 页。
② 参阅西嶋定生《中国经济史研究》第 1 部第 1 章第 3 节与第 5 章；米田贤次郎《齐民要术と二年三毛作》(《东洋史研究》第 17 卷第 4 号)；古贺登《唐代两税三限考》(《东学学报》第 44 卷)。《唐代两税法の地域性》(《东方学》第 17 卷)。
③ 李伯重：《唐代江南农业的发展》，中国农业出版社 1990 年版，第 146、251 页。

现下降的趋势。① 阎守诚先生在《从唐代看中国传统经济的发展——"传统经济再评价"笔谈之三》一文中认为,"唐代每户两个劳动力,每个劳动力可耕种 20 余亩土地,在曲辕犁普遍使用、旱田农具和灌溉工具进一步完善的情况下,唐代人口与土地的比例与农业生产力水平相适应,形成了最佳效果。一个农业劳动生产力全年可生产粮食 2400 余斤,其全国平均人口占有粮食在 700—800 斤,这是古代社会的最高水平"。②

二 副业及其他收入

农民除了粮食收入外,还有其他经营收入。主要是指纺织收入、饲养收入、家庭编织收入以及其他收入等,这些收入包括部分农民依其手艺或经营头脑,在农闲时外出务工或经商所获得的家用贴补。当然也有纯粹靠做佣工养家糊口的收入。

《淮南子》曰:"人君者,上因天时,下尽地财,中用人力。是以群生遂长,五谷蕃植,教民养育六畜,养育以时种树,务修田畴,滋植桑麻。肥饶高下,各因其宜,丘陵阪险不生五谷者以树木,春伐枯槁,夏取果蓏,秋畜疏食,冬伐薪蒸,以为民资。"③ 这意味着从春秋战国以来,农民除家庭种植以外的其他经营收入在家庭经济收入中就占有重要的地位。北魏均田制规定"男夫一人给田二十亩,课莳余,种桑麻五十树、枣五株,榆三根。非桑之土,夫给一亩,依法课莳榆、枣……多种桑榆者不禁"。④ 即从均田制实施初期,就对农民的其他经营方式做了相应的制度安排。男耕女织的家庭经营方式有着深厚的社会经济基础,"一夫不耕,当受其饥;一妇不织,当受其寒",农家的耕织情况直接决定着社会的供求关系,唐代国家的赋税也主要从"租"和"庸"这两个方面进行征收。从农民自身的收入渠道看,蚕桑与纺织是家庭最重要的副业,同时也是满足家庭衣食的重要保障,有诗云:"夫是田中郎,妾是田中女。当年嫁得君,为君秉机杼。精力日已疲,不息窗下机。如何织纨素,自著蓝

---

① 宁可主编:《中国经济通史·隋唐五代经济卷》,经济日报出版社 2000 年版,第 34 页。
② 阎守诚:《从唐代看中国传统经济的发展——"传统经济再评价"笔谈之三》,载《中国经济史研究》2003 年第 1 期。
③ 何宁:《淮南子集释》卷九《主术训》,中华书局 1998 年版,第 685—686 页。
④ 《魏书》卷一一〇《食货志》,中华书局 1974 年版,第 2853 页。

缕衣。"① 从孟郊的诗中可以看出,家庭纺织首先主要用来完成赋税和商品交换,即所织的"纨素"部分,"自著身上衣",是指农民所穿都是自己生产的粗布衣服。农户家庭纺织是其重要的经济来源,德宗时河南尹齐抗认为"农人所有,唯布帛而已"。② 因此,家庭纺织在家庭经济中的地位自不待言。

那么,能否计量家庭中养蚕织布的收入呢?由于纺织生产属于家庭中日常的活动之一,随意性很大,边生产边用度,很难有具体的量化资料。孟子所谓"五亩之宅,树之以桑",讲的是在宅院周围进行植桑,那么桑树的种植规模当小于五亩,即使这样,孟子认为仍然能满足家庭的穿衣消费,即"五十者可以衣帛矣"。唐代要求每户农家植桑五十株,这是最低的要求,本文也以这最低要求的数据作为参考,即在八亩田上植桑五十株,这是较为正常的。那么,这八亩的桑树能养多少蚕呢?又能纺织多少布帛呢?《齐民要术》中记载:"桑至春生,一亩食三箔蚕③",一箔蚕是多少,以及一年养蚕能几熟,都很难精细计量。幸运的是,唐人的资料中有关于桑蚕的记述,大体可以粗疏计算出八亩桑田的绢帛产出。李翱认为"十亩之田,植桑五功。一功之蚕,取不宜岁度之,虽不能尽其功者,功不下一匹帛"。也就是说,每二亩桑田能产帛一匹。李翱对二亩之桑的产帛数,估计较为保守,即"虽不能尽其功者",也能达到一匹帛。那么,唐代均田制之下的农民种植八亩桑田,当有四匹的布帛产出,这种估计并非夸大。而且,桑树长成后,木材本身有重要的经济价值。《齐民要术》认为桑树"三年,间斸去,堪为浑心扶老杖(注:一根三文)。十年,中四破为杖(注:一根直二十文),任为马鞭、胡床(注:马鞭一枚直十文,胡床一具百文),十五年,任为弓材,(注:一张三百)亦堪作履(注:一两六十)。裁截碎木,中作锥、刀靶(注:一个直三文)。二十年,好作犊车材(注:一乘直万钱)④。那么在计算农民家庭收入的时候,不仅要计算桑树产桑养蚕的收入,还要计算桑木本身的价值。以十年为计

---

① 孟郊:《织妇辞》,《全唐诗》卷三七三,中华书局1999年版,第4201页。
② 《新唐书》卷五二《食货志》,中华书局1975年版,第1358页。
③ 《齐民要术校释》卷五《种桑、柘第四十五》,中国农业出版社1998年版,第326页。
④ 同上书,第324页。

算单位，十年的桑可以四破为杖，即一根桑可以制作四个杖，每个杖二十文，则一桑可以卖八十文。五十根十年的桑可以卖四千文，则平均每年可以有四百文的收入。因此，仅从树木的价值来看，平均每根桑每年的收益就是八文。由此可见，植桑养蚕有丰厚的利润，唐人认为只要"种桑百余树，种黍三十亩"，除了完成国家赋税之外，还能使农家"衣食即有余，时时会亲友"①，此言当不为虚。

其次是对其他副业收入的估计。养猪、牛、羊、鸡、鸭等家禽和家畜，是古代农民家庭收入的重要组成，孟子所谓的"鸡豚狗彘之畜，无失其时，七十者可以食肉"就是对家庭副业的重视。可见饲养家禽是对农家生计的重要补充，所谓"一豕之肉，得中年之收"，②说的就是这个道理。"桔槔悬空圃，鸡犬满桑间"③"有地惟栽竹，无家不养鹅"④体现了唐代农家家庭饲养的普遍性，家庭养殖的产品及其副产品如鸡蛋、鸭蛋及牛羔、羊羔等，大多时候都是到市场上出卖，以贴补家用。"小农缚鸡向市卖"，⑤估计就是这种情况。家庭饲养对农民经济的重要性从新中国成立以后也可以看出来。20世纪50年代，中国在"大跃进"和人民公社化运动中取消农民的家庭副业和自留地，但是随后国家就出现了经济困难。为克服困难，毛泽东同志提出要给每个社员留点自留地，使社员能够种菜，喂猪喂鸡喂鸭，⑥以维持日常的生活开支，渡过难关。一直到今天，很多农村地区的家庭饲养仍然是日常开支的重要来源。

汉代渤海太守龚遂在"劝民务农桑"之外，还要求当地农家要"家二母彘、五鸡"，同时让农民"口种一树榆、百本薤、五十本葱、一畦韭"。⑦龚遂所为，表明除了饲养家禽和家畜外，农家还种植日常消费的蔬菜，以及榆树等经济作物，这些同在农民经济中占有重要地位。均田制对农民的园宅也做了制度上的规定，"应给园宅地者，良口三口以下给一

---

① 储光羲：《田家杂兴八首》，《全唐诗》卷一三七，中华书局1999年版，第1387页。
② 王利器：《盐铁论校释》卷六《散不足第二十九》，中华书局1992年版，第351页。
③ 储光羲：《田家杂兴八首》，《全唐诗》卷一三七，中华书局1999年版，第1386页。
④ 姚合：《扬州春词三首》，《全唐诗》卷四九八，中华书局1999年版，第5710页。
⑤ 《读杜心解》卷二《七古·缚鸡行》，中华书局1961年版，第304页。
⑥ 武力：《中华人民共和国经济史1949—1999》，中国经济出版社1999版，第429页。
⑦ 《汉书》卷八九《龚遂传》，中华书局1962年版，第3640页。

亩，每三口加一亩，贱口五口给一亩，每五口加一亩，并不入永业、口分之限"。① 均田制下农民每户有一亩园宅应该是较为正常的，菜园的产出效益很高，自古就有"一亩园，十亩田"之说，菜园种植除了满足家用之外，还有进入市场的部分。这些蔬菜和树木有的是在专门的园地种植，有的在房前屋后进行种植，"满园植葵藿，绕屋树桑榆"，②"禾麦种满地，梨枣栽绕舍。儿童稍长成，雀鼠得驱虾"，③都体现了农家尽地力和空间之效，使其家庭产出最大化的努力。桑枣在农民家庭经济中占有重要位置。唐政府要求每户农家"课种榆枣各十根以上"。④ 以每家农户所植枣、榆各按十根计，根据《齐民要术》记载，榆树三年即可将荚、叶卖之。五年之后，便可作椽。不梜者，即可斫卖。一根十文。十年之后，魁、椀、瓶、榼器皿，无所不任（注：一椀七文，一魁二十，瓶、榼各直一百文也）。十五年后，中为车毂及蒲桃缸（注：缸一口，直三百。车毂一具，直绢三匹）⑤。姑且按照十五年的榆树可以制作车毂一个，余下的木料所值权当作艺工制作车毂的工钱计算，那么每根榆树可产生效益300文。根据《齐民要术》的记载，枣树的效益和榆树相差不大，以同价计。农家植枣、榆各十根，十五年产生效益6000文，平均每年可收入400文。

此外，农家生产之余的经商活动和出卖劳力的现象也很普遍。中宗神龙年间（705—707），农民弃农经商或亦农亦商的现象已很普遍，大臣宋务光认为当今社会是"稼穑人少，商旅人众"，体现了农民进入商品流通的人数比例不小。除了日常的商品交换外，大宗的长途贩运如粮食、布帛等，农民要么成为商品贩运的源头，要么成为缆车挽船出卖劳力的雇用。长安三年（703），崔融如此描写了唐代均田制下的商业活动："且天下诸津，舟航所聚，旁通蜀汉，前诣（指）闽越，七泽十薮，三江五湖，控引河洛，兼包淮海，宏舸巨舰，千艘万艘，交货往还，昧旦永日。"⑥ 武

---

① 《通典》卷二《食货二》，中华书局1988年版，第30页。
② 储光羲：《田家杂兴八首》，《全唐诗》卷一三七，中华书局1999年版，第1368页。
③ 韩愈：《县斋有怀》，《全唐诗》卷三三七，中华书局1999年版，第3782页。
④ 《通典》卷二《食货二》，中华书局1988年版，第30页。
⑤ 缪启愉：《齐民要术校释》卷五《种榆、白杨第四十六》，中国农业出版社1998年版，第342页。
⑥ 《全唐文》卷二一九《谏税关市疏》，中华书局1983年版，第2213页。

周时期，宰相李峤上疏说："天下编户……亦有佣力客作以济糇粮"，雇用的主要原因大都是"缘家内欠少人力"。开元二十三年（735）的诏敕也体现了这一点："贫下百姓有佣力买卖与富儿及王公以下者，任以常式。"① "式"是当时常守之法，常式意味着农民经常出卖佣力的广泛性。敦煌的资料显示，雇工的雇价一般是每月一驮麦，以及鞋类衣服之类的物品。②

总之，农民"春伐枯槁，夏取果蓏，秋畜疏食，冬伐薪蒸"，尽量使其收入最大化。那么，该如何估计除农桑之外的家庭饲养、佣力及一些经商活动的收入呢？马若孟在《中国农民经济》中说："来自非农业活动的收入对每个没有足够的耕地的家庭收支都有重要的意义。总收入中几乎1/4来自非农业工作，这也应该被看作全村从非农业活动中得到的收入水平。"③ 实际上，这些活动，主要是贴补日常家用，基本解决了日常家庭消费中除粮食、衣物外的，如食盐、醋、酒、肉等日常用品用度以及锄头、镰刀等小型生产工具的更新。

通过对唐代均田制下农民家庭经济的考察，可以粗略地计算出其家庭收入情况。

表4—3　　　　　　　　均田制下农民家庭年度收入情况

数量＼内容	粮食（粟）	布帛	树木	蔬菜	家庭养殖、经商及其他非农业收入
经营数量	36亩	8亩桑	50根桑，10根榆，10根	1亩	收入略。经分析，可以满足日常用品食盐、餐具等的支出、农具的更新及其日常往来
单位产出	1.5石/亩	0.5匹/亩	榆枣：400文/年 桑：400文/年	主要是家庭消费，部分出售	
总量	54石	4匹	800文		
家庭收入共计	粟54石；帛4匹；树木钱800文				

---

① 《册府元龟》卷一四七《帝王部·恤下》，中华书局1960年版，第1780页。
② 《敦煌社会经济文献真迹释录》（第二辑），全国图书馆文献缩微复制中心1990年版，第56页。
③ ［美］马若孟：《中国农民经济》，史建云译，江苏人民出版社1999年版，第58页。

第四节 农民的家庭支出

一 家庭规模

家庭既是基本的生产单位,同时也是基本的消费单位,家庭中的成员不一定都是生产者,但肯定都是消费者。因此,研究均田制下农民的家庭支出情况首先要对农民的家庭规模有所了解。

自春秋战国后,关于农民家庭人口的规模就有"五口"和"八口"之辩。孟子是主张"八口之家"的,他认为:"五亩之宅,树墙下以桑,匹妇蚕之,则老者足以衣帛矣。五母鸡,二母彘,无失其时,老者足以无失肉矣。百亩之田,匹夫耕之,八口之家足以无饥矣[1]。"八口之家虽然常见史籍,但大都是作为一种理想的,或者是升平盛世时期的状态,如孟子的八口之家的成员中有"匹夫""匹妇",即一夫一妻以及"老者"等人员,这是一种理想的祖父母、父母、孩子三代人同居的直系家庭。直到两千年后的清代,人们仍然以八口之家作为盛世的标榜。如雍正时期的《四川通志》称:"蜀中元年既复,民数日增,人浮八口之家,邑登万户之众。盈宁富庶,虽历代全盛之时未能比隆于今日也。"[2] 农民八口之家的设想大都是盛世状态的理想模式,而作为实际生活中的现实户均量,记载大都是五口之家。和孟子同时代的李悝认为农民的生活状态是:

> 今一夫挟五口,治田百亩,岁收亩一石半,为粟百五十石。除什一之税十五石,余百三十五石;食,人月一石半,五人终岁为粟九十石,余有四十五石,石三十,为钱千三百五十;除社闾、尝新、春秋之祠,用钱三百,余千五十。衣,人率用钱三百,五人终岁用千五百,不足四百五十。不幸疾病、死丧之费及上赋敛,又未与此。此农夫所以常困,有不劝耕之心,而令籴至于甚贵者也。[3]

---

[1] 焦循:《孟子正义》卷二六《尽心上》,第911页。
[2] 黄廷桂等:《四川通志》卷五《户口》,雍正十一年(1733)年刻本。
[3] 《汉书》卷二四《食货志四上》,中华书局1962年版,第1127页。

同书记载西汉政治家晁错的言论也是"今农夫五口之家,其服役者不下二人"①云云,由此可见,汉代的平均家庭规模是以五口为主。南北朝时期,北魏恭帝监国时曾有占田之令,其中对人力和牛力的换工亦明确规定"皆以五口下贫家为率"②。因此,家庭人口的多少,其决定因素是家庭经济产出能维持多少人的生活。贝克尔认为,一个有效率的家庭,就是家庭有明确的分工,从而使家庭产出最大化,而不至于出现成员的偷懒、欺骗、盗窃及其他错误的行为③,这些"错误的行为"也是诺思所说的"搭便车"现象④。"搭便车"现象会降低家庭生产的效率,最终导致家庭走向贫穷或者解体,所以家庭所能容纳的人口数量和家庭经济能力及生产效益是相联系的。

唐代初期,由于战争的损耗,农户家庭人口相对较少,随着均田制的实施和系列惠民政策的实施,农民经济得到了巩固和发展,家庭规模逐步扩大。贞观年间和开元天宝年间是唐代前期两个有代表性的时期,可以作为考察的对象。根据梁方仲先生的统计,贞观十三年(639),平均户口数为4.31口,天宝元年(742)为5.75口,⑤两个时期进行平均的话,是户均5.03口;冻国栋等也有统计,贞观十三年的户均口数是4.06口,天宝元年的口数是5.74口,⑥那么平均是4.9口。总之,这两份研究的结果都表明,唐代前期的家庭人口规模和传统的五口之家的规模是相吻合的。为了计算方便,就将唐代前期的户均人口数以五口为计量单位。

怎样计算农民的家庭支出呢?根据李悝的计算方法,首先是计算"什一之税",也就是农户应向国家交纳的赋税量,其次是衣食、家庭交往等日常消费情况,还有"社闾、尝新、春秋之祠"等社会活动支出;对于家庭发展支出,如求学费用、买田置地等也要有大致的估计。

---

① 《汉书》卷二四《食货志四上》,中华书局1962年版,第1125页。
② 《魏书》卷四下《恭帝纪》,第109页。
③ 加里·斯坦利·贝克尔:《家庭论》,商务印书馆1998年版,第49页。
④ 道格拉斯·诺思:《经济史中的结构与变迁》,第59页。
⑤ 梁方仲:《中国历代户口田地田赋统计》,上海人民出版社1980年版,第76—86页。
⑥ 葛剑雄主编、冻国栋著:《中国人口史·隋唐五代卷》,复旦大学出版社2002年版,第372页。

二　赋税支出

唐代前期农民需要缴纳的正税是租、庸、调，租庸调制规定：

> 武德七年，始定律令。……赋役之法：每丁岁入租粟二石。调则随乡土所产，绫、绢、絁各二丈，布加五分之一。输绫、绢、絁者，兼调绵三两；输布者，麻三斤。凡丁，岁役二旬，若不役，则收其佣，每日三尺。有事而加役者，旬有五日免其调，三旬则租调具免。通正役，并不过五十日。若岭南诸州则税米。上户一石二斗，次户八斗，下户六斗。若夷獠之户皆从半输。蕃人内附者，上户丁税钱十文，次户五文，下户免之；附经二年者，上户丁输羊二口，下户三户共一口。凡水旱虫霜为灾，十分损四以上免租，损六以上免租调，损七以分课役具免。①

《旧唐书·食货志》将农民的租庸调负担分区域进行了安排，这里除了纺织品的地区有差别之外，在"租"的规定上，全国似乎是统一的标准，都以粟为纳税对象，岭南是米。考虑到计量的复杂性，本书就以植粟、养蚕地区的农民家庭作为考察对象。其租庸调的数额是：租，2石；庸，每日3尺，二十日共6丈，即1.5匹；调，2丈绢，绵3两，绵和绢之间怎样计算呢？"岁役二旬"的庸价是6丈，那么"旬有五免调"，意味着十五日的加役和"调"的数量相等，即4丈绢为1匹。庸和调折合成绢帛的话，共计2.5匹绢。由以上分析可知，农户所要交纳的租庸调总量是粟2石，绢2.5匹。

农户除了要缴纳租庸调之外，还要缴纳户税和地税。在唐前期，丁税是国家征收的正赋，地税在名义上是作为义仓税而征收的。太宗时期，户部尚书韩仲良奏请："王公已下垦田，亩纳二升。其粟、麦、粳稻之属，各依土地，贮之州县，以备凶年。"② 地税是何时固定成为正税的？《唐律疏议》卷十五《厩车律》"应输课税"条曰："应输课税，谓租、调、地

---

① 《旧唐书》卷四八《食货志》，中华书局1975年版，第2088—2089页。
② 《通典》卷一二《食货十二》，中华书局1988年版，第291—292页。

税之类",地税的地位和租调并列,可见其在高宗初年,就已经通过法律确定下来。地税是计亩征税,玄宗开元二十五年(739)规定:"凡王公以下,每年户别据已受田及借荒等,具所种苗顷亩,造青苗簿。诸州以七月已前申尚书省,至征收时,亩别纳粟二升,以为义仓。"① 也就是说,农户是按照家庭实有田亩数缴纳地税的。

户税,顾名思义是计户出税,它征收的是钱币。《通典》卷六《食货六》有唐代户税征收的较早记载,武周长安元年(701)十月诏:"天下诸州王公已下,宜准往例税户。"往例,是指什么时候,史无明文。但是至少说明在武周之前就有了户税的征收,户税在唐代前期的税收体系中记载较少,说明与租庸调及户税相比较,其仍处于较为轻微的地位。中唐杜佑在计算国家收入的时候,曾对户税有过估算。《通典》载:

> 按天宝中天下计帐,户约有八百九十余万,其税钱约得二百余万贯。大约高等少,下等多,今一例以下等计之。其八等户所税四百五十二,九等则二百二十二。今通以二百五十为率。②

从杜佑的记载可以看出,九等户占绝大多数,应该是农民的主体。今通以杜佑所计的平均值为计算户税的标准,即每户农民出户税钱250文。

以上所分析的是农民在正常年景下所负担的国家赋税情况。对于各种加征,如田租的附加税、租脚、摊征、杂徭等,都是临时性的应急财政措施,本书将在有关农民负担的章节中进行讨论。综上分析,可以列表计算出唐代均田制下农户的赋税总量:

表4—4　　　　　　　　均田制下农户的赋税量

赋税内容 数量	租	庸	调	户 税	地 税
数量	2石粟	6丈绢	4丈绢	250文	0.8石粟
共计	粟2.8石,绢2.5匹,钱250文				

---

① 《唐六典》卷三《户部》,中华书局1992年版,第84页。
② 《通典》卷六《食货六》,中华书局1988年版,第110页。

三 日常生活支出

农民的日常支出主要有衣食消费、农具更新以及日常经济交往、村社义务等。农民的衣食消费是家庭消费的常数，也是支出中重要的部分。如何考察农民日常的衣食消费呢？韩国磐先生、宁可先生、张国刚先生等都对唐代农民的日常消费进行了研究，[1] 为研究唐代农民家庭经济做了有益的探索。在考察农民的日常衣食数量上，大都以《唐六典·刑部尚书》"都官郎中条"下对官户、官奴婢每年应给衣粮作为考察农民衣食的参照物：[2]

> 四岁以上为小，十一以上为中，二十以上为丁。春衣每岁一给，冬衣二岁一给，其粮则季一给。丁奴：春头巾一，布衫裤各一件，皮靴一量，并毡。官婢：春给裙衫各一，绢褝一，鞋二量。冬给襦复裤各一，牛皮靴一量，并毡。十岁以下男：春给布衫一，鞋一量。女：给布衫一，布裙一，鞋一量。冬男女各给布襦一，鞋韈一量。官户长上者准此。其粮：丁口日给二升，中口一升五合，小口六合。

农民五口之家一般的人口构成是：丁口二人，中口一人，小口二人。根据上述的标准，丁口日给二升，中口一升五合，小口六合，每日全家口粮为6.7升，合年口粮为24石4斗5升。据《唐六典·尚书户部》"仓部郎中员外郎条"记："凡在京诸司官人及诸色人应给仓食者，皆给貯米。"可知官奴婢所给口粮为米。宁可先生认为，如果以米计算的话，则全家每年口粮折合粟40.75石，折粟3300.75斤，平均每人每月口粮为粟55斤。[3]

这些记载虽然是衡量唐代日常消费中不可多得的材料，但也应注意官

---

[1] 韩国磐：《隋唐五代史论集》，生活·读书·新知三联书店1979年版，第225—226页，原载《厦门大学学报》1963年第4期；宁可：《中国经济发展史》第二册，中国经济出版社1999年版，第722页；张国刚：《唐代农家经济生活与日常生计》，载《中国三至九世纪历史发展暨唐宋社会变迁国际学术研讨会论文集》（油印本），武汉大学，第498页。

[2] 《唐六典》卷六《都官郎中》，中华书局1992年版，第193—194页。

[3] 宁可主编：《中国经济发展史》，中国经济出版社1999年版，第723页。

奴婢和农民消费的差别。官奴婢虽然社会地位比农民低，但由于是官府供给，因此实际生活水平比农民还要好些。而且官奴婢还有法定的假日，"凡元、冬、寒食、丧、婚、乳免咸与其假焉"，还有医疗保障，"有疾，太常给其医药"。① 从消费上看，官奴婢是统一管理的，在衣食结构上比较单一，没有其他替代物。因此，如果将农民和官奴婢的消费结构等同进行计量，就忽视了农民日常消费的实际。

农民是靠土地生活的，粮食、蔬菜、山果等都可作为日常食物的来源，农村的客观条件决定了农民衣食结构的多样化。"靠山吃山，靠水吃水"反映了农民食物结构的地域性；而"春食花，夏食茎，秋食果，冬食实"，"夏来菰米（一种多年水生高秆的禾草类植物）饭，秋至菊花酒"这些记载都反映了农民食物结构的多样性。唐代食物结构中，粟和米是主要的粮食，这是没有异议的，但蔬菜、橡实、山药都是农民日常食物的补充。传统中所谓的"糠菜半年粮"，就是农民传统饮食结构的写照，"糠菜"是一个泛称，指农村中能果腹和填饱肚子的东西。春天的菠菜、夏天的瓜果、秋天的萝卜和白菜都经常成为饭桌上的主食。均田制下要求最少植桑五十株，榆、枣各十株，因为桑树不仅可以用来养蚕，而且"椹熟时，多收，曝干之，凶年粟少，可以当食"，② 五十株以上的桑葚当其量也不少。至于以枣作为食物的记载就更多了，"村人不爱花，多种栗与枣"，③ 同卷《闲坐》诗中写道："沤麻池水里，晒枣日阳中"，可以看出枣成为农家重要的生计所依。农家食物结构的多样性使其形成了一定的饮食方式。《太平广记》卷二五七《山东人》载有"山东人来京，主人每为煮菜，皆不为美。常忆榆叶，自煮之"，说明榆叶常作为山东人的食料。而白居易的"蓬蒿隔桑枣，隐映烟火夕。归来问夜餐，家人烹荠麦"④中，荠菜成为家庭餐桌的主食；山药也是农家所喜爱的，"充肠多薯蓣，崖蜜亦易求"。⑤ 对于橡实，唐人记载也较多，但大都是家庭经济非常紧

---

① 《唐六典》卷六《都官郎中》，中华书局1992年版，第194页。
② 缪启愉：《齐民要术校释》卷五《种桑、柘第四十五》，中国农业出版社1998年版，第318页。
③ 《白居易》卷一〇《感伤二·登村东古冢》，中华书局1979年版，第188页。
④ 《白居易》卷一〇《感伤二·溪中早春》，中华书局1979年版，第187页。
⑤ 浦起龙：《读杜心解》卷一《五古·发秦州》，中华书局1961年版，第73页。

张的时候才食用，如"岁暮锄犁傍空室，呼儿登山收橡实"，① 是指个别农民缴纳完赋税后，家中没有粮食吃了，只好以橡实为餐，当然还有更为严重的：

> 秋深橡子熟，散落榛芜冈。伛伛黄发媪，拾之践晨霜。
> 移时始盈掬，尽日方满筐。几曝复几蒸，用作三冬粮。
> 山前有熟稻，紫穗袭人香。细获又精舂，粒粒如玉珰。
> 持之纳于官，私室无仓箱。如何一石馀，只作五斗量。
> 狡吏不畏刑，贪官不避赃。农时作私债，农毕归官仓。
> 自冬及于春，橡实诳饥肠。吾闻田成子，诈仁犹自王。
> 吁嗟逢橡媪，不觉泪沾裳。②

从"用作三冬粮""橡实诳饥肠"等诗句中可以看出农妇之所以以橡实为主食，主要原因是"狡吏不畏刑，贪官不避赃"。

考察了唐代日常农民的食物结构，可知农民日常的食物结构并非是单一的粮食作为食物，而是各种蔬菜、水果、采摘物的混合，即所谓的"糠菜半年粮"方式。农民种菜的规模有多大呢？宇文融括户时给予逃户"每户给五亩充宅，并为造一两口室宇。开巷陌，立闾伍，种桑枣，筑园蔬，使缓急相助，亲邻不失。丁别量给五十亩以上为私田，任其自营种"。这样逃户"必不流散"，而且能"水旱无忧矣"。③ 古人云，"十亩田一亩园"，说的是一亩园的产出对于农户来讲，可以抵上十亩田的产出。宇文融给予农户五亩园宅地、五十亩耕地，应是唐代农民较为普遍的经营方式，五亩园宅中当能耕种三亩作为菜园，这三亩菜园的产值如果按照"十亩田一亩园"的标准来衡量的话，收益是不小的。因此，将唐代农民的食物结构的 1/4 定为是蔬菜、山果、桑枣等，是比较符合实际的。

如果将官奴婢日常消费的 1/4 用蔬菜、瓜果、桑枣来代替的话，其纯

---

① 张籍：《野老歌》，《全唐诗》卷三八二，中华书局1999年版，第4292页。
② 皮日休：《正乐府十篇·橡媪叹》，《全唐诗》卷六〇八，中华书局1999年版，第7074页。
③ 《全唐文》卷三〇三《定户口疏》，中华书局1983年版，第3082—3083页。

粹消费粮食的部分就是：40.75 石 × (1 - 1/4) = 30.56 石，这 30.56 石粟就是农民家庭一年的消费量（当然，我们这是以农民一天三餐为计算单位的，而以敦煌地区为代表的唐代社会，饮食资料中农民一日二餐的情况较为普遍）。此外，农民还要留出第二年的种子，种粟"良地一亩，用子五升，薄地三升"①，那么，平均每亩用种子 4 升，农民 36 亩耕地，要留出第二年的种子 1.44 石。

农民家庭的布帛消费。根据《唐六典·刑部尚书》"都官郎中条"下对官户、官奴婢的标准，春衣每年一给，冬衣两岁一套，春衣一套需布多少呢？唐布"皆宽一尺八寸，长四丈为匹，布五丈为端"，② 唐尺比今尺略短，据杨际平先生研究，唐尺应在 29.5cm 左右③。唐人的衣服多为长袍大袖，成人的衣服在 180cm × 100cm 左右，共 2 件；小孩子的当在 100cm × 60cm 左右，共 3 件，共需布帛一丈五尺；冬衣需布是单衣的 2 倍，共 3 丈，两年 1 套，每年需一丈五。此外，还有头巾、鞋子等，这些大都是农民在农闲时手工制作，还有冬衣中的丝绵，综合起来算，姑且还需要一丈布。这样，农户一年的布帛消费就是四丈，也就是一匹绢帛（为了计算方便，不再将绢帛折换成麻布）。

住房、耕牛、生产生活用具等，这些虽不是经常支出的项目，但都是基本的必需品。房子是农民家庭的主要资产，因此盖房是农民家庭最为重要的支出项目；购买耕牛是仅次于盖房费用的支出项目。唐代规定农民的"堂舍不得过三间四架，门屋不得过一间两架"。④ 虽然有此规定，但大多数农民没有能力，也没有必要建造如此多的房屋，一般居民都是两间正屋，一间厨房，一间偏房，就是住房的全部。需要花费多少钱呢？《张来儿舍地基帐》提供了一些价格标准（斯 2092 号)⑤：

1. 壁三张来儿舍地一口，东西并基一丈六尺八寸，南北并北头

---

① 缪启愉：《齐民要术校释》卷一《种谷第三》，中国农业出版社 1998 年版，第 65 页。
② 《通典》卷六《食货六》，中华书局 1988 年版，第 107—108 页。
③ 杨际平：《唐代尺布、亩制、亩产小议》，《中国社会经济史研究》1996 年第 2 期。
④ 《唐会要》卷三一《杂录》，中华书局 1955 年版，第 575 页。
⑤ 《敦煌社会经济文献真迹释录》（第三辑），全国图书馆文献缩微复制中心 1990 年版，第 565 页。

基七尺八寸。

2. 计重张地一百三十一尺四分,着物二十六石二斗四合。

张来儿的房舍估计是较为简陋的,只是一间房,价格是"二十六石二斗四合",其面积和其前面的《马法律堂舍房基帐》以及其后《房舍地基账》①中所计房宅的面积相差很大,只是它们的1/3。而宋欺忠的房屋面积还算正常,在《宋欺忠卖宅舍契》中房屋的价格:②

1. 叁年丙辰岁十一月十八日,兵马使
2. 无屋舍,遂买兵马使宋欺忠上件准尺
3. 数舍居住。断作舍价物计斛斗六十八硕四斗,内粟麦各半。

因此,唐代农民的住房,价格当在70石粮食左右,为便于计算,此处粮食以70石粟计。房屋一般使用期为二十年左右,那么平均每年的支出当是3.5石粟。耕牛的价格,唐代资料中记述较多,敦煌、吐鲁番地区的记载更为翔实。大谷文书3451号记吐鲁番地区"次犍牛壹头,上值钱叁千二百文",敦煌地区记载黑牸牛"准作汉斗麦一十二硕、粟二硕"。③如果将粟、麦折合成钱币的话,敦煌地区的牛价和吐鲁番地区相差不大,今以牛一头3200文为计。牛一般能耕种十年,即十年更新一次,每年的费用为320文。

关于日常用品如酒、盐、醋及其日常工具如碗、锄、镰刀、斧子等的家庭开支,在分析家庭副业收入的时候,由于没有计算家庭副业收入如养殖、编制等及其外出佣工等,估计满足这些日常开支应该是可能的。当然也有个别家庭由于劳动力短缺等原因,家庭经济相对艰难些,如戴叔伦笔下的女耕田者,是由于其长兄没有成婚就从军去了,家里只剩下母女三人,"无人无牛不及犁",只好"截绢买刀都市中","持刀

---

① 《敦煌社会经济文献真迹释录》(第三辑),全国图书馆书目文献缩微复制中心1990年版,第566、568页。
② 《敦煌社会经济文献真迹释录》(第二辑),全国图书馆文献缩微复制中心1990年版,第4页。
③ 同上书,第33页。

斫地翻作泥",① 由此可知，家中买刀的费用是用卖绢的钱换来的。因此，对于家庭收入的多样性本文就不再讨论和计算，只能是记其粗略的大概。

此外，农民还要向家族、村社交纳钱粮，作为份子钱。农民是"至诚立社，有条有格。夫邑仪者，父母生其身，朋友长其值。危则相扶，难将则相久（救）"。（斯 6537 号）② 可见，这是一种民间社会保障组织，即农民家庭在遇到生老病死等情况的时候，村社或家族的成员共同给予帮助，视为一种义务。农民家庭一年需要交纳多少钱物呢？敦煌资料中有很多社邑文书，其中《唐大中九年（855）九月二十九日社长王武等再立条件憑》（伯 3544 号）载：③

（前略）
4. 敦煌一群（郡），礼仪之乡，一为 圣主皇帝，二为建
5. 窟之因，三为先亡父母追凶就吉，共结量缘，
6. 用为后验。
7. 一 社内每年三斋二社。每斋，人各助麦一
8. 斗；每社各麦一斞，粟一斗。其社官录（事）
9. 行下文贴，其物违时，罚酒一角。其斋，正
10. 月、五月、九月；其社，二月、八月。其斋社违
11. 月，罚麦一硕，决杖卅；行香不到，罚麦
（后略）

这份社邑文书虽然是唐代后期大中年间的，但敦煌社邑活动的习俗在唐代时期变化当不会大，可以作为唐代前期农民在社邑中所承担的义务的参考。每年"三斋二社"，每斋事，承担麦子一斗；社事，麦子和粟各一斗，可见社事的规模比斋事大。农户总的承担量是 5 斗麦子，2 斗粟。根据唐代的物价，麦价稍微高于粟价，大约是 5∶4 的关系。此处 5 斗麦子，

---

① 戴叔伦：《女耕田行》，《全唐诗》卷二七三，中华书局 1999 年版，第 3064—3065 页。
② 《敦煌社会经济文献真迹释录》（第一辑），书目文献出版社 1986 年版，第 274 页。
③ 同上书，第 269 页。

折合成6斗粟，那么共计是8斗粟。

根据表4—4对农民承担的赋税的内容及其农民日常消费的分析，可以制作出唐代均田制下农民家庭的支出情况。

表4—5　　　　　　　均田制下农民家庭一年的支出情况

数量\内容	赋税	饮食	衣物	种子	日常物品	房屋	耕牛	村社义务
粮食为粟 衣物为绢	粟2.8石，绢2.5匹，钱250文	30.56石	一匹绢	1.44石	与家庭养殖、外出佣工收入大体持平不再计量	3.5石	320文	0.8石粟（主要是用来应付婚丧嫁娶等）
共计	粟：39.1石；　绢：3.5匹；　钱：570文							

第五节　农民经济运行与唐代前期社会发展的关系

在考察了均田制下农民家庭的收入和支出情况后，我们来分析农民家庭经济运转情况。根据上文表4—4、表4—5绘制出农民家庭经济日常运转情况见表4—6。

表4—6　　　　　　　唐代农民家庭经济运转情况

分类\内容	粟（石）	绢帛（匹）	钱（文）
收入	54	4	800
支出	39.1	3.5	570
剩余	14.9	0.5	230
剩余率	27.6%	12.5%	28.6%

由表 4—6 分析可知，均田制下农民家庭经济的平均年剩余率在 20% 左右。由此可见，唐代前期均田制下农民的家庭富足、生活有余是一种普遍的社会现象，这种剩余率符合传统的对农家"三年耕必有一年之食；九年耕必有三年之食"① 的"耕三余一"的要求。在这种情况下，农民家庭普遍提高了抗击风险和抵御自然灾害的能力，即使是遇到婚丧嫁娶等家庭大事，也能做到"手中有粮、心中不慌"，从而保证了农民群体的稳定和经济的发展。据毛汉光先生对敦煌地区生活状况的统计，认为敦煌地区居民生活在衣食富足的小康水平的约占 36%，在生存线上的为 40%，在生存线以下的为 24%。也就是说，大多数敦煌农民能衣食自足，只有少数的农民生活相对差些。② 这种比例，虽然并非是唐人生活富足写照的全部，但相比那些认为即使是开元、天宝时期农民仍然是入不敷出的认识来讲，客观得多了。因此，关于唐人视野中的农民经济自足自乐的生活状态，应是不虚：

> 种桑百余树，种黍三十亩。衣食既有余，时时会亲友。
> 夏来菰米饭，秋至菊花酒。孺人喜逢迎，稚子解趋走。
> 日暮闲园里，团团荫榆柳。酩酊乘夜归，凉风吹户牖。
> 清浅望河汉，低昂看北斗。数瓮犹未开，明朝能饮否。③

唐代前期有大量的"槽上饲肥马，仍更买奴婢。牛羊共成群，满圈养豚子。窖内多埋谷，寻常愿米贵"的富裕农民，当然也有生活在贫困线以下的田舍汉，"黄昏到家里，无米复无柴。男女空饿肚，状似一食斋。里正追庸调，村头共相催"，这种贫困户多不多呢？在农村中占有多大的比例？"如此硬穷汉，村村一两枚"，④ 可见这种极度贫困的农民在唐代农民群体所占的比例很小。即使有一定数量的贫困农民，但在广大富足的农民群体中，有着大量的就业机会。敦煌地区进行"岁作"的长工，

---

① 朱彬：《礼记训纂》卷五《王制第五》，中华书局 1996 年版，第 181 页。
② 项楚、郑阿财主编：《新世纪敦煌学论集》，巴蜀书社 2003 年版，第 330 页。
③ 储光羲：《田家杂兴八首》，《全唐诗》卷一三七，中华书局 1999 年版，第 1386 页。
④ 张锡厚：《王梵志诗校注》卷五，中华书局 1983 年版，第 163—165 页。

雇价在每月一石左右，同时雇主要提供雇工个人的饮食和衣物。一个雇工一年获十二石的粮食收入，加上妇女的家庭副业收入，养活一个五口之家，即使不是衣食有余，维持日常生活用度还是可能的。

农民群体的普遍富裕和稳定，促进了社会经济的发展。反映唐代贞观和开元、天宝年间社会稳定、经济繁荣的材料非常多，几乎成为后代史家称颂和政论家效仿的理想社会模本，如《资治通鉴》认为贞观年间是："天下大稔，流散者咸归乡里，斗米不过三四钱，终岁断死刑才二十九人。东至于海，南极五岭，皆外户不闭，行旅不赍粮，取给于道路焉。"① 至开元年间，更是"物殷俗阜"，当时"左右藏库，财物山积，不可胜较。四方丰稔，百姓殷富。管户一千余万，米一斗三四文。丁壮之人，不识兵器，路不拾遗，行者不囊粮"。② 诗人杜甫对唐代开元盛世的局面做了描述："忆昔开元全盛日，小邑犹藏万家室；稻米流脂粟米白，公私仓廪俱丰实。"③

唐初经济恢复和发展大约经历了一个世纪的时间。贞观年间政治清平，不过经济水平尚低，唐代经济只有到 8 世纪初期才恢复发展起来。以山东地区为例，贞观六年（622），对于唐太宗是否封禅泰山的问题上，魏徵持反对态度，他认为山东地区发展还是很落后，"今自伊、洛之东，暨乎海、岱，萑莽巨泽，茫茫千里，人烟断绝，鸡犬不闻，道路萧条，进退艰阻"。④ 说明山东地区农村人口稀少，农村经济萧条；到武周时期曾有诏收购河南、河北的牛羊以及荆、益地区的奴婢，在登（今山东蓬莱）、莱州设牧监"以广军资"。⑤ 虽遭反对没有实行，但反映了山东地区的农村仍在恢复时期；8 世纪前期，山东发生了很大的变化，重新成为富庶之地。开元九年（721）僧一行从天文角度指出："自蛇丘（今山东肥城南）、肥成（今肥城），南届钜野，东达梁父（今山东泗水北），循岱岳众山之阳，以负东海。又滨泗水，经方舆（今山东金乡）、沛（今江苏沛县）、留（今江苏沛县东南）、彭诚（今江苏徐州），东至于吕梁（今江

---

① 《资治通鉴》卷一九五，贞观四年，中华书局 1956 年版，第 6085 页。
② 《开天传信记》，载《唐五代笔记小说大观》，上海古籍出版社 2000 年版，第 1223 页。
③ 《读杜心解》卷二《七古·忆昔二首》，中华书局 1961 年版，第 287 页。
④ 《贞观政要》卷二《直谏》，上海古籍出版社 1978 年版，第 70 页。
⑤ 《新唐书》卷一一八《张廷珪传》，中华书局 1975 年版，第 4261 页。

苏徐州东），乃东南抵淮，并淮水而东，尽徐夷之地……盖中国膏腴地，百谷之所阜也。"① 古代天文学强调天地关系，此处所说的山东及淮北地区为膏腴之地，农业发达，人民安居乐业当属实情。开元十三年（725），玄宗东封泰山的时候，由于全国连年大丰收，粮价低贱，尤以山东为最，"青、齐米斗五钱"。② 山东地区的发展是唐帝国经济全面发展、人民安居乐业的缩影。杜佑对唐帝国这一盛况描述道③：

> 至十三年封泰山，米斗至十三文，青、齐穀斗至五文。自后天下无贵物，两京米斗不至二十文，面三十二文，绢一疋二百一十二文。东至宋、汴，西至岐州，夹路列店肆待客，酒馔丰溢。每店皆有驴赁客乘，倏忽数十里，谓之驿驴。南诣荆、襄，北至太原、范阳，西至蜀川、凉府，皆有店肆，以供商旅。远適数千里，不持寸刃。二十年，户七百八十六万一千二百三十六，口四千五百四十三万一千二百六十五。

因此，正是由于农业发展，从而带动了手工业和商业的繁荣。农民安居乐业、辛勤生产促使了社会安定、经济繁荣局面的出现。"故人具鸡黍，邀我至田家。绿树村边合，青山郭外斜。开轩面场圃，把酒话桑麻。待到重阳日，还来就菊花"，④ 就是这一局面的体现。

安定的生活有利于农民财富和人口的增长。传统社会中之所以将人口增殖状况作为社会经济盛衰的标志，就是因为家庭经济实力决定其存养能力和家庭规模，均田制下农民家庭能有 20% 的剩余率，意味着农民能养活更多的人口。唐初的贞观十三年（639），全国平均每个家庭只养活 4 口人；但是经过一百多年的发展，到天宝十四年（755），每个家庭能养活近 6 口人（数据见下表）。由此可见，家庭经济水平对人口的承受能力，决定着社会总人口的规模。

---

① 《新唐书》卷三一《天文志》，中华书局 1975 年版，第 821 页。
② 《旧唐书》卷八《玄宗纪》，中华书局 1975 年版，第 189 页。
③ 《通典》卷七《历代盛衰人口》，中华书局 1988 年版，第 152 页。
④ 孟浩然：《过故人庄》，《全唐诗》卷一六〇，中华书局 1999 年版，第 1654 页。

表 4—7　　唐代均田制下农民家庭户口数的变化情况

时　间	户　数	口　数	资　料　来　源
贞观十三年（639）	3041871	12351681	据《旧唐书·地理志》诸州户口统计数
天宝十四年（755）	8914709	52919309	《通典》卷7

古人云："仓廪实则知礼节，衣食足则知荣辱。"富裕的农民成为科举考试生源的重要组成部分，扩大了社会的统治基础。科举考试"以文牧人，以文行选贤，以文学取士"，为农民进入仕途打开了一扇窗户，"朝为田舍郎，暮登天子堂"，"既登第，遂食禄；既食禄，必登朝，谁不欲也"，[①] 也是唐代农人心态的反映。农书《四时纂要》明确要求正月里"童子入学"，[②] 王梵志在其诗中更是屡屡提及要重视孩子读书："养子莫徒使，先教勤读书。一朝乘驷马，还得似相如"，[③] 就体现了这一现象。总之，均田制下农民较高的剩余率，促进了社会发展和经济繁荣，提高了唐代社会的文明程度，为唐代开元、天宝年间的强盛局面打下了基础。

小　结

唐代前期均田制下农民出现普遍富裕的现象不是偶然的，其原因是多方面的。首先，唐代前期均田制下人地比例适中，这是唐代农业发展的重要因素之一。宁可先生认为，由于唐代前期人、地比例适中，唐代每个劳动力的农业劳动生产率要高出汉代 20% 左右，而宋代以后由于人口大量增加，耕地面积却没有相应地扩大，其农业劳动生产率也就没能再达到唐代的水平。[④] 另外，由于劳动力的农业劳动生产率较高，唐代农民家庭收入也有了较好的保障。其次是政府税收比例合理，唐代政府从农民手中征收 10% 左右的税收量，符合传统的"什一而税"的轻税思想，真正做到

[①]《唐国史补》卷下，载《唐五代笔记小说大观》，上海古籍出版社 2000 年版，第 189 页。
[②] 缪启愉：《四时纂要校释》，中国农业出版社 1981 年版，第 18 页。
[③] 张锡厚：《王梵志诗校注》卷四，中华书局 1983 年版，第 117 页。
[④] 宁可主编：《中国经济通史·隋唐五代卷》，经济日报出版社 2000 年版，第 34 页。

了"人主租敛于民也,必先计岁收,量民积聚,知饥馑有余不足之数,然后取"①的税收要求,而且唐代政府能在形势发生变化的时候相应地调整国家经济政策,如在出现了土地兼并程度加剧导致农民缴税不公的社会局面下,唐代政府逐步加重对土地和户等的征税,相应减轻人口税,并在两税法实施后完全以土地和资产为收税对象,这样对农民家庭来讲,具有社会公平性和可操作性。有关两税法的内容,本文将在下面的章节中进行讨论。最后,不可忽视的是唐代宗族和社邑等民间组织在保障农民家庭经济日常运转中的重要作用。尤其是唐代社邑,不仅负责唐代农民生产中的统一规划和管理,如共同灌溉、在生产中相互帮助,而且在日常生活中提高了农民家庭抵抗风险的能力,如遇到家庭婚丧嫁娶等重大开支的时候,一般是由社邑出面进行组织、村社成员共同出资、共担风险,正如童丕所指出的那样,敦煌地区的借贷,没有一宗是由于家庭婚丧等原因而引起的。由此不难看出,社邑等民间组织,常常能在农民生活陷入经济危机时起到减震器的作用。当然也应看到,由于农民受田不足及其兼并现象的日益频繁,农村经济也发生了系列变化,农民脱籍而去的现象增多,使国家以租庸调制为体系的税收体制受到冲击,安史之乱后,该体系瓦解,新的税收体制——两税法走上历史舞台,并对唐代后期的农村社会,造成了重要影响。

---

① 何宁:《淮南子集释》,中华书局1998年版,第681页。

第 五 章

两税法改革与唐代农民家庭经济

两税法改革在我国古代赋税史研究中占有重要地位。两税法改革不仅对唐代社会而且对其后的税收制度变革都产生了深远的影响。20 世纪 80 年代,在中国改革开放之后农民负担日益加重的背景下,研究历史上的税制改革逐步成为学界较为关注的问题。作为具有转折意义的唐代两税法改革更是当今众多学者关注的焦点,由此也取得了大量的成果。《二十世纪唐研究》根据学者们不同的研究角度,对这些两税法改革的成果总结为"两税法改革的背景与目的""'两税'的内容及其由来""两税法与商品经济、货币经济的关系及其性质""两税法的实施情况"和"两税法的作用和影响"五个方面,在这些研究领域,学者们都取得了较为丰硕的成果,为进一步研究两税法的有关内容奠定了基础。不过,从学者们对两税法的研究内容看,研究成果大都集中于对两税法改革的背景、经过与影响、两税法对财政和税收制度的作用及其是否加重农民负担等因素进行探讨,而对农民家庭应对税制改革的措施的研究重视不够,即使一些研究涉及唐代农民经济也大都是从农民负担的角度探讨农民家庭经济状况,缺少从农村社会的角度对农民经济的发展变化进行研究。而对两税法改革与农民负担的关系研究,主要的结论是农民受剥削的程度加深了,农民的负担加重了[①]。

实际上,两税法改革对唐代农村社会的影响是多方面的,既有显性的

[①] 李志贤在其《杨炎及其两税法研究》"两税法的影响及评议"的章节中对目前的研究概况作了综述性的分析,但该书中没有出现两税法对农村及农民家庭影响的相关研究成果,具体内容见第 263—326 页,中国社会科学出版社 2002 年版。胡戟等编著的《二十世纪唐研究》也有类似的综述,具体内容见第 380—381 页,中国社会科学出版社 2002 年版。

影响也有隐性的影响,对农民承担的赋税方面既有积极的一面也有消极的一面。本章拟通过对两税法改革的农民经济背景及改革实况的分析,探讨两税法改革对农民的日常经营模式、家庭人口结构等方面的影响,以期更为全面地了解两税法实行后农民家庭及其日常经营所发生的变化。

第一节 两税法改革的农村经济背景

唐代中期为何要实行两税法,或者说,促使唐政府进行赋税改革的动力是什么?要说明这个问题,就要从分析两税法改革的农村经济背景入手。

安史之乱前,农村的土地兼并状况已经非常严重,杜佑甚至认为"开元之季,天宝以来,法令弛宽,兼并之弊"已经达到"有逾於汉成哀之间"的程度。安史之乱造成农村劳动力的大量减少,同时还要负担远远高于租庸调所规定的赋役量。农民生活困苦,被迫大量逃亡,严重影响了社会的稳定和发展。因此,唐代社会进行税制改革以挽救农村经济,是历史的必然。

虽然唐初实施的均田制和租庸调制适应了朝代初创户口锐减、荒地较多的现实需要,并极大地提高了农民生产的积极性,促进了唐代繁盛局面的出现。但是,从产权角度看,农民对土地产权的拥有是不完整的,或者说只是部分产权。尽管"丁男给永业田二十亩,口分田八十亩……诸永业田皆传子孙,不在收授之限,"永业田可以传为家业,农民拥有产权,甚至"子孙犯除名者,所承之地也不追"。① 但永业田只是其中的小部分,其八十亩口分田的产权是在变化的。唐代早期由于地广人稀,土地的供求关系平衡,农民有大量的可耕之地,对土地产权要求并不明显。随着人口增长和官僚、贵族队伍的扩大,作为社会弱势群体的农民,其对土地的产权开始受到侵夺。促使土地兼并的一个重要原因就是国内新开垦的耕地面积追赶不上人口的增长速度,据《通典》载,天宝年间如果按照法定授田额计算,全国应授田总数达到1430万顷,远远超过当时的垦田数,甚

---

① 《通典》卷二《食货二》,中华书局1988年版,第30页。

至这个土地数量一直到千年后的民国时期也没有达到。① "富者有资，可以买田；贵者有力，可以占田"②，土地兼并是必然的趋势。失去土地的农民，只有逃亡或者成为佃户这两条出路。在农民大量逃亡的情况下，国家租、庸、调的赋税征收肯定要受到影响。因此，唐初所形成的均田制和租庸调制的赋税体系逐步受到破坏，其原因不外乎两个方面，一是土地兼并，二是农户的逃亡。而这两者往往是相辅相成，互为因果的。

《新唐书·食货志》认为"盖口分、世业之田坏而为兼并，租庸调之法坏而为两税"，③ 其实，这句话只说对了一半，均田制确实是因兼并而坏，而租庸调制是因均田制坏而坏，和实行两税法没有必然的联系。均田制破坏的原因，其一是社会人口增长过快，其二是官僚机构和特权阶层人口膨胀。人口增长，必然导致政府授田数量的增加，而政府手中又没有如此多的田地可授，均田制的崩溃是必然的，土地兼并的趋势也是必然的。

首先看安史之乱前唐代户口的增长过程。

表 5—1　　　　　　　　唐代前期著籍户口增长情况

年代	户数	口数	备注
贞观十三年（639）	3041871	12351681	据《旧唐书·地理志》诸州户口统计数
永徽三年（652）	3850000		《唐会要》卷84《租税下·户口杂录》永徽三年七月二十二日条
神龙元年（705）	6156141	37140000	《旧唐书》卷88《苏瓌传》；《唐会要》卷84；《册府元龟》卷486《邦计部》略同
开元十四年（726）	7069565	41419612	《旧唐书》卷8《玄宗纪上》开元十四年；《唐会要》卷84、《册府元龟》卷486同
天宝十四载（755）	8914790	52919309	《通典》卷7

① 吴章铨：《唐代农民问题研究》，中国学术著作奖助委员会（台湾）1963年版，第14页。
② 《文献通考》卷二《田赋》，中华书局1986年版，第43页。
③ 《新唐书》卷五一《食货志一》，中华书局1975年版，第1342页。

官僚机构和特权阶层比普通农民占有更多的土地，且不论功臣、贵族的赐田和籍外占田，仅政策上关于土地分配的规定也占很大的数目。如官吏的职田、公廨田、王公大臣的食封田等，占田数量大得惊人。唐制对职分田的规定为："一品十二顷，二品十顷，三品九顷……九品二顷"，其占有田地数量大大超出了农民的受田数量，随着官吏数量的膨胀，人地矛盾必然突出。贞观之初，朝廷京官数量仅有六百四十二人，到玄宗时内官达到了二千六百二十一人，外郡县官一万六千一百八十五人，如果加上流外官，全国官吏已达三十六万八千六百六十八人之众[①]，可见官员数量增长的速度之快。庞大的官僚集团占有大量的土地，使得土地供求关系进一步紧张，加速了唐代土地兼并的进程。

均田制实施不久的高宗、武则天时期，宰相狄仁杰就曾上疏论及农民受田不足的现象："窃见彭泽地狭，山峻无田，百姓所营之田，一户不过十亩、五亩。"[②] 开元、天宝年间土地兼并之风盛行，"王公百官及富豪之家，比置庄田，恣行吞并，莫惧章程"。[③] 甚至有大臣认为其兼并的程度已经超出了农民所能承受的底线，"开元之季，天宝以来，法令驰宽，兼并之弊有逾于汉成哀之间"，[④] 少地或无地的农民却要负担丁男在满额受田后才能负担的赋役量，农民家庭经济难堪重负，不少农民背井离乡，出现了大批逃亡的现象。

安史之乱后，作为主战场的中原地区，农村劳动力锐减，田地荒芜，生产遭到巨大破坏。"洛阳自大盗以来，焚烧略尽，百曹榛荒，寰服不满千户，井邑如墟，豺狼群嚎；东薄郑、汴，南界徐，北绵怀、卫、相，千里萧条，亭舍不烟"。[⑤] 以洛阳为代表的关中地区"井邑如墟"，河南道的大部分州县以及河北道南部的诸州县也都"千里萧条"。在这种情况下，朝廷为了应付内乱和平叛，除了向人民征收租庸调、户税、地税等直接税收外，还强制人民缴纳各种名目的间接税和杂税。在征收时，各级官吏又

---

① 《通典》卷一九《职官典一》，中华书局1988年版，第481页；卷四〇《职官典二二》，第1106页。
② 《全唐文》卷一六九《乞免民租疏》，中华书局1983年版，第1728页。
③ 《全唐文》卷三三《禁夺百姓口分永业田诏》，中华书局1983年版，第365页。
④ 《通典》卷二《食货·田制下》，中华书局1988年版，第32页。
⑤ 《新唐书》卷一三七《郭子仪传》，中华书局1975年版，第4604页。

竞相聚敛，层层加征，或以"羡余"之名奏上取宠，或贪污中饱以入私囊。"自兵兴以后，经费不充，于是征敛多名，且无恒数"，元结做道州刺史未满四十日，就因无法完成各种盘剥而毅然去职，他在《春陵行·叙》中说："道州旧四万余户，经贼以来，不满四千，大半不胜赋税。到官未五十日，承诸使符牒二百余封。皆曰：'失其限者，罪至贬削。'……吾将守官，静以安人，待罪而已。"① 元结所谈农村破败现象非是个案，杨炎所述更为详尽：

> 刻敛之名凡数百，废者不削，重者不去，新旧乃积，不知其涯。百姓受命而供之，旬输月送，无有休息，吏因其苛，蚕食于人。凡富人多丁，率为官为僧，以色役免，贫人无所入，则丁存。故课免于上，而赋增于下。是以天下蚕瘁，荡为浮人，乡居地著者，百不四五，如是者三十年。②

由于农村赋税种类繁多，官吏盘剥严重，大批农民被迫背井离乡，流离失所，加上战乱导致人口损耗，使农村户口十不存一，田地一片荒芜。刘晏在代宗时期为转运使时曾给宰相元载上书，记录了安史之乱后农村的实况：③

> 东都残毁，百无一存……函、陕凋残，东周尤甚。过宜阳、熊耳，至武牢、成皋，五百里中，编户千余而已。具无尺椽，人无烟爨。萧条凄惨，兽游鬼哭。

即使留在村中在籍的农户，也是居无定所，衣食难保，所以，农村到处是破败的景象。《郭子仪传》载："夫以东周之地，久陷贼中……百曹荒废，曾无尺椽，中间畿内，不满千户。井邑榛棘，豺狼所噬……东至

---

① 元结：《春陵行》，《全唐诗》卷二四一，中华书局1999年版，第2695页。
② 《旧唐书》卷一一八《杨炎传》，中华书局1975年版，第3421页。
③ 《旧唐书》卷一二三《刘晏传》，中华书局1975年版，第3512—3513页。

郑、汴，达于徐方，北自覃怀，经于相土，人烟断绝，千里萧条。"① 在这种战乱频仍、形势动荡的局面下，农民家庭负担更为严重，农村的经济面临着崩溃的边缘。

两税法的实施与唐代中期财政体系重心南移有很大的关系。安史之乱前，以关中地区为代表的北方地区，是唐代的经济重心。关中地区沃野千里，素有"陆海"之称，河北道是北方最为重要的农业生产地区。因此，北方地区在以租庸调为对象的税收体系中占有重要地位。江南地区在安史之乱中未遭受大的损失，呈现出迅猛发展的势头，经济重心的南移使租庸调赋税体系呈现出不适应的状态。众所周知，南北朝时代南、北税制就有较大的差别。由于南方经济实力远低于北方，因此隋唐统一后，仍旧把北方的租庸调法作为全国统一的税制，行用于南方。安史之乱后，这一格局被打破了。早在南朝时期，南方就有着较好的商业发展基础，商业成为财政的主要来源。陈寅恪先生说："南朝则无均田之制，其国用注重于关市之税，北朝虽晚期亦征关市之税，然与南朝此税之地位其轻重颇有不同，然则南朝国民经济国家财政较北朝进步，抑又可知也。"② 因此，两税法的缴税精神本来是南方的产物，两税法的许多内容，如计赀征税、以钱为赋、折纳杂物等早就在长江流域出现了。不过由于那时这一地区农业生产相对落后，所以这些内容尚未成为统一税制，并且时行时止。经过唐代一个多世纪的开发，农业经济发展水平空前提高。特别是安史之乱后，由于较少受到战争的影响，南方农业经济发展迅速。李伯重先生在《唐代江南农业的发展》一书中曾对太湖流域和宁绍平原的农业进行过详细的研究，他认为唐五代江南地区农业的发展主要体现在生产技术的进步、集约化水稻的形成、农村副业的成长、农业劳动生产率的提高等方面③。由此国家财政税收局面也发生了改变，江南地区成为赋税的主要来源地，可见，江南已经具备了"按赀纳税"和"以钱为税"的形式。为什么征钱便民呢？主要原因是江南地区有着良好的商业计税传统和农副业生产发达、商品经济发展水

---

① 《旧唐书》卷一二〇《郭子仪传》，中华书局1975年版，第3457页。
② 陈寅恪：《隋唐制度渊源略论稿》，中华书局1963年版，第144页。
③ 李伯重：《唐代江南农业的发展》，中国农业出版社1990年版，第三章至第六章。

平较高，因而农民收入的货币化水平也比较高。早在盛唐时代，丁仙芝就说江南农民"十年种田滨五湖，十年遭涝尽为芜。频年丼税常不足，今年缯钱谁为输。东邻转谷五之利，西邻贩缯日已贵。而我守道不迁业，谁能肯敢效此事"。① 就是说，即使连年遭灾，从事商业活动的农家日子仍然过得很好，家庭收入较为富足，由此农民家庭的经营和缴税体系就向最优化方向发展。所以两税法的产生与江南地区经济的发展紧密相连，"它适应财政重心南移后南方地区的经济现状和政府对财富的大量需要"。②

"国以民为本，人以食为命"，③ 各种杂税、摊派使农民破产，课户逃亡，租庸调失去了征收的基础，影响了政府的财政收入。而大量流民又成为社会动乱的因素，唐政府面临着空前的社会危机。为消除危机，唐政府需要解决两大社会问题：首先是保证动荡局势下国家的财政收入和国家机构的正常运转；其次是减轻农民负担，保证农村社会稳定。这两个社会问题同时解决看上去是矛盾的，因为在租庸调为正税的税制下，官僚、贵族和富室是不课户，农民是国家赋税主要的承担者，要增加政府的财政收入，就无法减轻农民的负担。因此，解决问题的方法只有增加纳税群体，将官僚、贵族、富室纳入到国家税收体系中来，使其承担更多的、与其财产状况相对应的赋税额，才能做到增加政府收入和减轻农民负担的双重目的。在这一征税思想的指导下，代宗大历四年（769）开始扩大征税群体，明确规定无论贵族还是官吏都要交纳户税和地税。户税根据资产多少自4000文至500文不等，同时又不断提高地税的税额。④ 这样，以户税和地税为主体的赋税制度变革，拉开了中唐赋税改革的序幕。其次，为减轻农民丁役的负担，代宗于广德元年（763）下诏将课丁的法定服役年限缩短，相较武德时期的丁役规定大为缩短，"天下男子，宜二十五成丁，五十五入老"，同时宣布："一户之中有三丁，放一丁庸调。地税依旧，每

---

① 丁仙芝：《赠朱中书》，《全唐诗》卷一一四，中华书局1999年版，第1157页。
② 李伯重：《唐代江南农业的发展》第八章第二节；袁英光、李晓路：《唐代财政重心的南移与两税法的产生》，《北京师范学院学报》1985年第3期。
③ 《贞观政要》卷八《务农第三十》，上海古籍出版社1978年版，第238页。
④ 《旧唐书》卷四八《食货志上》，中华书局1975年版，第2091—2092页。

亩税二升。"①

建中元年（780）开始实施的两税法，将这一改革进程纳入制度化的轨道。大历十四年八月，杨炎上疏《请作两税法》，内容如下：②

> 凡百役之费，一钱之敛，先度其数而赋予人，量出以制入。户无主客，以见居为簿；人无丁中，以贫富为差。不居处而行商者，在所郡县税三十之一，度所与居者均，使无侥利。居人之税，夏秋两征之，俗有不便者正之。其租庸杂徭悉省，而丁额不废，申报出入如旧式。其田亩之税，率以大历十四年垦田之数为准而均征之。夏税无过六月，秋税无过十一月。逾岁之后，有户增而税减轻，及其人散而失均者，进退长吏，而以尚书度支总统焉。

德宗对此建议"善而行之"。第二年，将两税法的有关内容颁行于天下。两税法在纳税对象上明确规定"户无主客""人无丁中"，都是纳税对象，农民和官僚贵族都是两税法中的纳税户，确定交税数额的根据在于"以贫富为差"。这一改革具有重要意义，它改变了唐前期国家正税中官僚、贵族不纳税的现象，是减轻农民负担和增加国家税收的重要举措。两税法的实施，改变了安史之乱后混乱的税收局面，对减轻农民家庭负担产生了积极影响。

第二节　两税法前后农民家庭负担的变化

唐代农民的家庭负担经历了一个曲折的发展过程。在唐代前期，吏治清明，农民在国家土地制度的保障下还能得到一定数量的土地，因此家庭负担较轻；到开元、天宝时期，均田制授田不均的现象开始大量出现，土地兼并盛行，大量农民失去土地，致使家庭负担加重；安史之乱使广大农

---

① 《唐大诏令集》卷九《广德元年册尊号赦》，商务印书馆1959年版，第58页。《通典》载大唐武德七年令："男女始生为黄，四岁为小，十六为中，二十一为丁，六十为老。"见《通典·食货七》，中华书局1988年版，第155页。

② 《旧唐书》卷一一八《杨炎传》，中华书局1975年版，第3421—3422页。

民流离失所，田地荒芜，农业歉收，而且国家赋税繁多，政出多门，上下盘剥，农民生活更为困苦。虽然学界对于两税法后农民负担的变化尚有分歧，① 但由于在两税法税额上有了制度规定，因此相对于两税法实施前农民的家庭负担减轻了。当然，随着唐代后期吏治腐败和政局混乱，割据势力和中央王权一直处于对峙状态，农民的负担又出现了反复。

实施两税法后农民的负担如何？可以先从制度规定上进行比较。根据两税法和租庸调制的税收内容，列表分析两税法与租庸调制对农民的影响。

表5—2　　　　　　　　　　两税法与租庸调制比较

	租庸调	两税法
纳税人范围	农民是交税的主体，不课税者包括贵族、官员及其嫡亲、太学生、僧尼、孝子贤孙、义夫节妇、老残笃疾、寡妇、部曲以及府兵等正承担兵役者	农民是其中一部分，交税不分主客户，以见居为簿，除鳏寡孤独不支济者，其他人一律交税
税收项目	租、庸、调	户税和地税
课征依据	以人丁为主。"有田则有租，有身则有庸，有户则有调"	"人无丁中，以贫富为差"，一律按照资产多少分担两税
征收物品	以实物交纳	钱币与实物并行
税额与税率	预定全国一律之田租定额，以丁为计算基础	地税之税额随地征派，以大历十四年垦田数和征税为准，计算每亩的税率。户税据旧征税数定额，按资产定户等，按照户等定税额
交税时间	交税时间不一	分夏、秋两征，夏无过六月，秋无过十一月

根据以上列表可知，实行两税法后纳税面扩大了，改善了税基和税负的矛盾关系，达到了"人不土断而地著，赋不加敛而增入"的目的，实

---

① 在两税法对农民负担的影响上，主要有两种观点：郭虚中、范文澜等学者认为在两税法实施之初确实减轻了农民的负担；而李剑农等学者认为两税法加重了农民的负担。而陈明光认为"法外加税"是吏治之弊，不应视为两税法本身之弊，应该客观地对两税法进行定位。见胡戟等《二十世纪唐研究》，中国社会科学出版社，2002年版，第380—381页。

施两税法的当年（780），国家全部财政收入就达到了 3000 余万贯，是大历末年国家财政收入总额的两倍半①，也是开元、天宝以后最好的一个年份。可见，两税法的实施确实达到了增加政府收入和减轻农民负担的目的。其次，两税法统一了税目、简化了征管手续，将过去的征科色目和租庸调一起并入两税，使税目简单化，降低了征税成本。统治者严格禁止对农民乱加征、乱科配，对认真贯彻两税法的决心很大：

> 自艰难以来，征赋名目繁杂，委黜陟使与诸道观察使、刺史，计资产作两税法。比来新旧征科色目，一切停罢，两税外辄别配率，以枉法论。②

可以说，两税法从制度上限制了赋税的额外加征，改变了农民过去"旬输月送"的局面，有利于农民恢复生产和安定生活。

两税法的定税原则是根据国家的财政支出需要来制订征税计划，即"量出以制入"。初定两税法时"元额"是征税的标准，那么，建中元年的两税元额是多少呢？《通典》卷六赋税下注云："建中初……分命黜陟使往诸道收户口及钱谷名数，每岁天下共敛三千余万贯，其二千五十万贯以供外费，九百五十余万贯供京师；税米麦共千六百余万石，其二百余万石供京师，千四百万石给充外费。"③即赋税总量是税钱三千余万贯，税米一千六百余万石。那么，建中年间的户口数是多少呢？《通典》称：④

> 大历中，唯有百三十万户，建中初，令黜陟使往诸道按比户口，约都得土户百八十余万，客户百三十余万。

由此可知，初施两税法时只有一百三十万户，经政府按比后，共有著籍人口三百一十万户。由于两税法对两税数额的征收主要是以大历末年的

---

① 《唐会要》卷八七《转运盐铁总序》云："大历末，通天下之财而计其所入，总一千二百万贯，而盐利过半。"中华书局 1955 年版，第 1590 页。
② 《唐会要》卷七八《黜陟使》，中华书局 1955 年版，第 1419 页。
③ 《通典》卷六《赋税下》，中华书局 1988 年版，第 111 页。
④ 《通典》卷七《历代盛衰人口》，中华书局 1988 年版，第 153 页。

赋税征收量为依据，因此在建中元年的三千万余万贯的税钱中，最少应该有盐税 600 余万贯①，此外还有其他商税暂不列入。即，两税上缴的数额最多是 2400 余万贯，米麦 1600 余万石。因此可平均计算出建中元年税户的负担。

表 5—3　　　　　　　　建中元年（780）两税户均负担

全国赋税量	全国两税总税额		国家总户口数
	钱	谷	
	2400 万贯	1600 万石	310 万户
户平均赋税量	7.78 贯	5.16 石	

从表 5—3 可以看出，两税法的户平均赋税量大于均田制下农户的户均赋税负担量（见表 4—5，"粟 2.8 石，绢 2.5 匹，钱 250 文"）。不过，两税法下赋税负担是按照资产作为征税根据的，普通农民由于资产有限，其户均缴税量肯定远远小于平均量。相对于安史之乱后农村"刻敛之名凡数百，废者不削，重者不去，新旧乃积，不知其涯"的混乱税收情况，两税法要好得多了。

两税法是社会历史发展的必然结果，在短期内使社会"向来丛弊为之一清"，② 具有进步性。正如德宗皇帝所说，"两税法悉总诸税，初极便人"，③ 表明了两税法实施初期对社会的积极影响。杜佑称赞两税法是"适时之令典，拯弊之良图"，它使农民"赋税均一，人既均一，人知税轻，免流离之患，益农桑之业，安人济用，莫过于斯矣"。④ 两税法促进了农业的发展，提高了农民垦田置地的积极性。德宗贞元二年（786）的时候，关辅百姓贫乏，田畴荒秽。德宗诏令从外地进献耕牛，以分赐给关辅地区有地无牛的百姓，但是对于农户有田在五十亩以下的不给，主要原因是由于五十亩以下民户耕地规模小。给事中袁高反对德宗皇帝的这一规

---

① 《资治通鉴》卷二二五代宗大历十四年（779）载："大历末，计一岁所入总 1200 万缗，而盐利居其太半。"中华书局 1956 年版，第 7261 页。
② 顾炎武：《天下郡国利病书》卷一四《江南二·田赋》。
③ 《唐大诏令集》卷一一一《制置诸道两税使敕》，第 579 页。
④ 《通典》卷七《食货七》，中华书局 1988 年版，第 158 页。

定，认为"圣慈所爱，切在贫下。百姓有田不满五十亩者，尤是贫人，请量三两户共给牛一头，以济农事"。① 由此可见，德宗贞元年间的农民户均土地量有了很大的提高，以至于户有五十亩以下土地还是属于贫人，即使是在贞观、开元年间，农民的户均耕地也不过如此。此外，从对农民心态影响上看，大量脱籍户重新入籍也有利于农民群体安心生产和生活，保持农业生产的稳定。部分勤劳的农民由于家庭经营有方和支出有序，在完成国家赋税和日常生活开支外，还有一定的节余，在这种情况下就有可能增加生产投入，进行扩大再生产，部分富裕农民成为唐代农村社会中的一个新兴阶层，这就是乡村富户的兴起。乡村富户是社会中产阶层，是国家纳税的主体，也是乡村社会的有生力量，对于文化传承、乡村秩序构建也起到了重要作用。

当然，实施两税法后的农民负担也经历了一个曲折反复的过程，对于这一发展过程本书将在其后论述。

第三节 两税法对农村户口和农民家庭结构的影响

两税法规范了安史之乱后农村混乱的税收局面，有利于稳定农民的生产和生活。这主要表现在，人口的自然增长率提高了，农村人口数增加了，同时大量的脱籍农户重新归籍，政府控制的人口数增长了。并且由于两税法征税方式的改变，使得国家的赋税征收不再以丁身为主，而改为以资产和户等作为主要标准，对农民家庭结构也产生了很大的影响。

首先看唐代农村人口变化的过程。唐代农民的数量占据人口的绝大多数，因此唐代户口数目的变化，实际上就是农民在籍数目的变化体现。唐代人口在开元、天宝年间达到高峰，安史之乱后，人口一直呈萎缩趋势。广德年间（763—764），人口由天宝时期的近900万户，减耗到不到300万户，大历中竟然只有100多万户。农民迁徙流亡，户籍紊乱，出现了农村户口"十不存一"的现象。

两税法明确规定"户无主客""人无丁中"都是纳税对象，纳税数额的标准在于"以贫富为差"，农民和官僚贵族同是两税中的税户，而且承诺

---

① 《旧唐书》卷一五三《袁高传》，中华书局1975年版，第4088页。

税额不随意增加,"两税外辄别配率,以枉法论"。这对于安史之乱后承担的杂税、摊派多如牛毛的农民群体具有相当大的吸引力,原来的大量脱籍农民纷纷又成为政府的课户。实施两税法的建中元年,农民归附政府户籍的数量激增,户口总数达到了 3805076 户,比肃宗乾元三年(760)1933174 户的户口数增长了近一倍。生活安定了,生产恢复发展了,人口自然增长率也就提高了。此后,政府控制的人口虽因种种原因有所反复,但总的趋势是增长的。到会昌年间(825—846)达到了唐代后期户口的高峰,在籍户将近 500 万户,对于这一时期的户口增长数量,研究者都给予肯定,严耕望先生甚至认为,元和年间的户数未必少于开元、天宝年间的户数[①]。

表 5—4 两税法前后唐代在籍户口的变化

年　度	户　数	口　数	资　料　来　源
天宝十四年(755)	8914709	52919309	《通典》卷 7
广德二年(764)	2933125	16920386	《旧唐书》卷 11,《代宗纪》
大历中(766—779)	1300000		《通典》卷 7
建中元年(780)	3100000		《通典》卷 7,据土客户分计数统计
元和二年(807)	2440254		《旧唐书》卷 14,《宪宗纪》上
长庆元年(821)	2375805	15762432	《旧唐书》卷 16,《穆宗纪》上
宝历年间(825—827)	3978982		《唐会要》卷 84,《户口》
大和年间(827—835)	4357575		《唐会要》卷 84,《户口》
会昌五年(845)	4955151		《册府元龟》卷 486;《唐会要》卷 84

在我国古代农业社会中,户口的多寡是社会治乱的反映。建中初年人口的增长,反映了两税法对社会发展的促进作用。马端临赞扬两税法"天下便之"[②],从税制运作机能方面保证了农村经济的正常运转,缓和了贫富不均的现象,从而增强了国家控制人口的能力。

其次,两税法对农民自身的家庭规模和结构也产生了影响。从家庭结构看,唐代前期农民主要是以核心家庭的小户型农户为主,后期则出现了

[①] 《〈元和志〉户籍与实际户数之比勘》,《"中央"研究院历史语言研究所集刊》67—1,1996。

[②] 《文献通考》卷三《田赋三》,中华书局 1986 年版,第 46 页。

大量的联合型家庭，农户家庭人口数呈现出增长的趋势。根据梁方仲先生的统计，唐代前期家庭人口仍然保持着北魏均田制以来的小户制。贞观十三年（639），全国户均口数只有 4.31 口。如除去大户人家的官僚、贵族、地主外，农户的家庭人口数应该更少；两税法后全国每户平均数比唐代前期激增，天宝十四年（755）为 5.94 口，到两税法后的穆宗长庆元年（821 年），激增到 6.63 口。有必要说明的是，安史之乱期间户均人口曾有过 8.79 口的记录，即使这个记载真实，也是农民家庭处于特殊战乱时期的家庭状态，而非是农民家庭规模的常态。（见表 5—5）

表 5—5　　　　两税法前后唐代家庭人口数的变化[①]

时　间	户　数	口　数	每户的家庭人口数	备　注
太宗贞观十三年（639）	3041871	12351681	4.31	据《旧唐书·地理制》诸州户口统计数
玄宗天宝十四年（755）	8914709	52919309	5.94	《通典》卷 7《历代盛衰人口》
肃宗乾元三年（760）	1933174（?）	16990386	8.79	《通典》卷 7，按《通典》总数与课户、不课户口分计数合
代宗广德二年（764）	2933125	16920386	5.76	《旧唐书》卷 11，《代宗纪》
宪宗元和十五年（820）	2375400	15760000	6.63	《旧唐书》卷 16，《穆宗纪》元和十五年条
穆宗长庆元年（821）	2375805	15762432	6.63	《旧唐书》卷 16，《穆宗纪》长庆元年条

敦煌地区的户口资料也体现了这一家庭人口结构发展的趋势。从杨际平、郭锋、张和平等对唐耕耦、陆宏基所编的《敦煌社会经济文献真迹释录》第一辑至第四辑有关资料的整理看，资料中共有唐代家庭 106 户，这些家庭结构基本完整，其中两税法前有 83 户，共 434 口，平均每户 5.2 口。核心家庭占总户数的比例为 56.6%，其他类型家庭、主干家庭及

[①] 根据梁方仲《中国历代户口、田地、田赋统计制》，中华书局 2008 年版，第 110—160 页。

联合家庭所占比例分居其后;两税法之后的家庭数量为23户,计218口,平均每户9.5口。其中联合家庭比例占到了51.2%,主干家庭、核心家庭、其他家庭类型分别居第二、三、四位。资料中虽有个别家庭人口不甚精确,但这并不影响统计结果。有必要说明的是,安史之乱前,唐政府对敦煌和西州地区一直进行着有效的管理,均田制和租庸调制在该地也得到了实施。这一阶段,敦煌地区的农户家庭主要是以核心家庭为主,也就是说家庭人口普遍在五口左右(见表5—6)。

表5—6　　　　　　　　　敦煌地区的家庭状况①

比例 \ 类型 时间		核心家庭	主干家庭	联合家庭	其他家庭	总计
两税法前 (701—769)	户数(户)	47	13	9	14	83
	占比(%)	56.6	15.7	10.4	17.3	100
两税法后 (820—876)	户数(户)	3	6	12	2	23
	占比(%)	13	26	51.2	9.8	100

农民家庭人口数量的消长和家庭结构的变化,与国家土地制度和赋役制度的内容变化有很大关系。在均田制下,农户家庭人口普遍较少,这是由唐代前期实施的均田制和租庸调制决定的。受田不足是均田制下的普遍现象,据估计,即使是贞观、开元年间,全国的农户平均土地量也只有30—40亩,关中狭乡地区的农民受田就更少了。因此,要保证对农田的精耕细作和劳动力的合理使用,也只能是保持小规模家庭进行劳动,才不至于浪费人力。从税制看,丁口是租庸调赋税制主要的征收标准,即根据农民户等的高低和丁口数量的多少征税。凡差科,先富强后贫弱,先多丁后少丁;② 再次是兵役征发,唐政府对农户征发府兵的根据是"财均者取强,力均者取富,财力又均,先取多丁。"③ 府兵制下要求服役者自备武

---

① 根据杨际平等《五—十世纪敦煌的家庭与家族关系》有关资料整理所得,岳麓书社1997年版,第15—46页。
② 《唐律疏议》卷一三《户婚律》,法律出版社1999年版,第274页。
③ 《唐律疏议》卷一六《擅兴律》,法律出版社1999年版,第328—329页。

器和衣粮，要求每人装备"人具弓一，矢三十，胡禄、横刀。砺石、大觿、毡帽、毡装、行滕皆一，麦饭九斗，米二斗"①，对农民来讲，这些与人丁数量有关的赋税负担是一项非常繁重的支出。因此，农户千方百计地缩小家庭规模以逃避力役和兵役，规避家庭经济所面临的风险。在《敦煌社会经济文献释录》伯三八七七号文书中有一家两户的资料，体现了唐代分家析产以规避赋役的现象：②

9. 户主杨法子叁拾玖歲　卫士下下户　课户见不输
10. 母　王　年柒拾叁歲　寡
11. 一十四亩永业
（后略）

42. 户主杨法子年叁拾玖歲　　卫士下中户　课户见不输
43. 妻　阴　年叁十玖歲　　卫士妻
44. 男干昱　年八歲　　　　小男
45. 女娘子　年一十二歲　　小女
（后略）

这是典型的将一家析成为两个小户的家庭，户主皆为杨法子，析为两户后户等自然较低，赋税负担额自然要少得多的小家庭，在按照"户高丁多"征兵的标准时，甚至能免除兵役之苦。

总之，均田制下农民普遍受田不足，徭役和兵役制度等诸种因素是促使农民家庭析产分家、保持小家庭的重要原因。唐政府一再下诏严禁农户分家析产、别财异居，甚至要放免多丁户中的部分丁口来吸引农户不要分家析产：

如闻百姓之内，或有户高丁多，苟为规避，父母见在，别籍异居。宜令州县仔细勘会。其一家之中有十丁已上者，放两丁征行赋

---

① 《新唐书》卷五〇《兵制》，中华书局1975年版，第1325页。
② 《敦煌社会经济文献真迹释录》（第一辑），书目文献出版社1986年版，第139—141页。

役，二丁已上者，即令同籍共居，以敦风教。如更犯者，准法科罪。①

"苟为规避"，道出了这些丁户析家成为小户，以逃避赋役的目的。本条提到"户高丁多"之家，主要是指富裕的农户，当然也包括一般丁户较多的农户。至于书中"敦风教"之说，当是虚文，便于征发赋役才是真正目的。对于这一目的，在万岁通天元年（696）七月的敕文中说得很清楚，父母在世而另外立户者，户等同前不能降下，应承担的徭役或者兵役，通计本户的丁中，按户等征发。②

两税法以户等高低和资产多少为标准收税，一改过去以"丁身为本"的税收原则，"不分丁中，以贫富为差"，赋役征发原则上不再以丁身为本，家庭规模的大小、丁口多少与两税征收无多大的关系。虽然在两税法颁行后，还有向贫弱农户转嫁差科、徭役的现象，但毕竟有了制度的规定，和前期按照丁口征发已不可同日而语。因此，在两税法后，农户隐瞒户口的现象减少了，其家庭的规模也扩大了，"兄锄弟耨妻在机，夜犬不吠开蓬扉……父渔子猎日归暮，月明处处舂黄粱"③，就是为合作生产而保持大家庭现象的反映。当然，因战争对农村户口的大量损耗，特别是丁壮劳力的损耗，为保证耕作和生产，也存在几家合户的联合家庭形式。此外，两税法后更多的农民在从事农业生产的同时，也开始兼营手工业和商业，甚至部分失去土地的农民专门从事非农业经营。随着农民经营模式的多样化，需要较多的劳动人手进行分工协作，这也是促使农民家庭由核心家庭向联合家庭整合。

第四节　两税法对农民经营方式的影响

两税法相较租庸调税收方式，弱化了国家对农民的人身控制，而且税收方式中用货币缴纳部分客观上提高了农村的商品交换率。因此，对农民

---

① 《册府元龟》卷四八六《邦计部·户籍》，中华书局1960年版，第5811页。
② 《唐会要》卷八五《定户等第》，中华书局1955年版，第1557页。
③ 李绅：《闻里谣效古歌》，《全唐诗》卷四八〇，中华书局1999年版，第5502页。

家庭的经营方式也产生了重要影响，经营内容呈现出多样化的趋势。农村中大量商品性农业的出现、商品交换的发展及大量农民从事手工业及商业活动，是唐代后期农村经济生活中出现的新变化。

虽然均田制保障了农民拥有一部分土地，但农民并没有完全的产权，受政府很多规定性的制约。如生产上要求农民"每亩课种桑五十根以上，榆枣各十根以上，三年种毕"；[1] 赋税方面要求农民缴纳固定的物品，"每丁岁入租粟二石。调则随乡土所产，绫绢絁各二丈，布加五分之一。输绫绢絁者，兼调绵三两；输布者，麻三斤。凡丁，岁役二旬。若不役则，则收其庸……"[2]。同时，制定了严格的户籍制度，"每岁一造帐，三年一造籍，"[3] 严格禁止农民流动和逃亡，确保农民与土地的结合，从"坊正、村正部内容止逃亡，亦同里正之罪"[4] 等规定中，可以看到农村控制人口的严密性。两税法征收以资产和户等作为纳税的标准，改变了以人丁作为标准的税收政策，将农民从土地上解放了出来，这是两税法后农民家庭进行多样化经营的前提；同时，两税法以"税钱"和"税物"作为征税对象，农民为完成税收，要出卖商品来完成用货币缴纳的部分，也成为促使农村经济多样化的动力。

两税法结束了政府对土地的控制状态，土地产权由国家平均分配土地的均田制向土地私有转换，出现了土地产权明晰化的趋势。这样，原来均田制下农民的经营方式开始分化为三种主要的经营模式，这些模式虽然在均田制下都已存在，但在两税法下得到了加强：一是主要经营土地的农民，二是失去土地靠佣工生活的农民，三是土地经营与家庭副业、手工业和商业兼营的家庭。当然，这三个层次的农民，都可能同时经营着中国传统的家庭副业，如纺织、编织、养殖家禽等经营。

主要靠经营土地为生的农民，由于他们安心生产，勤俭持家，积累了一定的财富，能"有资买田"，土地的经营规模扩大了，这样农户就能根据变化了的形势，抓住机遇，并根据市场需求合理种植，进行集约化管

---

[1] 《通典》卷二《食货二》，中华书局1988年版，第30页。
[2] 《旧唐书》卷四八《食货志上》，中华书局1975年版，第2088页。
[3] 《唐会要》卷八五《籍帐》，中华书局1955年版，第1559页。
[4] 《唐律疏议》卷二八《捕亡》，法律出版社1999年版，第580页。

理。农业是国之根本,农业生产的稳定和发展有利于社会经济的稳定。因此,安史之乱后的农村混乱局面很快得到控制,在北方,黄河流域的经济开始复苏,受战争破坏最为严重的京畿地区,农业生产安定下来,"关辅之内,农祥荐臻,嘉谷丰衍,宿麦滋殖。闾阎之间,仓廪皆实,百价低贱,实曰小康",① 到贞元年间,河南道已普遍实行税制改革,社会出现了"得其条贯,无兼并豪夺之家,而农者兢劝;境内无荒田,人到今赖之"② 的景象。江南地区由于没有受到战争的破坏,经济得到了进一步的发展,成为主要的粮食主产区和商品粮基地。权德舆称"江东诸州,业在田亩,每一岁善熟,则旁资数道";③ 杜牧称浙东一带,"机杼耕稼,提封九州,其间茧税鱼盐,衣食半天下"。④ 农民除大量种植粮食作物如粟、麦、水稻之外,也开始大量种植经济作物,如茶叶、桑麻、甘蔗、蔬菜、水果等,农业的商品化加强。李衡在江陵间种橘数量庞大,达到了千数,他认为种植橘树的效益远远大于种植粮食,其产值甚至能和家庭奴婢所产生的经济效益相比较,李衡告诫其子曰:"吾有木奴千头,可为汝业,作为衣食也⑤。"两税法后蔬菜种植广泛,由于其在农业生产中的份额逐步扩大,因此政府规定也要如种植粮食作物一样缴纳青苗税,如文宗大和年间(827—835),剑南西川宣抚使崔戎奏称:"西川税科,旧有青苗,如茄子、姜、芋之类,每亩或七八百文。"⑥

由于唐代后期饮茶风气的兴起,种茶具有较高的经济效益,成为南方农民经营的首选,其规模和经营范围超过了其他的农业作物。南方多数农民都种植茶叶,李商隐曾说到西南地区种植茶树的情况:"泸州所管五县……地接巴黔,作业多仰于茗茶,务本不同于秀麦"⑦;种茶农民的比例有多少呢?文宗大和时"江淮人什二三以茶为业"⑧,甚至出现了绵州

---

① 《全唐文》卷四九《大历八年夏至大赦文》,中华书局1983年版,第545页。
② 《册府元龟》卷六七八《牧守部·劝课》,中华书局1960年版,第8107页。
③ 《全唐文》卷四八六《论江淮水灾上疏》,中华书局1983年版,第4962页。
④ 杜牧:《杜牧集》,岳麓书社2001年版,第241页。
⑤ 《独异志》卷下,《唐五代笔记小说大观》,上海古籍出版社2000年版,第945页。
⑥ 《册府元龟》卷四八八《邦计部·赋税》,中华书局1960年版,第5837页。
⑦ 《全唐文》卷七七二《为京兆公乞留泸州刺史洗宗礼状》,中华书局1987年版,第8048页。
⑧ 《册府元龟》卷五一〇《邦计部·重敛》,中华书局1960年版,第6115页。

巴西郡"益昌（县）民，多即山采茶利私自入"的情况①，咸通年间（860—874），"六乡之人业于茗者专勤是谋，衣食之源不忧不虑"②。这些记载，说明了在南方许多地方出现了茶树种植和粮食种植并驾齐驱甚至是茶树种植占据主导地位的现象，出现了一批脱离粮食生产而专门从事茶叶生产的"茶户"和"园户"，茶叶成为他们的"衣食之源"。如九陇人张守珪的茶园，每岁召采茶人力就雇用了百余人③；顾渚种植的茶园更多，时间更长，"贞元以后，每岁以进奉顾山紫笋茶，役工三万人，累月方毕"。④ 这些雇用百余人和几万人的茶园，规模很大，已经走上了集约化经营的道路。种植甘蔗也是获利较大的行业，剑南、岭南和江南地区是唐代主要的蔗糖产区，并向朝廷进贡。中唐以后，甘蔗开始广泛种植，据宋人王灼的《糖霜谱》载："甘蔗所在皆植……唐大历中，有邹和尚者，始来小溪之伞山，教民皇氏造霜之法，伞山在县北二十里，山前后为蔗田者十之四，糖霜户十之三。"从上可知，种植甘蔗的地区是非常广泛的，能达到十分之四的比例。两税法后，随着大量商业城市的兴起，花卉受到市民的青睐，种花成为更有利可图的行业。在城市的周围出现了大量以种花为业的农民，来满足城市的消费需求。陆龟蒙认为，苏州地区的经营规模很大，有花农种花竟多达十亩以上，并且是长期经营。⑤ 宣宗大中时期，司马扎所写的《卖花者》诗中，对一化农世家的生产经营作了这样的描写：

> 少壮彼何人，种花荒苑外；不知力田苦，却笑耕耘辈。
> 当春卖春色，来往经几代。长安甲第多，处处花堪爱。
> 良金不惜费，竞取园中最。……⑥

---

① 《全唐文》卷七九五《书何易于》，中华书局1983年版，第8334页。
② 张途：《祈门县新修阊门溪记》，《册府元龟》卷八〇二，中华书局1960年版，第8431页。
③ 《太平广记》卷三七《阳平谪仙》，中华书局1961年版，第235页。
④ 《元和郡县图志》卷二五《江南道》，中华书局1983年版，第606页。
⑤ 陆龟蒙：《阖闾城北有卖花翁讨春之士往往造焉因袭美》，《全唐诗》卷六二四，中华书局1999年版，第7219页。
⑥ 司马扎：《卖花者》，《全唐诗》卷五九六，中华书局1999年版，第6955页。

第五章 两税法改革与唐代农民家庭经济 / 181

农民种植蔬菜、甘蔗、花卉等经济作物所带来的收益,远远大于种植粮食作物所带来的收益。古人有"一亩园、十亩田"之说,根据现代农业经济的研究结果表明,蔬菜等经济作物的种植收益远在同量的粮食种植之上,根据《2003年中国农村统计年鉴》的统计,仅以种植蔬菜计,在同等田亩的基础上种植蔬菜所带来的收益,要比种植粮食作物高三倍还多。①

其次是失去土地的农民,佣力自给或弃本从末,从事其他行业来保证日常家庭收入。出卖劳力,是失去土地农民的首要选择。因为这种方式最为简单和直接,不需要资金和设备,对劳动者的专业技能要求也不高。唐代典籍和小说中有大量的有关农民佣力自给的事例,如齐州有一农人,他失去土地后最初就是靠给别人舂米来养家活口,然后学着经商,最后成为富人,但是由于其子孙经营不善,其后家道又开始沦落②;贞元年间(785—805),广陵人冯俊,也是以"佣工资生"的。③ 佣作坊是雇佣劳动的集聚地,有茅山陈生者,就曾"到佣作坊,求人负担药物",④ 大中年间,有个叫王夐的人,四十岁,给人佣作,非常能干,"佣作之直五百"⑤;"勾龙义,间州俚人,唐长庆中,于鄠县佣力自给",⑥ 为何这个间州人勾龙义却要到鄠县去佣工呢,可能的解释就是间州地区佣力市场饱和或者是鄠县佣价较高,从而吸引外地农民前去务工。农民出卖佣力所得的钱,除日常消费外,还要用来投资其他生计,以求更大的收益。"元和初,洛阳村百姓王清,佣力得钱五镮。因买田畔一枯栗树,将为薪以求利"。⑦ 唐代中后期的雇佣劳动非常广泛,雇工契约发展较为完备,详尽地规定双方的权利与义务,这是唐代后期的一大特色。《唐会要》称:"如果以男女

---

① 《2003年中国统计年鉴》:2002年全国种植粮食作物103891千公顷,产值为5199.6亿元,每千公顷产值为0.05亿元;种植蔬菜、瓜果19708千公顷,产值为4205.07亿元,每千公顷产值为0.2134亿元,是粮食作物产值的四倍多。见《2003年中国统计年鉴》,中国统计出版社2003年版,第104、135页。
② 《太平广记》卷一三八《齐州民》,中华书局1961年版,第997页。
③ 《太平广记》卷二三《冯俊》,中华书局1961年版,第156页。
④ 《太平广记》卷七四《陈生》,中华书局1961年版,第464页。
⑤ 《太平广记》卷五三《麒麟客》,中华书局1961年版,第325页。
⑥ 《太平广记》卷一〇七《勾龙义》,中华书局1961年版,第729页。
⑦ 《酉阳杂俎》卷一四《诺皋记上》,载《唐五代笔记小说大观》,上海古籍出版社2000年版,第664页。

佣赁于人，贵分口食，任于当年，立年限为约，不得将出外界"，① 规定雇工要书明雇佣期间的时间年限。敦煌资料中有关雇工契约的资料很多，大都体现了这一特色，以"戊戌年（878年）令狐安定雇工契"为例：

1. 戊戌年正月二十五日立契，洪润乡百姓令狐安定，为缘家内
2. 欠缺人力，遂于龙勒乡百姓就聪儿（面上雇）……造作一年。从
3. 正月至九月·末，断作价直，每月五斗。现与春肆箇
4. 月价，余收勒到秋，春衣壹对，汗衫幔裆并
5. 鞋壹两，更无交加。其人立契，便任入作，不得
6. 抛工…（抛工）一日，勒物一斗。忽有生死，宽容三日，然后
7. 则须驱驱。所有农具什（物）等，并分付与聪儿，不
8. 得非理打损牛畜。（如）违打，倍（陪）在作人身。两共对
9. 面稳审平章，更不许休悔。如先（悔）者罚羊
10. 一口，充入不悔人。恐人无信，故勒此契，用为后验。②

从内容上看，契约双方都是自由人，受雇人自愿接受契约所规定之义务与束缚，同时得到相应的衣食等报酬。契约双方都共同遵守订立的条件，并公平承担违约后果。这些契约文书一方面体现了唐代雇佣劳动的广泛性，另一方面也反映了唐代后期雇佣劳动制度的成熟。

除了出卖佣力外，还有部分农民从事渔业、矿业、林业等，如大家熟悉的白居易笔下的卖炭翁形象，"满面灰尘烟火色，两鬓苍苍十指黑。卖炭得钱何所营？身上衣裳口中食"。也就是说，这个卖炭翁全家就是靠卖炭来维持生计；也有专事渔业的，"元和末，均州勋乡有百姓，年七十，养獭十余头。捕鱼为业，隔日一放……而获利相若"③。

---

① 《唐会要》卷八六《奴婢》，中华书局1955年版，第1573页。
② 《敦煌社会经济文献真迹释录》（第二辑），全国图书馆文献缩微复制中心1990年版，第55页。
③ 《酉阳杂俎》前集卷五《诡习》，载《唐五代笔记小说大观》，上海古籍出版社2000年版，第597页。

两税法后，农民经营方式的又一重大变化就是从商的比例增多。两税法不再抑制土地兼并，因此农人失去土地和从事商业经营几乎是同步进行的，"农不如工，工不如商，刺绣纹不如倚市门"①，手工业和商业的高额利润自然吸引着失去土地的农民，"农夫之心，尽思释耒而倚市；织妇之手，皆欲投杼而刺文"，② 以至于出现了大量的"农人日困，末业日增"的现象。③ 但是，农民的商业活动大都是做些小本生意，"唐大和五年，汉州什邡百姓王翰，常在市日逐小利……又曾卖竹于杀狗人做筶篾，"④ 冯贽在《云仙杂记》卷四《物价至微》条载："开成中，物价至微，村落卖鱼肉者，俗人买以胡绢半尺，士大夫买以乐天诗一首与之"，这也是做小本生意的，交易方式简便，方便了农村日常交换的需要。韦处厚在山南道做官时所见农村中的情况是："山谷贫人，随土交易，布帛既少，食物随时，市盐者或一斤麻，或一两丝，或醋或漆，或鱼或鸡，琐细丛杂，皆因所便。"⑤ 除了规模小之外，较费力气的贩卖方式也是其特点之一。如《酉阳杂俎》卷二所载："宝历中，荆州有卢山人，常贩桡朴石灰，往来于白（狄）南草市。"石灰的贩卖，是很辛苦的，石灰质重易挥散，所以运输过程是较为艰难的。在经营商业的过程中，邻里影响和互助对农村经营方式改变也起着重要作用，如"唐大中末，信州贵溪县乳口镇有童安玗者，乡里富人也。初甚贫穷，与乡里人郭珙相善，珙偿假借钱六七万，即以经贩，安玗后遂致富。"⑥

唐代后期在农村经济中占主体地位的经营模式还是那些既经营着田地又兼营其他行业的农户，这些经营内容包括经济作物的种植、农闲中兼营商业、手工业及其出卖劳力等，兖州贺氏一家的经营就是典型的例子，"兖州有民家姓贺氏。里人谓之织女，父母以农为业，其丈夫则负担贩鬻，往来于郡。"⑦ 贺氏一家，兼农兼商兼副业，可谓是经营多元化。《玄

---

① 《史记》卷一二九《货殖列传》，中华书局1959年版，第3274页。
② 《白居易集》卷六三《策林二·息游惰》，中华书局1979年版，第1311页。
③ 《新唐书》卷五二《食货志二》，中华书局1975年版，第1360页。
④ 《太平广记》卷一〇八《王翰》，中华书局1961年版，第731页。
⑤ 《唐会要》卷五九《度支使》，中华书局1955年版，第1017页。
⑥ 《太平广记》卷一三四《童安玗》，中华书局1961年版，第957页。
⑦ 《太平广记》卷二七一《贺氏》，中华书局1961年版，第2131页。

怪录》中关于农、商兼营人申兰的记载也是体现了这种经营方式：

> 尼妙寂，姓叶氏，江州浔阳人也。初嫁任华，浔阳之贾也。父升与华往复长沙广陵间。唐贞元十一年春，之潭州不复……数年，闻蕲黄之间有申村，因往焉。流转周星，乃闻其村西北隅有名兰者。默往求佣，辄贱其价，兰喜召之……兰或农或商，或畜货于武昌，关锁启闭悉委焉。①

申兰"或农或商，或畜货于武昌"，申兰应该是个农村中的富户。他既经营土地，又从事畜货，可见其经营方式是多元经营的。农产品丰获后，农民常常对农产品进行加工，以求更大的经济效益。宣宗大和年间（828—835），京畿地区"百姓多端以麦造面，入城货易"；② 漳浦人林昌业"曾欲舂谷为米，载诣州货之"。③ 一些农民在卖完自己的农产品后，顺便又捎些日用品回来出卖，能多增加些收入，如灵池县村民"将豆、麦入城货卖，收市盐、酪"。④ 在农村，农民常常是在农业收入积聚了一些财富后又兼营商业："咸通初……有楚州江阴农，比壮具以丰岁而货殖焉，其东邻则拓腴田百亩，资锸未满，因以庄券质于西邻，贷缗百万，且言来岁齎本利以赎"⑤，看来，这个东邻农业"丰岁"后经营的商业规模较大，以至于要"贷缗百万"来经营。

家庭编织业也是农民家庭经营的重要组成部分，两税法后这一行业得到进一步发展。如"汴州百姓赵怀正，住光德坊。太和三年（829），妻阿贺常以女工致利"，⑥"女工"成为家庭收入的主要来源。除此以外，编织草鞋、席子、雨衣等也成为家庭收入的来源之一，只要是能满足家人需

---

① 《玄怪录》卷二《尼妙寂》，载《唐五代笔记小说大观》，上海古籍出版社2000年版，第360页。
② 《唐会要》卷九〇《和籴》，中华书局1955年版，第1635页。
③ 《太平广记》卷三五五《林昌业》，中华书局1961年版，第2813页。
④ 黄休复：《茅亭客话》卷八《好画虎》，载《宋元笔记小说大观》，上海古籍出版社2001年版，第445页。
⑤ 《太平广记》卷一七二《赵和》，中华书局1961年版，第1268页。
⑥ 《酉阳杂俎续集》卷三《支诺皋下》，载《唐五代笔记小说大观》，上海古籍出版社2000年版，第730页。

要且能增加家庭收入，农民就会积极从事。例如在武宗会昌二年（842），荆州地区就有妇女织雨衣至十万钱的，"不费女工，自此安，常造雨衣，与胡氏家佣作，凡数岁矣。所聚十三万，备掩藏固有余也"①；又如"江南有芒草，贫民采之织屦，缘地土卑湿，此草耐水，而贫民多着之。伊风子至茶陵门，大题云：茶陵一道好长街，两畔载柳不载槐。夜后不闻更漏鼓，只听锥芒织草鞋"②，这些鞋子是否进入市场，资料中没有说，但是，既然是夜夜"锥芒织草鞋"，农民自家当然不可能消费得了这么多，流入市场是必然的。元和十二年（817），处州刺史苗稷向朝廷进贡麻鞋一万双，宪宗下诏"量宜却还本州"③。处州如此大的鞋子编织数量，该是当地的优势产业，反映了唐代后期农村编织业的发展。当然，这些兼营商业的农民，主要经营粮食、布帛、衣服、鱼、盐、茶、醋、油、柴薪、蔬菜、水果等低值产品，他们资金有限，经营的区域比较狭小，自给自足的自然经济在农民家庭中仍占有不可动摇的地位，但相对均田制下的农村来讲，商品生产和交换是大为发展了。两税法促成了农民产业结构的调整，生产经营向多样化发展。这一发展变化活跃了农村经济，增加了农民收入，农民经济从战争的低谷中复苏和发展，并达到了一个新的高度。农村中雇佣劳动及工商业活动的发展，给农民改变自身经济地位提供了机会，促进了唐代后期乡村富户阶层的兴起和农村租佃方式的盛行，并对此后中国社会发展产生了深远的影响。

第五节　两税法后农村经济的发展及农民阶层的分化

一　两税法后农村经济发展的良好局面

两税法在制度上规定"悉徭杂役悉省"，只征收两税，简化了税收项目，而且禁止随意增加税收数额，否则"以枉法论"；同时对与农民息息相关的土地问题，不再实行僵化的还授制度，农村的土地产权开始明晰起

---

① 《酉阳杂俎续集》卷三《支诺皋下》，载《唐五代笔记小说大观》，上海古籍出版社2000年版，第735页。
② 《太平广记》卷五五《伊用昌》，中华书局1961年版，第342页。
③ 《册府元龟》卷一六八《帝王部·却贡献》，中华书局1960年版，第2027页。

来。因此，两税法的实行，改变了秦汉以来以人丁为主的税收方式，对纳税人产生了深远的影响，对社会经济发展起到了促进作用。诺思认为，"有效率的经济组织是经济增长的关键，当然有效率的组织的产生需要在制度上作出安排和确立产权以便对人的经济活动造成一种激励效应，根据对交易费用的大小的权衡使私人收益接近社会收益"。① 两税法减少了税收的交易费用，"悉徭杂役悉省"，改变了原来"旬输月送"的局面，减少了税收成本，使农民有更多的时间从事农业生产。两税法改革后，由于产权明晰，农民的生产积极性提高了，对土地的生产投入加大了。受战争破坏的北方地区，经济开始恢复和发展，战争期间的大量撂荒被重新开垦。新的生产工具如曲辕犁、筒车的出现，也标志着生产技术的提高。南方经济突飞猛进，成为唐代后期赋税的重心。

受战争破坏最为严重的京畿地区，在安史之乱后经济逐渐复苏，出现了"旧郭多新室，闲坡尽辟田"的局面。在两税法实行不久，河南、陇右地区就开垦了大量荒地，常有水患的澉州地区，元和年间（806—820）已是"濒澉绵地二百里无复水败，皆为腴田"，② 粮食产量迅速增加，元和七年（812）七月，户部侍郎判度支卢坦奏："今年冬，诸州和籴贮粟，泽潞四十万石……太原二十万石，灵武七万石……以今秋丰稔，必资蓄备……各于时价每斗加十文，所冀人知劝农，国有常备。"③ 北方地区由于战争造成了大量的人口损耗，田地荒芜，所以相对而言农户可供耕作的土地增加了。两税法实施后不久，由于关中地区土地荒芜，德宗诏令外地进献耕牛，分给那些有地无牛的农户，由于农户的土地占有量大，所以，为解决牛少地多的局面，德宗规定"其有田五十亩以下人不在给限"，以保证耕牛的使用效率，但是给事中袁高认为不妥，奏云："圣慈所爱，切在贫下。百姓有田不满五十亩者，尤是贫人，请量三两户共给牛一头，以济农事。"不满五十亩的农家，就属于贫户，可见安史之乱后农户占有耕地的数量比开元时期大为增加了。④ 同时，在北方边境地区大力开垦屯

---

① ［美］道格拉斯·诺思、罗伯特·托马斯：《西方世界的兴起》，厉以平、蔡磊译，华夏出版社1989年版，第1页。
② 《新唐书》卷一七〇《高承简传》，中华书局1975年版，第5163页。
③ 《册府元龟》卷四八四《邦计部·经费》，中华书局1960年版，第5788页。
④ 根据上文分析，开元、天宝年间农民户均土地只有40亩左右。

田，安置农户，元和中，"因募人为十五屯，每屯百三十人，人耕百亩。就高为垒堡，东起振武，西逾云州，极于中受降城，凡百六十里，列栅二十，垦田三千八百余顷，岁收粟二十万石，省度支钱二千余万缗"。① 长庆初，泾原渭节度使杨元卿，奏置屯田五千顷，大和五年（831），献纳营田粟二十万石，以补助财政经费开支②四年，疏灵州特进渠，置营田六百顷，③ 北方经济恢复和发展起来。

由于没有战争的破坏，南方农村经济持续发展，即使是落后的福建地区也出现了繁荣的局面。在唐代前期，福建还是"七闽境连百粤，左衽居椎髻之半，可耕乃火田之余"④ 的落后状态。到武则天时期，该地仍没有好转，甚至部分州县建制由于人口规模不够，被迫取消，⑤ 民众为了规避赋役而逃到山洞中生活，《太平寰宇记》卷一百称："山洞幽深，溪滩险峻，向有千里，其诸境逃人多投此洞。"两税法之后福建地区经济迅速发展，《全唐文》卷六九三记元锡《福州刺史谢上表》云："时岁丰穰，流庸自占"，揭示了元和时期福建地区农业丰收和编户附籍情况。福建地区的赋税在唐财政体系中的地位越发重要，李吉甫在《元和国计簿》将福建列为唐政府财政所依靠的东南八道之一。南宋初，浙东人叶适说："闽、浙之盛，自唐而始，且独为东南之望，然而自古所未有也。"⑥ 当然，福建地区的经济发展水平和江淮地区相比，差距仍然较大，唐人罗让在《对才识兼茂明于体用策》中说："大贵根本，实在于江淮，……岭南、闽蛮之中，……无大赡也。"⑦

生产工具的发明与创新同样是农村经济发展的体现。唐代后期新出现的生产工具曲辕犁和灌溉工具筒车，是唐代后期农业技术水平迅速发展的体现。据王兴瑞先生统计，有关唐代水利兴修的记载共有二十八条，其中两税法之前的有八条，两税法之后的有二十条，修建时间不明确的一

---

① 《新唐书》卷五三《食货志三》，中华书局1975年版，第1373页。
② 《旧唐书》卷一六一《杨元卿传》，中华书局1975年版，第4229页。
③ 《旧唐书》卷一七《敬宗文宗上》，中华书局1975年版，第510页。
④ 《全唐文》卷一六四《请建州县表》，中华书局1983年版，第1674页。
⑤ 《全唐文》卷五一三《漳州图经序》，中华书局1983年版，第5209页。
⑥ 《叶适集》第三册，《水心别集》卷二《军事》，中华书局1961版，第655页。
⑦ 《全唐文》卷五二五《对才识兼茂明于体用策》，中华书局1983年版，第5335页。

条。① 综合看来，两税法之后水渠的修建量占到了总数的近72%，后期明显多于前期。水利兴修是个综合性的社会工程，需要有安定的社会环境和广泛的民众参与，唐代后期大量兴修水利本身就表明了两税法后南方地区社会稳定发展的现实。

唐代后期粮食的亩产量也明显提高。根据上文的研究，唐代前期亩产在一石半左右，两税法后，随着生产工具的改进和耕作水平的提高，亩产量比唐代前期有了进步。德宗时陆贽上疏说："私家收租殆有亩至一石者"，②按一般租率为收成量五成计，当亩产两石。贞元八年（792），嗣曹王皋为荆南观察使，在江陵东北七十里重修古堤，整治废田，"广良田五千顷，亩收一锺"③（一锺为六石四斗），这是唐代粮食产量的最高记录。唐代中后期亩产量提高，不仅是农业灌溉技术和耕作技术发展的必然结果，也与赋税制度变迁有着密切的联系。

二 农民阶层的分化

马若孟认为，农民家庭产生贫富差距和其决策水平有很大的关系。这些决策包括种植土地的规模、劳动力的转移、对一定土地的合理利用等方面，有些农户的决策比其他农户做得更好，能够获得更多的收入并积累财富，从而扩大土地经营规模。在每个村庄中都能发现几个富裕的农户，当然做出错误决策的农户必然会越来越穷。④ 而农民的经济活动和国家土地制度及税收制度是息息相关的，由于两税法后国家不再抑止兼并，以钱纳税的税收政策促进了商品经济的发展，导致农村贫富差距拉大，由此农村产生了大量的"富户"阶层和佃户阶层，以及兼营工商业者。有关唐代佃户的研究成果已经非常多，本书对于佃户阶层就不再赘述⑤，重点对农村富户进行研究。

---

① 王兴瑞：《中国农业经济发展史》，载《现代史学》1936年第3卷第1期，第5—7页。
② 《新唐书》卷五二《食货志》，中华书局1975年版，第1357页。
③ 《文献通考》卷六《田赋六》，中华书局1986年版，第69页。
④ 马若孟：《中国农民经济》，史建云译，江苏人民出版社1999年版，第241页。
⑤ 有关论述见胡如雷《中国封建社会形态研究》第五章，生活·读书·新知三联书店1979年版；韩国磐：《隋唐五代史论集》，生活·读书·新知三联书店1979年版，第1—88、133—185页；李文治、江太新：《中国地主制经济论》，中国社会科学出版社2005年版，第150—182页。

农村富户的财富积累和土地经营规模扩大，与两税法后国家不再干预土地、农民有稳定的产权有很大关系。如果从产权这个角度来看，土地买卖本身就是土地资源优化配置的过程，土地的集中还改变了原来均田越分越小、效率越来越低的情况。因此，土地集中也具有二重性。实际上，即使在均田制盛行时期，农民自身也采取措施，通过租佃交换的方式以提高土地的利用率。唐代中期开始出现的田庄，之所以在唐人的记载中如此之多，主要是由于田庄是对小块土地兼并集中的结果，在毗连的土地上集中经营，代表了农村土地经营方式发展的方向。两税法后，均田制瓦解，农民开始通过买卖和租佃对土地进行市场化整合。"有钱则买，无钱则卖"，成了土地流通的最基本方式，"有资买田"而拥有大块土地的农村富户就出现了。与其说两税法改变了赋税征收制度，还不如说是从法律上肯定了贫富分化的事实，并使其进一步加剧。宋太祖"杯酒释兵权"时充分展现了金钱、财富和田宅的吸引力，体现了自唐玄宗以来"至富"与"至贵"思想的发展。总之，富民阶层的出现，是唐宋商品经济推动下财富分化不断加剧的结果。

由于个人对土地拥有产权，"百姓既得为己业，比户欣然，于是葺屋植树，敢致功力"，① 从而在经营土地时获得高投入、高产出，形成了高效的经营方式，使其产出最大化。苏轼非常赞赏这种投资土地的经营方式，认为富人经营土地可以使其效益高、产出大：

> 曷尝观于富人之稼乎？其田美而多，其食足而有余。其田美而多，则可以更休，其地力得完；其食足而有余，则种之常不后时，而敛之则常及其熟。故富人之稼常美，少秕而多实，久藏而不腐。今吾十口之家，而共百亩之田，寸寸而取之，日夜以望之，锄耰铚艾相寻于其上者如鱼鳞，而地力竭矣；种之不及时，而敛之常不待其熟，此岂能复有美稼哉？②

富户对土地的规模经营是以大批农民失去土地为代价的，从而在客观

---

① 《旧五代史》卷一一二《周太祖纪第三》，中华书局1976年版，第1488页。
② 《苏东坡全集·前集》卷二三《杂说》，中国书店1986年版，第298页。

上造成部分农民"无立锥之地",农民家庭的经营方式也随之而变化,唐代中后期租佃制度的发展也体现了这一点。不过,对于国家来讲,拥有土地就要承担相应的国家赋税,因此,在唐宋时期,富户成为国家赋税的主要承担者。

乡村富民主要包括以下几类人。

首先是纯粹依靠经营土地而发家致富的人,这类富人是乡村富户的主体。唐高宗时期就出现了这种现象,如王方翼母"与佣保齐力勤作,苦心计,功不虚弃,数年辟田数十顷,修饰馆宇,列植竹木,遂为富室"。[①] 两税法后,大量富户兴起,咸通乾符年间,汝州编户卫庆"垦田二千亩,……十年间郁为富家翁;"[②] "唐大中末,信州贵溪县乳口镇有童安玗者,乡里富人也。初甚贫窭,与同里人郭珙相善,珙尝假借钱六七万,即以经贩,安玗后遂致富"。[③] 其次是经营手工业,以工致富之人,楚州淮阴富民"䌷绢若干匹,家机所出者",[④] 可见其较大的经营规模。还有大家熟知的定州富民何明远,家有织机五百张,也是一个靠手工业发家的富户。

另外一类是经营商业,"以末致富,以本守之",这类商人在上文中已分析过,无论是经营商业还是手工业,在唐代这样一个以农业为主的社会里,要么是农商、农工兼营,要么就是"以末至财,以本守之",最后资金都要回归到土地上来。

乡村富户的兴起,对唐代社会转型起到了重大作用。首先,乡村富户是国家赋税的主要来源。随着两税法的推行,国家赋税的征收已从按人丁收税的体制转变为以财富为标准的体制上来,财富已经成为国家主要的计税原则。因此,那些聚敛了财富又没有免税特权的占有者就成为国家赋税的主体。国家每当在财政困难而需要征发额外的赋税时,最先想到的就是这些富户,以至于到宋代时一些贫下户农民为了不承担国家赋税,宁愿将自己为数不多的土地送给富室经营。故宋代的史料记载说:"岁常科配,

---

① 《旧唐书》卷一八五《王方翼传》,中华书局1975年版,第4802页。
② 《三水小牍》卷上,载《唐五代笔记小说大观》,上海古籍出版社2000年版,第1180页。
③ 《太平广记》卷一三四《童安玗》,中华书局1961年版,第957页。
④ 《太平广记》卷一七二《赵和》,中华书局1961年版,第1269页。

皆在富室。"其次，乡村富户是国家对乡村实行统治、稳定社会的重要力量。僖宗时期，度支以国家用度不足，向僖宗奏请借富户及胡商财货。盐铁使高骈上言反对："天下盗贼蜂起，皆出于饥寒，独富户、胡商未耳。"① 僖宗感到有道理，就废止了此建议，还是应了孟子"有恒产者有恒心"的古训。在国家危难的时候，富户和胡商能保持稳定，从而对稳定社会具有重要意义。同时，富户在乡村中又具有很强的威信和号召力，"洞庭贾客吕乡筠常以货殖贩江西杂货。逐十一之利，利外有羡，即施贫亲戚，次及贫人"，② 吕乡筠把自己的财富经常散给贫穷乡亲，在乡村父老中具有较高的威信，可以组织民众兴修水利、桥梁等乡村公共设施，丰富民众的公共资源。此外，中唐以来，传统中国社会的乡里制度和赋役制度也发生变化，担任基层社会的管理者不再是一种官吏，而是变成了一种职役负担，一般都是由富户担任，贫者很难负担得起。最后，唐宋时期是古代文化教育特别是乡村文化普及的时期，这与富户的影响和带领是分不开的。管子有言"仓廪实知礼节，衣食足知荣辱"，先富起来的乡村富户，在科举制度的大背景下，有能力推动乡村教育的发展。《北梦琐言》中关于富家衰败的故事很能说明文化教育在家庭中的位置："唐咸通中，荆州有书生号唐五经者，学识精博，实曰鸿儒，旨趣甚高，……常谓人曰：不肖子有三变：第一变为蝗虫，谓鬻庄而食也；第二变为蠹虫，谓鬻书而食也；第三变为大虫，谓卖奴婢而食也。"③ 由此可见，富家是物质财富和文化传承的统一体。

虽然富民已成长为一个社会阶层，但其内部的构成始终处于变动之中。富人阶层处于变动之中的重要原因，是由于这个阶层没有任何的特权，只有靠自己的劳动致富，因此其家庭贫富变化是市场经济的规律使然。《玉堂闲话》记载了一个叫刘十郎的，"壮年时，穷贱至极。与妻佣舂以自给……渐习商贾，数年之内，家累千金……自后夫妇富且老，及其死也，物力渐衰，今则儿孙贫乏矣。"④ 但是，无论农户数量下降还是上

---

① 《资治通鉴》卷二六三"僖宗广明元年"，中华书局1956年版，第8221页。
② 《太平广记》卷二〇四《吕乡筠》，中华书局1961年版，第1555页。
③ 《北梦琐言》卷三《不肖子三变》，载《唐五代笔记小说大观》，上海古籍出版社2000年版，第1823页。
④ 《太平广记》卷一三八《齐州民》，中华书局1961年版，第997页，出《玉堂闲话》。

升，富户阶层始终代表着一股社会力量。在唐前期，统治者对富户采取的是掠夺的措施，"唐初，州县官俸，皆令富户掌钱，出息以给之；息利倍称，有破产者"。① 两税法后，统治者逐步认识到富户在农村中的作用，如韦处厚在策书中认为："理国之本，富之为先；富人之方，劝农为大"，② 富户的出现在农村中起到了示范作用。这一理论也得到了德宗的赞许，标志着统治者由原来的保护自耕农、"患不均"逐步到"劝民""富民"思想的转变。这是一个新观念的飞跃，由此国家对富户开始转变为依靠、利用和帮助，农村富户利益也纳入了统治者优先考虑的范围。刘晏认为，"夫富室，贫之母也，诚不可破坏"，如果赋敛过重，就会导致富室"流为工商浮窳"，影响社会稳定。僖宗在《南郊赦文》中，谈到两税法实行过程中不法行为所带来的损害，首先就考虑了富户所受到的影响，然后才是贫户被破坏的情况。③《全唐文》卷九七五《数陈敬瑄十罪檄》中，杨师立也把陈敬瑄"搜罗富户，借彼资财"作为其不可饶恕的罪责之一，说明乡村富户在国家管理中受到越来越高的重视。

宋人叶适曾说："富人者，州县之根本，上下之所赖也。富人为天子养小民，又供上用，虽厚取赢以自封殖，计其勤劳亦略相当矣，"④ 这是对富人阶层地位和作用的客观阐述。也应看到富户阶层兴起后，政府和富户之间在争夺劳动人手及赋税分配量上存在着激烈的冲突，对此，赵俪生、林文勋等学者多有论述。⑤

小　结

中唐时期的两税法改革对农村社会产生了重大影响。在税收结构上，它统一了税收标准，改革了税收制度，使农民收入与赋税支出渐趋合理，稳定了安史之乱后农村的混乱局面，农村生产和生活趋于安定，并使这一

---

① 《资治通鉴》卷二一二"玄宗开元二年"，中华书局1956年版，第6734页。
② 《全唐文》卷七一五《对才识兼茂明于体用策》，中华书局1983年版，第7348页。
③ 《全唐文》卷八九《南郊赦文》，中华书局1983年版，第931页。
④ 叶适：《叶适集》，《水心别集》卷二《民事下》，中华书局1961年版，第656页。
⑤ 参见赵俪生《中国土地制度史》，齐鲁书社1984年版；林文勋、谷更有：《唐宋乡村社会力量与基层控制》，云南大学出版社2005年版。

局面延续了一百多年之久，甚至一直到"乾符中（874—879），所在犹皆平宁，故老童孺，多未识兵器"①。九世纪中期诗人李绅在《闻里谣效古歌》中对唐中后期农民安逸的生活状态进行了描写：

> 乡里儿，桑麻郁郁禾黍肥，冬有襦袴夏有絺。
> 兄锄弟耨妻在机，夜犬不吠开蓬扉。
> 乡里儿，醉还饱，浊醪初熟劝翁媪。
> 鸣鸠拂羽知年好，齐和杨花踏春草。
> 劝年少，乐耕桑。使君为我剪荆棘，使君为我驱豺狼。
> 林中无虎山有鹿，水底无蛟鱼有鲂。
> 父渔子猎日归暮，月明处处舂黄粱。
> ……②

同时，税收制度的改革使农民经营模式向多样化发展，促进了唐代商品经济的发展，带动了农民家庭收入的增长。这一现象也引起了中外学者的关注，谢和耐认为两税法是唐代税法改革的最终成果，这一成果具有重要的意义，"奠定了其后1200年间中国农村经济的基本面貌，"③对农民家庭和农村经济产生了深远的影响。

由于农民阶层在商品经济下不断发生变化，土地也不断优化组合，促使乡村贫富分化，大量富民和佃农阶层就出现了。由于富户和佃户同是农民阶层的组成部分，在政治上没有特权，但是富户是新生产力的代表者，他们对土地进行优化组合，提高了生产效率。同时，国家也认识到富农阶层的重要性，采取措施保护富农。对佃农的认识也提高到一个新的高度，佃农是农业劳动力的本源，社会应该为他们提供优越的劳作条件和报酬，促使劳动者安心生产。

---

① 《金华子杂编补》，载《唐五代笔记小说大观》，上海古籍出版社2000年版，第1773页。
② 李绅：《闻里谣效古歌》，《全唐诗》卷四八〇，中华书局1999年版，第5502页。
③ 谢和耐：《中国社会史》，江苏人民出版社1997年版，第139页；费正清在《中国：传统与变迁》第139页也有类似叙述。

> 国家以农为重,盖以衣食之源在此。然人家耕种,出于佃人之力,可不以佃人为重? 遇其有生育、婚嫁、营造、死亡,当厚赒之。耕耘之际,有所假贷,少收其息。水旱之年,察其所亏,早为除减,不可有非理之需,不可有非时之役,不可令子弟及幹人私有所扰,不可因其仇者告语,增其岁入之租。不可强其称贷,使厚供息。不可见其自有田园,辄起贪图之意。视之爱之不啻[于](如)骨肉,则我衣食之源,悉借其力,俯仰可以无愧作矣。①

佃农的社会地位与原来的部曲、衣食客相比发生了很大的变化,他们的人身是自由的,他们随时都可以改变租佃关系,恢复他们原来的身份。胡宏在其《五峰集》中就说荆湘之间的客户是:"或丁口蓄多,衣食有余,稍能买田宅三五亩,出立户名,便欲脱离主户而去。"② 在劳作市场上,佃农和富户、地主普遍采取契约形式规定着双方的权利和义务的做法,就体现了这种雇佣劳动的自由和身份平等,这完全是一种市场行为。

两税法改革刺激了城乡商品经济的发展。城市中商品交易突破了坊市的界线,到处店铺林立,很多城市出现了夜市,刘晏五鼓上早朝的时候,在中路就能买到热气腾腾的胡饼,并称赞其"美不可言,美不可言"。③ 乡村中商品经济的发展推动了交易市场——草书和墟市的发展,并向城市化的趋势发展。《唐会要》载"当道管德州安德县,渡黄河,南于齐州临邑县邻接,有灌家口草市一所,……伏请于此置县为上县,请以归化为名。从之";"大历七年正月,以张桥行市为县";④《全唐文》卷七六三盛均《桃林场记》云,武、宣之际,"凌晨而舟车竞来,度日而笙歌不散,……尝闻期月之内变为大县乎? 是斯场人士之所愿也"。农村集市城市化,是农村经济发展的成果之一,有利于农村经济进一步拓延及商品经济的繁荣。

---

① 《袁氏世范》卷三《存卹佃客》,《四库全书》文津阁本,第 698 册,第 634—635 页。
② 胡宏:《五峰集》卷二《与刘信叔书》,《四库全书》本,第 1137 册,第 128 页。
③ 《刘宾客嘉话录》,载《唐五代笔记小说大观》,上海古籍出版社 2000 年版,第 803 页。
④ 《唐会要》卷七一《州县改置》,中华书局 1955 年版,第 1263 页。

第 六 章

唐代农民负担及其历史走向

第一节 唐代正常年景下农民承担的赋税量

农民负担,是一个历史的范畴。即使是部落时期也有部落成员向首领缴纳一定供品的习俗。国家产生后,在中国传统的农业社会中,农民一直是负担国家赋税的主体。只是从农民负担的角度看,古今农民的负担内容略有不同。以唐代社会为例,唐代前期农民的负担是正税租庸调、户税、地税及杂税,唐代后期是两税,此外还有两税法外的诸种加税。现代意义上的农民负担通常把政府及其部门向农民征收的一切税费,包括税收(明税和暗税)、乡统筹、村提留、农村义务工和劳动积累工以及集资、摊派、罚款等统称为农民负担。[①] 在传统社会中,向国家交纳"皇粮国税"是农民普遍接受的义务,对此并无异议。而之所以出现农民负担问题,主要是因为国家对农民赋税的征收量超出了农民所能承受的限度,从而导致农民的生存危机问题。那么,在国家财政体系正常运转的情况下,多少的赋税负担量是合适的限度呢?下文将对此进行分析。

一 中国古代社会的赋税比例

皇粮国税,是农民对国家承担的义务,自古以来就被视为天经地义

---

① 一般来说,农民负担有狭义和广义之分:狭义的农民负担就是农民的费税负担,广义的农民负担不仅仅限于农民的费税负担,还包括地方政府的各种直接和间接的盘剥和侵扰、农民生活消费成本的压力和负担。王春光认为广义的农民负担可以将其分为三个部分:一是费税负担;二是政府作为造成的负担;三是生活成本造成的负担。通常所说的农民负担就是费税负担,包括农业税、农业特产税、牧业税、林业税、屠宰等税和三提五统以及各种乱摊派。见王春光:《农村社会分化与农民负担》,中国社会科学出版社 2005 年版,第 52—54 页。

的。国家契约论的理论认为国家为农民提供了安定的社会环境，制定了系列规章制度，减少了农民的生产成本和交易成本，规避了无秩序社会动荡给农民生存带来的风险，因此农民向国家交纳租金也是合理的，符合契约双方的权、责、利关系。问题的关键在于这个"租金"应该是多少，在家庭收入中占多大的比重才能维持国家机构的顺利运转而又不会影响家庭日常生活的稳定。

通常历代国家制定税收政策，都是以农民家庭所能承受的范围为税收量的参照，"百姓足，君孰与不足；百姓不足，君孰与足"并不仅仅是表面的宣传，而是有切肤的认识。作为亡隋建唐战争中的一员，唐太宗对国家利益和农民利益之间的一致性的认识可谓深刻，"为君之道，必须先存百姓，若损百姓以奉其身，如割股以啖，饱腹而身毙"。[①] 朱元璋同样认为社会的治乱和农民的家庭经济状况有着直接的联系，他说："民富则亲，民贫则离，民之贫富，国家休戚系焉。"[②] 因此，历代赋税政策的制定，都考虑到农民实际的承受能力，以保证农民经济的正常运行为前提。

夏、商、周三代的三种赋税形态，史称"贡""助""彻"，尽管形式上有所不同，但总的税率大致都是十分之一，即所谓"什一而税"，赋税占收入的10%左右。西汉时期，高祖实行"十五税一"，景帝实行"三十税一"，而且终四百年不改，这个赋税量是比较轻的。那么在这样的税收体系下赋税数量有多少呢？《汉书·匡衡传》载："郡即复以四百顷付乐安国。衡遣从史之僮，收取所还田租谷千余石入衡家[③]"，即四百顷田收租谷千余石，租额约为每亩3升至4升。汉代的五口农民之家常常是和百亩之田相对应的，晁错认为农夫五口之家"能耕者不过百亩"，那么农民的百亩之田缴纳3—4石的谷物是不多的，这是田亩税。此外，农民还要缴纳人头税并承担国家徭役，汉代成年人每人岁纳120钱，这是一算。口钱是对未成年人征收的人头税，《汉书·昭帝纪》云："民年七岁至十四出口赋钱，人二十三。"[④] 实际上，汉代口钱以20钱为常。那么，农民

[①] 《贞观政要》卷一《君道第一》，上海古籍出版社1978年版，第1页。
[②] 《明实录·洪武实录》（影印本）卷一七六，洪武十八年十一月甲子，"中央研究院"历史语言研究所1962年版，第四册，第2669页。
[③] 《汉书》卷八一《匡衡传》，中华书局1962年版，第3346页。
[④] 《汉书》卷七《昭帝纪》，中华书局1962年版，第230页，如淳注引《汉仪注》。

五口之家假如有一个老年、夫妇二人、一个孩子为青年、一个为幼年，因老年 60 岁以上赋役俱免要交纳三个成年人的口算，一个未成年人的口钱，总计约是 400 钱。根据居延汉简的记载，"粟一石，直一百一十"①，那么农民一家的人口税，折合粟近 4 石。此外，农民还有更卒（力役）和正卒（兵役）的负担。不过，这两种负担并不是常年有之，正卒赋役期为两年，更卒为每年践更一次，每次一个月。根据《汉书·昭帝纪》记载"诸不行者，出钱三百入官"，② 就是说更赋成为"践更"的代役钱，每人三百。晁错认为，"今农夫五口之家，其服役者不下二人"，那么农民家庭中当有 600 钱的更赋额，相当于五石多粟的价格。汉代的亩产是"百亩之田不过百石"，在农民家庭百石的收获中，还要承担的田地税为 3—4 石，人头税近 4 石，更赋 5 石多，总计约为 13 石。由上述分析，汉代的赋税在农民家庭农业收入中所占的份额如下表所示。

表 6—1　　　　　　　　汉代农民家庭的赋税负担情况③

家庭粮食总收入（石）	赋税负担（石）				赋税支出占农业总收入的比例
	田亩税	人头税	更赋	总计	
100	3—4	<4	<6	约 13	13%

正常年景下，汉代农民家庭负担为农业收入的 13%，这个赋税比例应该说还在农民的承受范围之内。所以，由于汉代农民所承担的赋税量适中，农业生产有了较大的发展，在此基础上可以从社会底层的负担状态了解汉代"文景之治""光武中兴"等盛世局面出现的原因。

---

① 见《居延汉简甲乙编》释文第 16、199 页，转引自《林甘泉文集》，上海辞书出版社 2005 年版，第 271 页。
② 《汉书》卷七《昭帝纪》，中华书局 1962 年版，第 230 页，"如淳注"。
③ 在这一计量中，对于农民耕田数只是大概的估计，有学者认为汉代农民的耕田数很难达到百亩的数量，特别是《江陵凤凰山十号汉墓简牍》中记载农民耕田数都在 20—30 亩，最多的一户也只有 54 亩。不过对于这些亩数是大亩还是小亩，还没有定论，多数学者倾向于大亩。如是大亩，大多数农户的耕田数在百亩左右。限于篇幅，本书就以百亩为准。对于亩产，同样有类似的问题。根据宁可先生的研究，汉代的亩产量低于唐代，但是相差不是太多，（见宁可：《汉代农业生产漫谈》，《光明日报》1979 年 4 月 10 日）根据唐代亩产一石半的水平，汉代亩产一石左右，也基本反映了实际的亩产情况。

唐代是在隋亡的基础上建立的，因此，唐初的统治者比较注意实行轻徭薄赋政策。均田制下农民的赋税负担主要有租、庸、调，户税和地税，汉代的"更赋"在唐代成为了"庸"的内容。此外农民还要服兵役，参加府兵进行戍边。不过由于服兵役并非是农民的常役，而且具体的负担额也难以计量，本书暂且忽略不计。根据前文均田制下农民家庭经济状况的有关分析可知，唐代均田制下农民一般为五口之家，耕种40亩耕地，其中36亩用来经营粮食，亩产粟1.5石，共收入粟54石。由于在计算汉代农户的赋税支出比例时没有将副业收入和外出务工的收入计算在内，因此本文对唐代的农民家庭也不再计算家庭副业和其他非农业收入。根据唐代租庸调制的规定，唐代农户所要交纳的租为每丁2石，庸调折合绢2.5匹，户税为250文，地税是0.8石。要想知道赋税量在粮食收入54石中比例如何，要进行统一单位计量。那么粟、绢之间的比价如何呢？唐代记载米价和绢价的资料非常多，特别是荒年和战争期间记载更多。何时的粮价比例能作为标准呢？开国之时和战乱期间的粮价是应时之策，变动较大，不能作为粮价的参照。倒是开元、天宝年间承平时久，物价较为稳定，可作为绢帛、米粟价格的参照。开元十三年（725），《通典》载："米都至十三文……自后天下无贵物。两京斗米不至二十文，面三十二文，绢一匹二百一十二文。"[1] 以后物价基本保持稳定，至天宝五载（746），物价仍是"米斗之价钱十三……绢一匹钱二百。"[2] 与此相类的比价是敦煌地区的物价，根据大谷文书的记载，敦煌地区粟的价格在每斗34文左右，每石340文，绢价为每匹470文左右[3]，绢、粮的价格比率大体都在3:2到4:3之间，由于敦煌地区的价格是市场中商品交易价格，具有市场中的代表性，本书就以每石粮食340文和每匹绢470文作为价格比例参照。

唐代农民负担的租税包括租、庸、调以及户税和地税，总额为：粟2.8石，绢2.5匹，税钱250文，2.5匹绢折合成粟以后的数量为：

2.5×（470÷340）=3.46（石）

---

[1] 《通典》卷七《历代盛衰人口》，中华书局1988年版，第152页。
[2] 《新唐书》卷五一《食货志》，中华书局1975年版，第1346页。
[3] 韩国磐：《隋唐五代史论集》，生活·读书·新知三联书店1979年版，第225—226页，原载《厦门大学学报》1963年第4期。

250 文钱折合成粟的量为：

250÷340＝0.74（石）

那么，农民所负担的赋税总额为：

2.8＋3.46＋0.74＝7（石）

表6—2　　　　　唐代均田制下农民的家庭负担情况

农民家庭粮食收入（石）	农民家庭赋税负担情况（单位：石）					负担所占比例
54	租	庸、调	户税	地税	总计	12.96%
	2	3.46	0.74	0.8	7	

表中的农民收入仅仅是粮食收入，家庭副业、纺织、编织以及外出佣工等都没有计算在内，如果全部计算在内的话，即使负担中加上服兵役和徭役的支出，农民家庭负担量也应当在10%以内。这个负担量在中国古代农民负担史上是非常有代表性的。这样的负担量，既能保障国家费用支出，也能保障农民家庭日常生产正常运转，这种良性互动的体制，为唐代的社会繁荣昌盛打下基础。

二　农民家庭合理负担量分析及其意义

赋税是国家机构正常运转的财政源泉，对农民保持合理的税收，利国利民。明代思想家丘浚认为"不能不取于民，亦不可过取于民。不取乎民，则难乎其为国；过取于民，则难乎其为民。"[1] 这一征税思想是对国家赋税征收量的最好注解，在"立国"和"为民"之间，国家要找到恰当的平衡点并固定下来，作为制度严格遵守，"是以善于制治保护者，必立经常之法，以为养民足国之定制。"而对于历代非常制的敛民之法，一定要禁止，"汉之告缗算舟车之令、唐之借商税开架之法、宋之径总制钱之类，是皆罔民取利之具，暂行尚不可，况常乎臣于制国"，[2] 只有这样才能有效遏制农民负担的无序增加，从而保持国家长治久安。

---

[1] 丘浚：《大学衍义补》卷二二《制国用·贡赋之常》，《四库全书》本，上海古籍出版社1987年版，第712册，第315页。

[2] 同上。

从对汉代和唐代农民负担分析来看，国家税收占农民家庭收入应该保持在10%左右才较为符合实际，既能满足"国用"，也能保证"为民"。从传统的税收思想看，无论是政论家还是统治者，也大都主张"什一而税"，《礼记·王记》主张对农民"什一而税"，而且在赋役问题上，要"用民之力，岁不过三日"，唐代赋税制度的税收量也大体如此。

唐代农民10%左右的负担量，符合传统的"什一之税"的国家税收思想。唐代统治者较为注意对农民经济的保护和救助，并将其作为国家救助政策确定下来，使农民有了安定的生产环境、稳定的家庭经济运转模式，而且剩余率也达到了20%—30%的较为理想的比例，符合古代治国、治家理念中的"耕三余一"思想，从而奠定了贞观时期社会安定、吏治清明的基础，促成了开元、天宝时期繁荣昌盛的局面。

美国财政学者拉弗认为国家的赋税征收量应该有个限度，这就是根据税基弹性理论所形成的著名的"拉弗曲线"。拉弗曲线的基本观点是：国家财政收入的总量是受税基和个体负担量共同影响的。如图6—1所示，图中纵轴表示政府对个体的赋税征收量，即税率；横轴表示税基量，圆弧表示国家的税收总量。当税基伸展到最大弹性时的税率是图中的"C"点，此时国家的税收收入总量达到最大值。用曲线来说明税率和税收总量之间的因果关系，有助于将农民负担的发展变化置入一种动态过程来研究。

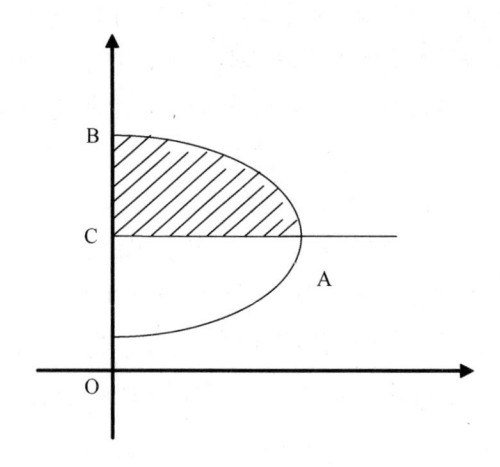

图6—1　拉弗曲线——国家税收和农民负担之间的关系

资料来源：《王祯农书》卷十九，浙江人民美术出版2015年版，第523页。

从图 6—1 可以看到，当税率逐渐升高时，政府的税收量逐渐增大，在税率 C 点以下，税率增高的幅度大于税基减少的幅度，提高税率可以增加国家税收。税率在 C 点以上，税基减少的幅度大于税率提高的幅度，提高税率，反而会减少国家的税收收入。为什么呢？农民的纳税额如果超出一定的范围，必然导致农民负担加重，当加重到一定程度时，要么是家庭经济崩溃，要么是农民背井离乡走上逃亡的道路，最终直接导致税基减少，国家税收量降低。因此，合理的税率既能保障国家的财政收入，又能保障国家的纳税群体——税基的稳定。唐代社会精英群体就认识到对农民轻徭薄赋的价值和意义，认为轻徭薄赋能有效保障国家的财政和税收："人皆知重敛之为可以得财，而不知轻敛之得财愈多也。"李翱解释说："重敛则人贫，人贫则流者不归，而天下之人不来，由是土地虽大，有荒而不耕者，虽耕之而地力有所遗，人日益困，财日益匮。……故轻敛则人乐其生；人乐其生，则居者不流而流者日来；居者不流而流者日来，则土地无荒，桑柘日繁，尽力耕之，地有余利，人日益富，兵日益强。"① 李翱认为，传统的"什一之税"就是最合理的税率，符合这一标准的就是轻敛，超过这一税率就是重敛。

因此，是否可以这样说，传统的"什一之税"的税率，就是拉弗曲线图中的"C"点，如果超出了这个限度，就像是李翱所说的"重敛"。虽然农民承受赋税的能力有一定弹性，但从长远来看"重敛"对社会造成的损害无可估量。秦始皇时期的赋税达到了"收泰半之赋，发闾左之戍，男子力耕不足粮饷，女子纺绩不足衣服。竭天下之资财以奉其政，犹未足澹其欲也，"结果是"海内愁怨，遂用溃畔"。② 秦代统治者在关中平原上励精图治，在战国群雄争霸的局面下脱颖而出，统一六合；最终却在农民负担的问题上栽了跟头，结果草草收场，二世而亡。对于统治者来说，"二世而亡"这样的后果是最为可怕的，因此，他们在税收政策上都尽量避免对立局面的出现；对于农民来说，过重的税收负担使他们正常的生产、生活被破坏，贫困、疾苦伴随而来。由以上分析可见，农民负担加重对国家和农民双方都是有害的。因此，农民负担过重，无论是对于以

---

① 《全唐文》卷六三八《平赋书》，中华书局 1987 年版，第 6440 页。
② 《汉书》卷二四上《食货第四上》，中华书局 1962 年版，第 1126 页。

统治者为代表的国家还是对于农民群体都是不希望出现的。

不过,这个10%的税收比例是个相对量。随着农民总收入的增加,恩格尔系数不断下降,农民在保证正常的生活和再生产的情况下盈余增加,此时拉弗曲线中的"C"点会比原有水平有所提高。当然,税率的提高也要保持在一定的范围之内,从拉弗曲线也可以看出,税率超出"C"点过多会引起农民负担加重,从而降低了农民再生产的能力和积极性,导致税基减少,整个国家税收总量下降。一如现在,当今农业生产的技术水平不可谓不发达,化肥、农药、农膜等农资的使用,以及农机等现代技术的推广远非是传统社会所能比,虽然中央三令五申要求将农民负担控制在年收入的5%以内,但很多地方都远远高于这个数字,有的已经达到甚至超过了警戒线。根据王春光对2002年甘肃、重庆地区的调查,发现农民的负担大多数还在总收入的10%以上,有的甚至达到了总收入的40%以上(是总收入而并非仅仅是农业收入),[①] 在这种情况下,不要说农民经济的发展,就是农民家庭日常的温饱都难以保障。因此,要解决农民的负担问题,就要从历史中进行借鉴,了解农民负担的合理承担范围,从而制定相应的税收政策,这才是有效的解决途径。可喜的是,从目前国家对减轻农民负担甚至是减免农业税的努力来看,其减轻农民负担的力度是前所未有的。但是,农业生产资料价格上涨、就医、上学等都还是农民不小的负担。根据世界上大多数发达国家现代化进程来看,大体上都遵循着工业化初期农业向工业提供生产资本和供应廉价原料,工业化中后期工业反哺农业、城市逐步扶助乡村的规律。从目前我国的产业结构来看,第二、三产业的产值比重已经远远超过第一产业,我国已经进入了工业化中后期。因此,随着国家现代化进程的加快以及第二、三产业产值在国民生产总值中所占比重的逐步增加,农业的税收完全可以免除。而且,只有完全减免农业税,积极促进工业反哺农业,加大对农村医疗、教育等体制的改革力度,完善农村社会保障体系,才是解决目前农民负担问题的根本途径。

---

① 王春光:《农村社会分化与农民负担》,中国社会科学出版社2005年版,第86—87、97—99页。

第二节　唐代农民负担加重的原因及其后果

　　唐代农民负担加重的主要原因是由于国家从个体税收量上加大了对农民的征收。唐代前期的正税是租庸调，后期是两税。租庸调的数量在有唐一代基本没有发生大的变化，而两税的数额却常有反复。正税之外，国家在一些时候又征收杂税，杂税是加重农民负担的重要因素。杂税征收的主要原因是由于国家官僚队伍的膨胀、官吏盘剥、战乱国家财政压力加大等因素。自然灾害也在一定程度上减少了农民收入，增加了国家的赈灾支出。

　　农民负担加重后对农民经济有两方面的影响：首先，负担加重促使农民缩减生活支出并努力扩大收入渠道，从而增加收入以抵消负担增加带来的消极影响；其次，当农民增加的负担量超出了农民所能承受的范围后，就会导致农民家庭经济崩溃，农民逃亡，农村破产。所以，国家加重农民负担后，从短期效益来看，增加了国家税收、缓解了国家的财政压力，但却是饮鸩止渴，缺乏可持续性。

一　农民负担加重的原因

　　农民负担加重体现了国家统治成本的提高，而统治成本增加的原因主要是由于官员俸禄和军费开支耗资巨大。德宗建中二年（781），沈既济上疏认为当今天下财赋损耗之大者，唯有二事，第一为兵资，第二为官俸，其余杂费十不当此二事之一[1]，可见兵资、官俸二事是唐代农民负担加重的主要因素。

　　首先分析官员的俸禄问题。在国家财政支出中，官员俸禄占据了相当大的比例，先贤墨子就认为如果农民遇到水旱灾害等情况收成不好，就直接影响到官员的俸禄发放，甚至提出五谷损失的比例就是官员俸禄损失的比例[2]，可见官员俸禄支出在国家财政体系中占有重要比例。《唐会要》

---

[1]《全唐文》卷四七六《论增待制官疏》，中华书局1983年版，第4865页。
[2]《墨子》卷一《七患第五》曰："一谷不收谓之馑，二谷不收谓之旱，三谷不收谓之凶，四谷不收谓之馈，五谷不收谓之饥。岁馑，则仕者大夫以下皆损禄五分之一。旱则损五分之二。凶，则损五分之三。馈，则损五分之四。饥，则尽无禄禀食而已矣。"《诸子集成》本，第14—15页。

对唐代官吏的俸禄记录如下：①

> 一品三十一千：月俸八千，食料一千八百，防阁二十千，杂用一千二百文。二品二十四千：月俸六千，食料一千五百，防阁十五千，杂用一千文。三品十七千：月俸五千，食料一千一百，防阁十千，杂用九百文。四品一十一千八百六十七文：月俸四千五百，食料七百，防阁六千六百文，杂用六百文。五品九千二百：月俸三千，食料六百，防阁五千，杂用五百文。六品五千三百：月俸二千三百，食料四百，庶仆二千二百，杂用四百文。七品四千五百：月俸一千七百五十，食料三百五十，庶仆一千六百，杂用三百五十文。八品二千四百七十五文：月俸一千三百，食料三百，庶仆六百二十五文，杂用二百五十文。九品一千九百一十七文：月俸一千五十文，食料二百五十，庶仆四百一十七文，杂用二百文。

这里对官员俸禄的记载中还不包括官员的职田、公廨田等，由此可见官员俸禄数目的庞大。唐代建立之初，一切精兵简政，"贞观六年，大省内官，凡文武定员，六百四十有三而已。"② 但是，太宗以后，官僚队伍迅速膨胀，显庆二年（657），"内外文武官一品以下，九品已上，一万三千四百六十五员"；③ 到玄宗时期，官员达到"一万八千八百五员。其中内官二千六百二十一，外郡县官一万六千一百八十五。"隋代盛时的官员数量仅为一万二千五百七十六员，④ 玄宗时官员数量比隋代增长了约50%。到了元和年间，文武官吏及食禄者达到了三十六万八千六百六十八人的新的顶点，⑤ 如果以当时全国的纳税户一百四十四万来计算的话，⑥ 平均是每七户供奉两个官员。

由于官员队伍的迅速膨胀，官俸支出庞大，国家财政出现困难。为了

---

① 《唐会要》卷九一《内外官料钱上》，中华书局1955年版，第1654—1655页。
② 《通典》卷一九《历代官制总序》，中华书局1988年版，第87页。
③ 《旧唐书》卷八一《刘祥道传》，中华书局1975年版，第2751页。
④ 《通典》卷一九《职官一》，中华书局1988年版，第481页。
⑤ 《通典》卷四〇《职官二二》，中华书局1988年版，第1106页。
⑥ 《旧唐书》卷四〇《宪宗纪上》，中华书局1975年版，第424页。

缓解国家财政紧张的状况，统治者只好在农民的赋税问题上打主意，开始设立许多新的税目。先是作为社会公益性"以备凶年"的义仓，逐渐变成了农民必须交纳的赋税，并且统治者可以随意挪用，"高宗、武后数十年间，义仓不许杂用。其后公私窘迫，贷义仓支用，自中宗神龙之后，天下义仓，费用向尽"；① 其次是杂税的订立。武周晚年开始有了关于征收户税的记载，《旧唐书》卷四三《职官志》比部郎中员外郎条载："凡税天下户钱，以充州县官月料，皆分公廨本钱之利"，玄宗时期将户税征收纳入正轨，开元十年（722）"复税户以给百官"。青苗钱的征收也是为了解决官员的俸禄问题，《资治通鉴》卷二二三载："税天下青苗钱，以给百官俸。"② 安史之乱后，官民比例更为悬殊，杜佑认为兵革之后，出租赋者减耗严重，而食租赋者仍旧，"如一州无三数千户，置五六十官员，十羊九牧，疲吏烦众"。③ 在这种情况下，由于官民的比例增加，农民个体所负担的税额自然是增加了。

  官员队伍剧增所引起的财政开支增加，是农民负担增加的重要原因，而各级官吏的横征暴敛、巧立各种赋税名目，是另一因素。墨子认为"以其常正（征），收其租税，则民费而不病。在所苦者非此也，苦于厚作敛于百姓"；④ 西汉元帝时御史大夫贡禹说："农夫父子暴露中野……已奉谷租，又出稿税，乡部私求，不可胜供"，⑤ 可见国家制定的常税农民能负担得起，而官吏的额外盘剥却让农民无力承受。唐代前期，各级官吏对农民额外加税的情况并不严重。到玄宗时期，吏治相对败坏，当时王珙为御史中丞、勾当户口色役使，"输纳物者，有浸渍折枯，皆下本郡征纳，恣行割剥，以媚于时，人用嚣然；"⑥ 宋璟的儿子宋浑在任平原太守时，统治残暴，使民不聊生，"在平原，暴敛求进，至重取民一年庸、租，"⑦ 由此平原地区的农民生活自然困苦。安史之乱后，地方吏风大坏，

---

① 《通典》卷一二《轻重》，中华书局1988年版，第291页。
② 《资治通鉴》卷二二三，广德二年七月，中华书局1956年版，第7165页。
③ 《通典》卷四〇《职官二二》，中华书局1988年版，第1108页。
④ 《墨子》卷一《辞过》，《诸子集成》本，第18页。
⑤ 《汉书》卷七二《贡禹传》，中华书局1962年版，第3073页。
⑥ 《册府元龟》卷五一一《诬罔》，中华书局1960年版，第6122—6123页。
⑦ 《新唐书》卷一二四《宋璟传》，中华书局1975年版，第4394页。

"王锷在镇日,不恤凋残,唯务差税。淮南百姓,日夜无憀。五年诛求,百计侵削,钱物既足,部领入朝。"①德宗贞元二十年,关中大旱,但京兆尹李实却"为政猛暴,方务聚敛进奉,以固恩顾",正赋杂税如数征收,毫不放免。人穷无告,乃彻屋瓦木,卖麦苗以供赋敛。当时,有个叫成辅端的优人写了一首打油诗讥讽此事,诗曰:"秦地城池二百年,何期如此贱田园。一顷麦苗伍石米,三间堂屋二千钱。"②由此可见,由于地方官吏盘剥,农民负担加重的现象普遍存在。

其次分析唐代军费和战争的耗费情况。唐代兵役制度变革导致军费开支剧增,也成为农民负担加重的原因之一。在均田制时期,国家实行府兵制度,农民自备衣粮、兵器,参加一定期限的兵役,这是一种寓兵于农的制度,所以国家养兵省费,财政负担不大。但是,到开元末年(741),府兵弊耗,难以保证兵源,政府改行长征兵,谓之彍骑,由政府出资进行招募。到中唐,府兵制完全改行募兵制,军费因之剧增。"开元初,每岁边费约用钱二百万贯,开元末已至一千万贯,天宝末更加四五百万矣"。③如此增加的财政负担,最后自然都要落到农民头上。

一方面国家为稳定局势不断增兵,另一方面国家纳税群体却在减少,这就导致在籍农民负担进一步加重。宪宗元和年间(806—820),供岁赋者共有八道,户一百四十四万,比开元、天宝时期仅及四分之一。兵食于官者八十三万,比天宝时增加了三分之一。这样计算下来就是"两户资一兵",④农民家庭负担岂有不加重之理。由于支出庞大,国家只好加大对农民赋税的征收,资本税(除陌)、间架税等税收内容都是军费支出增加的产物。除了军费增加带来的农民赋税增加外,战争对农民经济的破坏也加重了农民负担。有唐一代近三百年是历史上战争较为频繁的时期;耗费甚巨,财政支出庞大。而农民除了要支付战争的费用之外,还要承担战争对经济的破坏。元稹认为:"兵兴则户减,户减则地荒,地荒则赋重,

---

① 《白居易集》卷五八《奏状·论王锷欲除官事宜》,中华书局1979年版,第1240页。
② 《旧唐书》卷一三五《李实传》,中华书局1975年版,第3731页。
③ 《通典》卷一四八《兵序》,中华书局1988年版,第3780页。
④ 《旧唐书》卷四四〇《宪宗纪上》,中华书局1975年版,第424页。

赋重则人贫",①当战争爆发时，农村中强壮男子和耕畜都被拉走服役，农户无法像以前一样有效地翻耕土地、播种、灌溉、中耕和收获，结果是农业产量下降，家庭破产，生活难以为继。卜凯就把中国农民生活水平下降归罪于盗匪和军阀士兵。②

除了官员俸禄和军费两项因素外，物价的变化也常常导致农民负担增加，特别是两税法后的物价变动对农民赋税负担的影响较为明显，本书将在下面章节中进行讨论。

二 农民负担加重后的结果分析

根据上文的分析，当国家对农民征收的赋税率超出了拉弗曲线中的"C"点后，农民只有从"增源"和"节流"两方面来维持家庭经济的收支平衡。如果还无法保证家庭经济正常运转的话，农民就只有放弃农业经营，将资源和资金进行转移，甚至离开村落，重新寻找生路。因此，农民负担加重后对农民经济行为的影响可用图6—2表示。

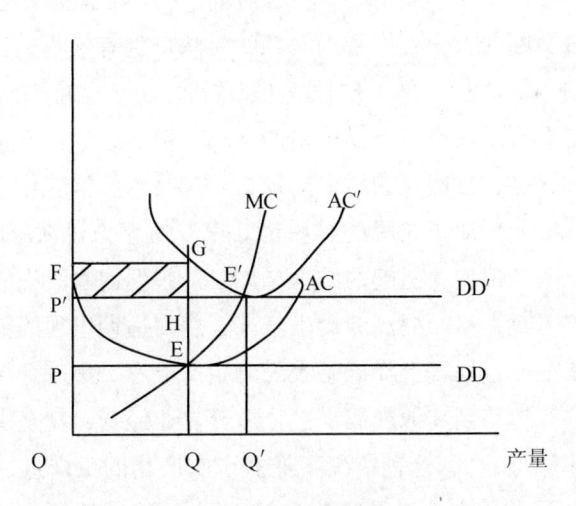

图6—2 农民负担加重后对农民家庭经济的影响

资料来源：《王祯农书》卷十九，浙江人民美术出版社2015年版，第523页。

---

① 《元稹集》卷二八《策·才识兼茂明於体用策一道》，中华书局1982年版，第333—334页。
② [美] 马若孟：《中国农民经济》，史建云译，江苏人民出版社1999年版，第239页。

从现代经济学的角度看，农民负担对农户经济生活的最直接的影响是减少了农户的可支配收入。从生产者均衡理论来看，农民负担加重相当于增大了农产品的边际成本。我们可以将农民经济看作完全竞争市场来分析。图中的 DD 线代表农户的平均收益（AR）和边际收益（MR）线。在原有农民负担的情况下，农户的边际成本（MC）和平均成本（AC）线如图所示，此时均衡价格为 MC = MR 时的 P 点。如果农民负担增加，其结果是：在短期内农户的平均成本增加，AC 线将上移为 AC′，这时形成新的均衡价格 P′和新的均衡数量 Q′。但是由于农业生产的周期性，农户无法在短期内调整产量和生产规模，同时他们又是完全竞争市场上价格的接受者，农户就必然要承担一定数量的亏损，即由于在原均衡产量 Q 下要承担新的平均成本 AC′引发的亏损，其大小如图 6—2 中阴影部分 P′HGF 的面积。从长期来看，农户将调整产量和生产规模使 Q 变为 Q′，这时产量的增加会降低农业生产的边际成本，形成不同于均衡点 E′的又一个均衡；在市场价格保持不变的情况下，有可能减轻农民的亏损程度。但是，根据西方经济学中"谷贱伤农"的原理以及农业决策的时滞性，由农民负担加重引起的农户生产亏损问题将无法得到有效解决。

从对该图示的分析可知，农民负担加重后，家庭经济面临着三种选择。第一是寄希望于农产品市场价格的波动，但是，这样无疑会增加农户的市场风险。而且，在唐代的赋税史上，农产品的价格变化不仅没有减轻农民的负担，反而增加了农民的赋税量。第二是想方设法降低生产成本，以减弱或者抵消负担加重引起的成本增加，这就促使农民积极使用新的耕作方式和生产工具，从而提高劳动生产率。唐代后期出现的新的生产工具曲辕犁和筒车在一定程度上降低了农民的生产成本。第三是转移，即农户将资金、人力等转移到其他产业中去，放弃农业经营，甚至由此离开家园外出谋生，即"逃户"，这种情况下降低了农产品的生产量，减少了国家税收，甚至出现了令统治者最感头痛的流民问题。安史之乱后天下户口"十耗其九"，而有些地方州县不仅不赈济农民反而"税外横取……人不堪命，皆去为盗贼"，引发了农村社会的动荡。最后由于落实了国家的赈济政策，"谨察州县灾害，蠲除振救，不使流离死亡"，[1] 才使农民安定下

---

[1]《新唐书》卷一四九《刘晏传》，中华书局 1975 年版，第 4797 页。

来。因此，农民如果"财已竭而敛不休，人已穷而赋愈急，其不去为盗也，亦幸矣①！"由此可见，负担加重后，逃亡甚至举事常常成为农民最后的选择。

对于唐末发生黄巢等大规模农民起义的原因，唐代统治者心知肚明，"近日东南州府，频奏草贼结连，本是平人，迫于饥馑，驱之为盗，情不愿为"。②农民起义是不得已而为之，加上地方官吏的腐败和盘剥，"或淫刑滥杀，或剥衣及肤，失业亡家，父南子北，多使饥者不得食，寒者不得衣，奔窜道途，跧藏山谷，耕桑甚废，旱沴相仍，结为仇雠，聚为盗贼。冤愤之气，上达于九天；激怒之威，横行于千里"。③但是，僖宗此时也是无可奈何，减少赋税就无法解决财政困难，要解决财政的困难，只有增加税收，而如此又会激起民变。因此对于统治者来讲，加重对农民税收，无疑于饮鸩止渴，最终得不偿失。所以，唐代统治者在保证国家财政收入和减轻农民赋税量的问题上，实施了一系列的改进措施，如唐代后期重商税、盐税措施以及武宗时期的灭佛运动等。

第三节 唐代减轻农民负担的努力及历史走向

唐代是为解决农民负担而进行重大变革的时代，主要体现在国家对赋税征收体系上进行的调整，即把传统的征税内容以"税人"开始向"税资""税地"过渡，充分体现了税收制度的进步。新的税收制度使农民缴纳的赋税量与其家庭经济能力相适应，在很大程度上促进了农民经济的发展。

一 唐代政府减轻农民负担的努力

农民是国家赋税的主要承担者，农民群体的稳定关系到国家的长治久安。因此，对于如何减轻农民负担、保持赋税公平征收，唐代统治者进行了一系列的努力。

---

① 马其昶：《韩昌黎文集校注》卷四《送许郢州序》，上海古籍出版社1987年版，第237页。
② 《全唐文》卷八七《改元广明诏》，中华书局1987年版，第912页。
③ 《全唐文》卷八九《车驾还京师德音》，中华书局1987年版，第927页。

第一，从制度着手，改革国家税收制度，切实减轻农民负担。

自秦汉以来，国家对农民实行的是轻税重赋的政策，人口是征税的重要标准。唐初实行的是北朝以来的租庸调制，"有田则有租，有家则有调，有身则有庸"，①丁口在赋税征收中占有重要地位。虽然相对于北朝以来的赋税制度在唐代已经有了很大的修正，且更为重视人文关怀和劳动力的保护，如赋役也不再限制"丁五十岁"以上才能以庸代役，均可纳钱代役；一再提高成丁、降低入老的年龄，体现了国家对生产者人身控制的松弛。但是仍然有其弊端，即唐代均田制下普遍存在受田不足的问题，影响到农民的家庭收入和缴纳赋税的能力。

安史之乱的爆发对于租庸调制的赋税体系是个致命的打击——农民在战争中的损耗和逃亡使政府控制的丁口锐减，以丁征税的税收体系发生了严重的困难。唐政府在增加国家财政收入和减轻农民负担的问题上，进行着艰难的抉择：对农民征收各种杂税势必增加农民负担、引起以致民变；但国家庞大的财政支出又不能不维持。在这种情况下，以土地、资产为征税对象的赋税体系就走上历史舞台，以征收标准由"人丁"向"资产"转变的赋税改革势在必行。

建中元年（780），德宗采取杨炎的建议实行两税法。征收的标准是"户无主客，以见居为簿。人无丁中，以贫富为差"；征收的内容是"丁租庸调及杂税等一切税收，并入两税"。从两税法的内容来看，其进步意义在于改变了过去以人丁为征收标准的做法，以资产征税，乡村富户和有产阶层成为国家承担赋税的主体，体现了社会进步和公平。同时，放松了对农民的人身控制，农民有更多的时间从事生产，而且赋税全部并入两税，"余征额息罢"，改变了农民过去缴纳杂税而"旬输月送"的局面。

中唐时期的两税法改革对农民负担产生了重大的影响，在前面《两税法改革与唐代农民经济》的章节中已进行了探讨，农民负担在一定程度上得到了减轻。由于两税法产生于社会战乱的德宗时代，税收数额还不稳定，但是它是一种制度的创新。从长远看来，以"税资产"为主体的两税法改革稳定了国家的财政状况。正如诺思所说，"制度变迁的成本与收益之比对于促进或推迟制度变迁起着关键作用，只有在预期的收益大于

---

① 《新唐书》卷五二《食货志二》，中华书局1975年版，第1354页。

预期的成本的情形下,行为主体才会去推动直至最终实现制度的变迁"。①统治者认识到有田、有产者是国家稳定的、可保障的税源,这是两税法改革的根本动力。

第二,精简机构、裁撤冗员,降低统治成本,减轻国家财政负担。

官员俸禄是国家财政支出的重要内容,因此抑制官僚队伍的膨胀、减少官吏数量,是减轻农民负担的重要措施。唐代前期官员数量相对合理,但是到了唐代中后期,官员数量膨胀,官民比例失调。为缓解这一状况,德宗于贞元二年开始裁撤地方冗员,"诏省州县官员,上州留上佐、录事、参军、司户、司士各一员,中州上佐、录事、参军、司户、司兵各一员,下州上佐、录事、司户各一员,京兆河南两府司录、判司及四赤丞、簿、尉量留一半,诸赤畿县留令、丞、尉各一员"。②宪宗朝宰相李吉甫认为不仅要减少机构官员的数量,而且要精简机构,撤并州县,减少州县数量,才能从根本上缩减官僚队伍,建议"州县有可并并之,岁时入仕有可停停之,则吏寡易求,官少易治"。宪宗听从了李吉甫的建议,"乃诏给事中段平仲、中书舍人韦贯之、兵部侍郎许孟容、户部侍郎李绛参阅蠲减,凡省冗官八百员,吏千四百员"。③对地方官员的规模严格控制,限定官民数量的比例,防止反弹。

唐政府控制官员数量的成效并不显著,每次裁撤官员的风潮过后就催生出更多的机构和官员。元和年间的裁撤风暴过后,文武官吏及其食税者不仅没有减少反而达到了三十六万八千六百六十八人的新高,如果以当时全国的纳税户一百四十四万来计算的话,平均是每七户供奉两个官员④,因此唐代裁撤官员的最终结果与其初衷是相反的。此后历代政府裁撤官员的努力,大都与此相类,与初衷相去甚远。

第三,蠲免灾穷,救济贫弱,直接减少农民的赋税负担量。

对社会贫弱进行救济,这是中国古代社会的通例。关于唐政府对社会贫弱及灾荒的救助,前文《农民家庭经济的管理与运行》中已经进行了

---

① 道格拉斯·诺思:《经济史中的结构与变迁》,《译者的话》,上海人民出版社1994年版,第7页。
② 《旧唐书》卷一二《德宗纪》,中华书局1975年版,第356—357页。
③ 《新唐书》卷一四六《李吉甫传》,中华书局1975年版,第4741页。
④ 《通典》卷四〇《职官二二》,中华书局1988年版,第1106、1108页。

论述。唐政府的这些政策和措施都在一定程度上减少了农民税收，有利于农民正常生产和生活的开展。除了对受灾地区和社会弱势群体进行救助外，唐政府还经常对个别地区乃至全国区域进行赋税蠲免，以期体现"皇恩浩荡"，从而客观上达到了减轻农民负担的目的。

太宗时期，由于关中地区是供应首都长安赋役的主要地区，负担沉重，"贞观三年，诏关中免二年租税，关东给复一年。寻有敕：已役已纳，并遣输纳，明年总为准折，"由此"老幼相欢，或歌且舞"，[①] 盛赞皇帝的蠲免政策。唐代的历代皇帝，都有相应的蠲免措施。中宗景龙四年（710）夏六月，"天下百姓免今年田租之半"[②]，对全国的田租进行减半征收，甚至到了玄宗开元二十七年（739），"百姓免今年租税，"而且对农民往年所欠的赋税一并减免之，"天宝元年春正月丁未朔，大赦天下，改元，常赦不原咸赦除之。百姓所欠负租税及诸色并免之。"[③] 政府的轻税政策有助于农民经济和社会发展的良性循环，轻税必然导致民富，民富必然使人口增值迅速，人口增值的后果是扩大了税基，增加了纳税人口和税收总额。玄宗时期能减免全国的税收，这一方面是国家富庶的体现，另一方面也是国家轻税政策良性循环的结果。

安史之乱后，税目多如牛毛，社会动荡不已。为此，代宗皇帝忧心忡忡，由于战争耗费巨大、财政拮据，以致连官员的俸禄都无法发放。为了稳定社会，减轻关中农民过重的负担，代宗于永泰二年在《诏京兆府减放税粮及青苗地头钱》的诏令中明确要求"京兆府今年合征八十二万五千石数内，宜减放一十七万五千石，青苗地头钱宜三分取一。"[④] 代宗减免的数额不大，这与政府的财政拮据、时局艰难有关。德宗在农民负担问题上是颇受非议的，赵翼干脆就认为德宗"天资好利"[⑤]，不重视解决农民的负担问题。其实，在解决农民负担的问题上，德宗确实是有富民、强国的雄心。大历十四年（780），德宗即位，邕州把一个产量很高的金矿

---

① 《贞观政要》卷二《纳谏第五》，上海古籍出版社 1978 年版，第 66 页。
② 《旧唐书》卷七《睿宗纪》，中华书局 1975 年版，第 152 页。
③ 《旧唐书》卷九《玄宗纪下》，中华书局 1975 年版，第 210、214 页。
④ 《旧唐书》卷一一《代宗纪》，中华书局 1975 年版，第 284 页。
⑤ 王树民：《廿二史箚记校证》卷二〇《间架除陌宫市五坊小使之病民》，中华书局 1984 年版，第 436 页。

献给朝廷，表示庆贺。但是德宗没有接收，反而以救助地方百姓为重，敕将金矿交给当地的贫困百姓任凭开采，并且要求王公卿士不得与民争利。① 德宗不是不想减轻农民的负担，贞元十四年（800），在其《放免诸道积欠诏》中说得很明白："朕临御兆人，为之父母，思厎于道，俾安其生。然则邦计不可不供，封疆且以集事，而累经水旱，或有流庸，积成逋悬，寝以凋瘵。每念于此，惕然疚怀，中宵以兴，思拯其弊。将以悯其疾苦，致于康宁，岂可更扰疲人，尚为徵敛，宜宏善贷，以惠困穷，"而且德宗所面临的是一个藩镇异心、险象环生的社会环境，并且有因军粮不足而士兵哗变的前车之鉴，因此对于国家财政问题相当重视，甚至有敛财、好利之嫌。但是，即使在这种情况下，德宗仍然做出了"其诸道州府应欠负贞元八年九年十年两税，及榷酒钱，总五百六十万七千余贯，在百姓腹内，一切并免"②的放免决定，此后又于贞元二十年（804年）作出了免京畿"六十五万石"③的租税决定。所以，直到明代的丘浚仍然对唐德宗关于两税外又加税问题持理解态度，他认为两税法"立法之初谓两税之外不许分毫科率，然兵兴费广不能不于税外别有征求耳，此时之弊非法之弊也"。此后的宪宗、文宗、武宗等在减税问题上也大都有政于此。

二 农民负担的历史走向

以两税法为起点，国家的税收制度逐步由税人向税地转变，这一过程到清代雍正年间推行的"摊丁入亩"及康熙"盛世滋生人丁，永不加赋"的诏书中完成，历时 1000 余年。此后，在近代工业化的过程中，随着商品经济的蓬勃发展，国家赋税征收迅速向个人收入、土地产出、企业利润转变。从英国产业革命至今不足 300 年，发达国家早已形成了比较完备的税制，即企业累进所得税、个人累进所得税、遗产税、房产税、土地占用税等。人身从国家税制中解放出来，换位于以各种实际收入和财富数量作为税基，是社会的巨大进步、现代文明的标志。

历史发展的趋势不可抗拒，农民负担问题最终将会得到解决，这是大

---

① 《唐大诏令集》卷一一二《放邕府金坑敕》，商务印书馆 1959 年版，第 583 页。
② 《全唐文》卷五三《放免诸道积欠诏》，中华书局 1987 年版，第 572 页。
③ 《全唐文》卷五三《免京畿积欠诏》，中华书局 1987 年版，第 575 页。

势所趋。但是，在传统社会中税制改革却经历了一个曲折的发展过程。以唐代为例，唐代的两税法改革虽然杂税合一，统一了税收，但在实际执行过程中却远离了税改初衷，税中加税、税外有税成为经常发生的事情，甚至已经并入税额的杂税又重新开始征收。德宗诏令："今后除两税外，辄率一钱以枉法论"，可是实施税改之后的第二年（781）就发生了五镇连兵对抗中央的局面，战争耗费严重，中央财政吃紧，甚至由于军粮不足而发生了建中四年（784）的"泾源兵变"事件，直接威胁到中央政权。所以，在建中三年（782），中央不仅允许淮南节度使陈少游在两税的基础上增加20%，而且"诏他州悉如之"；贞元八年（792）四月，又批准了剑南西川观察使韦皋在已有两税的基础上加税什二的奏请①。此后，加征两税钱便是经常事，如宪宗元和二年（807），严砺在梓、遂二州两税外，"加征钱共七千贯文，米共五千石"。② 除了对两税额直接加税外，唐政府又在两税外增加诸色加税，如折纳、折籴、虚估与实估、加耗、摊征等，此外为应对危局，又征收间架税、除陌钱等杂税，早已并入两税中的青苗税也重新征收。由于加征的税目繁多，难以一一列述，这些有的是临时性的加税，有的就作为新的税种保留了下来。这种随意征税的做法，给两税法税制改革造成了根本性的损害。

除了增税额和加税目之外，物价的变动也增加了农民负担。正如陆贽在《均节赋税恤百姓第一条》中讲到，刚行两税法的唐德宗年间是"纳绢一匹，当钱三千二百文"，而实行两税法之后的时间里，绢价迅速下滑，"今者纳绢一匹，当钱一千五六百文。往输其一者，今过于二矣，虽官非增赋，而私已倍输"，将钱折绢交纳，折征转手，农民的税额被无形中加重了一倍多。统治者也认识到问题所在，穆宗即位不久，元和十五年（820）闰正月诏："当今百姓之困，重情所知。欲减税则国用不足，依旧则人困转甚。货轻钱重，征税暗加。"③ 穆宗的诏书中既有对农民税重的同情，也有对两税暗增现象的无奈。

明代的一条鞭法税制改革，在税额的加税问题上和两税法有着相似的

---

① 《唐会要》卷八三《租税上》，中华书局1955年版，第1537页。
② 《册府元龟》卷六九八《专恣》，中华书局1960年版，第8334页。
③ 《册府元龟》卷五〇一《钱币》，中华书局1960年版，第6003页。

结局。万历九年（1581），为了解决明朝政府的财政困难，减轻农民的不合理负担，使"豪滑不得欺隐，里甲免赔累，而小民无虚粮，"开始实行一条鞭法，"总括一州县之赋役，量地计丁""计亩征银"，就是说将庞杂的赋、役、杂派项目合并为一，全部折摊到田亩中，对农民的赋役负担更为均平，改变了过去"子民税存而产去，大户有田而无粮"①的现象。但是，随着明末社会矛盾尖锐和战争费用日增，如镇压宁夏叛乱、援朝抗倭战争、镇压杨应龙起义，历时八年，耗费一千一百余万两，如此巨额的战费，户部大多是靠加派税银来支付。《明史·孙玮传》载："朝鲜用兵，置军天津，月饷六万，悉派之民间。"而此后由于和后金作战而对农民田赋银进行的三次加征，即"辽饷""剿饷""练饷"，合计达一千六百九十五万余两，明政府以此作为岁额加派于全国田土。三饷加派是正赋之外的新增田赋银，比明末每年的财政总收入一千四百余万两还多二百余万两，至少使农民的田赋额增加了一倍以上。这非但没有缓解明王朝的财政危机，反而对一条鞭法的税改精神造成了根本性的损害，使一条鞭法改革彻底失去了减轻农民负担、保持社会稳定的意义。

　　清代摊丁入地的赋税改革是对明代一条鞭法改革——把徭役部分地"摊役银入田亩"——的继承和发展，将全部丁徭银摊入到土地中。在康熙"盛世滋生人丁，永不加赋"的原则下，农民减轻了家庭经济负担，进一步体现了社会公平，摊丁入地"实与贫民有益……但有力之家非所乐"。②但是，实行地丁银税制不久，就出现了新的加派田亩钱粮的"火耗""平余""漕粮'浮收'"等税目。所谓火耗，就是地方官府借口农民所交碎银铸成银锭时的损耗而征收的额外加派，乃至出现"税轻耗重，数倍于正额者有之"。③至清朝晚期，田赋开始加派，称之为田赋附加税，"附加税"一词由此而来。仅以四川为例，光绪二十七年（1901）全省征收的田赋正税和附加税合计350万两，而咸丰四年（1854）田赋正税仅为70万两。民国初立，田赋附加税越来越重，河北定县的田赋附加税，1927年比1912年增长了353.25%，正税增长了63%；江苏南通的附加税

---

① 《明世宗嘉庆实录》卷二〇四，"中央"研究院历史语言研究所1966年版，第4207页。
② 《雍正朱批谕旨》第五册，直隶巡抚李维钧奏言。
③ 《皇朝经世文编》卷二七，钱陈群《条陈耗羡疏》。

额，1927 年比 1913 年增长了近五倍。①

纵观历史，自两税法后，每次的税制改革之后都将引发一场新的征税高潮。这种现象引起了社会的广泛关注，明末清初的思想家黄宗羲对此进行了总结，后人称之为"黄宗羲定律"，内容如下：②

> 唐初立租庸调之法，有田则有租，有户则有调，有身则有庸。租出谷，庸出绢，调出缯纩布麻，……杨炎变为两税，人无丁中，以贫富为差。虽租庸调之名浑然不见，其实并庸调而入于租也。相沿至宋，未尝减庸调于租内，而复敛丁身钱米。后世安之，谓两税，租也，丁身，庸调也，岂知其为重出之赋乎？使庸调之名不去，何至是耶！故杨炎之利于一时者少，而害于后世者大矣。有明两税，丁口而外有力差，有银差，盖十年而一值。嘉靖末行一条鞭法，通府州县十岁中，夏税、秋粮、存留、起运之额，均徭、里甲、土贡、雇募、加银之例，一条总征之。使一年而出者分为十年，及至所值之年一如余年，而银力二差又并入于两税也。未几而里甲之值年者，杂役仍复纷然。其后又安之，谓条鞭，两税也，杂役，值年之差也。岂知其为重出之差乎？使银差、力差之名不去，何至是耶！故条鞭之利于一时者少，而害于后世者大矣。万历间，旧饷五百万，其末年加新饷九百万，崇祯间又增练饷七百三十万，倪元璐为户部，舍三饷为一，是新饷练饷又并入两税也。至今日以为两税固然，岂知其所以亡天下者之在斯乎！使练饷、新饷之名不改，或者顾名而思义，未知可也。……嗟乎！税额之积累至此，民之得有其生者亦无几矣。

可以说一直到今日，黄宗羲所留下的历史难题都没有得到解决。为什么呢？根本的原因在于时局多变，统治成本发生变化，统治者的财政体系又缺乏有效的制约。"量出以制入"的税收原则给予了统治者不受约束的财政挥霍，因此无论税收制度如何被限制，对于统治者来讲，常常会随着

---

① 引自国风《农村赋税与农民负担》，经济日报出版社 2003 年版，第 19 页。
② 黄宗羲：《明夷待访录·田制三》，载《黄宗羲全集》，浙江古籍出版社 1986 年版，第 26—27 页。

时局的需要而加税。保证合理的税收，只能靠统治者的良知和对农民负担加重后极端后果的恐惧来约束，没有有效的监管机制。从税源来看，农民的收入渠道没有拓宽，只能靠传统的农业收入来维持生计，因此一旦加税，势必造成新的负担。管子认为，要民交税，不可随意，而应该有章法可循，"今人君籍求于民，令曰十日而具，则财物之贾什去一；令曰八日而具，则财物之贾什去二；令曰五日而具，则财物之贾什去半；朝令而夕具，则财物之贾什去九。先王知其然，故不求于万民而求于号令也。"[①] 管子认为随意向民众征税，危害极大，怎么解决呢？只有通过"号令"，订立合理的税收制度，严格遵守，才能保证不增加农民负担，从而使国家长治久安。从唐代社会来看，保持安定的社会局面有利于减少财政开支，减少统治成本；合理的税收制度和恤民措施有利于保证国家税源，增加税基。从现代社会来看，解决农民负担问题最终要靠经济发展和社会改革。加快农业发展，加快城市化的进程，以减少农民数量，以工业反哺农业促进城乡良性互动，健全农村村民自治体系及群众组织，确实保障农民的合法权益，才是农民致富减负的根本出路。

小 结

荀子认为："轻田野之税，平关市之征，省商贾之数，罕兴力役，无夺农时，如是则国富矣"，[②] 荀子的轻税思想道出了国富民强的根源。纵观一部中国社会发展史，农民负担问题与国运兴衰休戚与共，国家因此兴亦因此衰。

太平盛世常常和国家轻徭薄赋有关。在传统的农业社会中，农业经济的积累主要是靠社会稳定、政策得当和农民节俭，反之就会导致农业凋敝、农民破产。汉初的"文景之治"，是由于"轻田租，十五而税一"，汉文帝改为三十税一，甚至十多年不收税。而且统治者厉行节俭，上行下效，影响了整个社会风气。轻徭薄赋政策为汉代国富民强的局面打下了基础，司马迁在论及"文景之治"时说："汉兴七十余年之间，国家无事，

---

① 黎翔凤：《管子校注》卷二二《国蓄第七十三》，中华书局2004年版，第1279页。
② 王先谦：《荀子集解》卷一〇《富国》，中华书局1988年版，第179页。

非遇水害之灾，民则人给家足，都鄙廪庾皆满，而府库余财货。京师之钱累巨万，贯朽而不可校。太仓之粟陈陈相因，充溢露积于外，至腐败不可食。"① 唐代"贞观之治"局面的出现和唐太宗"以民为本"的治国思想是分不开的，太宗重视农业生产和农民疾苦，多次恤农，而且要求左庶子于志宁、杜正伦辅导太子时也要"常须为说百姓间利害事"，须知百姓艰难，② 这是具有后续性的重农思想，为后代帝王制定重农、轻税政策打下了基础。由此，唐代前期是"天下大稔，流散者咸归乡里"，一片安宁祥和的景象。明代朱元璋的"宽政"思想，是"仁宣之治"局面出现的重要原因。朱元璋出身贫苦，深知"君舟民水，载覆无常"的道理，将"居上之道，正当用宽，但云宽则得众"作为治国之道，为平均农村赋役负担、防止官员和豪强勾结转嫁赋役于贫民，进行土地清查和户籍的整顿，建立"鱼鳞图册"和"赋役黄册"，由此出现了仁宗、宣宗时期的繁盛局面。

与此相反，在每个朝代的中后期，国家赋役增加、农民负担加重，横征暴敛常常导致社会危机。首先秦、隋的暴政和速亡，就是典型的例子。秦二世继承了秦始皇的重税、重赋政策，而且变本加厉，繁重的赋税和徭役超出了农民的承受能力，压垮了农民的最后一线希望，造成了"人与之为怨，家与之为仇"的局面，秦王朝很快就在农民起义中灭亡。隋代速亡和秦代有惊人的相似之处，都是农民负担过重、统治者不恤民力造成的，隋炀帝时繁重的赋役把农民推向绝境，"耕稼不时，田畴多荒""行者不归，居者失业""父母不保赤子，夫妻相弃于匡床，万户则城郭空虚，千里则烟火断灭"，③ 从而激起了"天下同怨"，隋王朝随之而覆亡。由此可见，农民负担的轻重决定人心向背。如果统治者注意减轻农民的负担，就会得到农民的拥护；反之，就会失去民心和社稷。民心常常决定成败，唐太宗时侍御史马周认为，"贞观之初，率土荒俭，一匹绢才得一斗米，而天下帖然。百姓知陛下甚忧怜之，故人人

---

① 《史记》卷三〇《平准书》，中华书局1982年版，第1420页。
② 《贞观政要》卷四《教戒太子诸王第十一》，上海古籍出版社1978年版，第125—126页。
③ 《旧唐书》卷五三《李密传》，中华书局1975年版，第2214页。

自安，曾无谤讟"，① 所以太宗赢得百姓的拥护；而唐代后期的"泾源之变"则是统治者失民心的写照，本来泾源兵变中几名哗变的士兵是叛臣贼子，应当是全民共诛之，为何却能使得京都骚然、造成如此大的损害？根本原因在于京畿地区农民负担过重，农民为了缴税而"弃子逐妻以求口食，坏屋伐树以纳税钱，寒馁道涂，毙踣沟壑"，② 农民在如此的负担之下，岂有安定之理？而叛乱者以"不征间架税和除陌钱"为号召，差点让德宗成为了亡国之君，由此可见过重的农民负担所造成的严重后果。此后的黄巢起义、明末农民起义、清代太平天国运动无不和过重的农民负担有关系。

在农业社会中，农业是立国之本，农民是国家赋税的主要承担者，农民缴纳赋税是必然的，也是必须的。因此不可能如现代社会一样取消农业税。那么，统治者怎样才能使国家强盛、人民富强呢？

齐桓公出游，见到一个老病饥寒者。齐桓公顿起恻隐之心，命人赐之食，老人说："愿赐一国之饥者"；桓公命赐之衣，老人言："愿赐一国之寒者。"桓公气愤地说："我哪有那个能力啊，我廪府中没有那么多的衣食之储！"老人乐了，说："只要你不夺农时，那么国人就都有余食了；不夺蚕要，那么国人就都有余衣矣！"③ 老病饥寒者道出了国家统治者的治国要务，也提出了农民生存和发展的基本要求。

司马迁曾经说过，"用贫求富，农不如工，工不如商，刺绣文不如倚市门"，④ 可见，即使在传统社会的秦汉时期，农业在单位时间内也是低效的。随着社会的发展，特别是农业社会向工业社会过渡后，国家的税收主体必然是工业和商业，农业税淡出历史舞台是社会发展的必然。

---

① 《旧唐书》卷七四《马周传》，中华书局 1975 年版，第 2616—2617 页。
② 马其昶：《韩昌黎文集校注》卷八《御史台上论天旱人饥状》，上海古籍出版社 1987 年版，第 588 页。
③ 《资治通鉴》卷二〇〇，高宗显庆元年四月，中华书局 1956 年版，第 6296—6297 页。
④ 《史记》卷一二九《货殖列传》，中华书局 1982 年版，第 3274 页。

参考文献

（按汉语拼音排序）

一　古籍文献

（东汉）班固：《汉书》，中华书局1962年版。

（东汉）王符：《潜夫论》，中华书局1985年版。

（后晋）刘昫：《旧唐书》，中华书局1975年版。

（后魏）贾思勰原著、缪启愉校释：《齐民要术校释》，中国农业出版社1998年版。

（晋）陈寿：《三国志》，中华书局1959年版。

（明）顾炎武撰、（清）黄汝成释：《日知录集释》，上海古籍出版社1985年版。

（明）王夫之：《读通鉴论》，中华书局1975年版。

（南朝·宋）范晔：《后汉书》，中华书局1965年版。

（清）董诰等：《全唐文》，中华书局1983年版。

（清）马其昶：《韩昌黎文集校注》，上海古籍出版社1987年版。

（清）彭定求等：《全唐诗》，中华书局1960年版。

（清）钱大昕：《廿二史考异》，载《嘉定钱大昕全集》，江苏古籍出版社1958年版。

（清）王鸣盛：《十七史商榷》，中国书店1987年版。

（清）赵绍祖：《新旧唐书互证》，《丛书集成初编》本，中华书局1985年版。

（清）赵翼著：《廿二史札记校证》，王树民校，中华书局1984年版。

（日）仁井田陞：《唐令拾遗》（栗劲等编译），长春出版社1989年版。

（宋）李昉等：《太平广记》，中华书局1961年版。
（宋）李昉等：《太平御览》，中华书局1960年版。
（宋）李昉等：《文苑英华》，中华书局1966年版。
（宋）欧阳修、宋祁：《新唐书》，中华书局1975年版。
（宋）欧阳修：《新五代史》，中华书局1974年版。
（宋）司马光：《资治通鉴》，中华书局1956年版。
（宋）宋敏求：《唐大诏令集》，商务印书馆1959年版。
（宋）王谠：《唐语林》，中华书局1987年版。
（宋）王溥：《唐会要》，中华书局1955年版。
（宋）王溥：《五代会要》，中华书局1998年版。
（宋）王钦若等：《册府元龟》，中华书局1960年版。
（宋）薛居正：《旧五代史》，中华书局1976年版。
（宋）薛梅卿：《宋刑统》，法律出版社1999年版。
（唐）《大唐开元礼》，民族出版社2000年版。
（唐）白居易：《白居易集》，中华书局1979年版。
（唐）长孙无忌：《唐律疏议》，中华书局1983年版。
（唐）杜佑：《通典》，中华书局1984年版。
（唐）房玄龄等：《晋书》，中华书局1974年版。
（唐）李吉甫：《元和郡县图志》，中华书局1983年版。
（唐）李林甫：《唐六典》，三秦出版社1991年版。
（唐）刘肃：《大唐新语》，中华书局1984年版。
（唐）刘餗：《隋唐嘉话》，中华书局1979年版。
（唐）柳宗元：《柳宗元集》，中华书局1979年版。
（唐）欧阳询：《艺文类聚》，中华书局1965年版。
（唐）裴庭裕：《东观奏记》，中华书局1994年版。
（唐）魏征等：《隋书》，中华书局1973年版。
（唐）吴兢：《贞观政要》，上海古籍出版社1978年版。
（唐）许敬宗：《文馆词林》，中华书局2001年版。
（唐）元稹：《元稹集》，中华书局1982年版。
（唐）圆仁：《入唐求法巡礼行记》，上海古籍出版社1986年版。
（唐）张鷟：《朝野佥载》，中华书局1979年版。

（唐）郑处诲：《明皇杂录》，中华书局 1994 年版。

（西汉）董仲舒：《春秋繁露》，中华书局 1975 年版。

（西汉）司马迁：《史记》，中华书局 1959 年版。

（元）马端临：《文献通考》，中华书局 1986 年版。

（元）脱脱：《宋史》，中华书局 1977 年版。

《宋元笔记小说大观》，上海古籍出版社 2001 年版。

《唐五代笔记小说大观》，上海古籍出版社 2000 年版。

《诸子集成》（影印本），上海书店 1986 年版。

二 今人著作

[德] 汉斯-维尔纳·格茨：《欧洲中世纪生活》，东方出版社 2002 年版。

[德] 马克斯·韦伯：《经济诸社会领域及权力》，生活·读书·新知三联书店 1998 年版。

[德] 威廉·罗雪尔：《历史方法的国民经济学讲义大纲》，商务印书馆 1983 年版。

[法] 安德列·比尔基埃等：《家庭史》，三联书店 1998 年版。

[法] 布罗代尔：《15 至 18 世纪的物质文明、经济和资本主义》，生活·读书·新知三联书店 1992 年版。

[法] 杜阁：《关于财富的形成和分配的考察》，商务印书馆 1961 年版。

[法] 马克·布洛赫：《法国农村史》，商务印书馆 1991 年版。

[美] 包弼德：《斯文：唐宋思想的转型》，江苏人民出版社 2001 年版。

[美] 道格拉斯·C.诺思：《经济史中的结构与变迁》，商务印书馆 2003 年版。

[美] 费正清：《中国：传统与变迁》，世界知识出版社 2002 年版。

[美] 黄仁宇：《中国大历史》，生活·读书·新知三联书店 1997 年版。

[美] 黄宗智：《华北的小农经济与社会变迁》，中华书局 2000 年版。

[美] 加利·斯坦利·贝克尔：《家庭论》，商务印书馆 1998 年版。

[美] 马若孟：《中国农民经济》，江苏人民出版社 1999 年版。

[美] 彭穆兰：《大分流：欧洲、中国及现代世界经济的发展》，江苏人民出版社 2003 年版。

[美] 汤普逊：《中世纪经济社会史》，商务印书馆 1997 年版。

[美]许倬云:《汉代农业——中国农业经济的起源及特性》,广西师范大学出版社 2005 年版。

[日]浜口重国:《秦漢隋唐史の研究》,东京:东京東京大學出版會 1966 年版。

[日]池田温:《唐研究论文选集》,中国社会科学出版社 1999 年版。

[日]池田温:《中国古代籍帐研究》,中华书局 1984 年版。

[日]谷川道雄:《中国中世纪与共同体》,中华书局 2002 年版。

[日]松本善海:《中国村落制度史的研究》,岩波书店 1977 年版。

[日]西嶋定生:《東アジア史論集》第 1 卷《中国古代帝国の秩序構造と農業》,東京:岩波書店 2002 年版。

[日]清水盛光:《中国乡村社会论》,岩波书店 1951 年版。

[日]西嶋定生:《中国经济史研究》,东京大学出版会 1966 年版。

[英]波斯坦等主编:《剑桥欧洲经济史》第一卷《中世纪的农业生活》,经济科学出版社 2002 年版。

[英]崔瑞德:《剑桥中国隋唐史》,中国社会科学出版社 1990 年版。

[英]罗德里克·弗拉德:《计量史学方法导论》,上海译文出版社 1997 年版。

[英]休谟:《人性论》,商务印书馆 2002 年版。

白寿彝:《中国通史》,上海人民出版社 1989 年版。

岑仲勉:《隋唐史》,河北教育出版社 2000 年版。

陈庆立:《中国农民素质论》,当代世界出版社 2002 年版。

程蔷、董乃斌:《唐帝国的精神文明》,中国社会科学出版社 1996 年版。

邓云特:《中国救荒史》,商务印书馆 1998 年版。

段塔丽:《唐代妇女地位研究》,人民出版社 2000 年版。

樊树志:《中国封建土地关系发展史》,人民出版社 1988 年版。

费孝通:《江村经济——中国农民的生活》,商务印书馆 2001 年版。

冯柳堂:《中国历代民食政策史》,商务印书馆 1934 年版。

葛承雍:《中国古代等级社会》,陕西人民出版社 1992 年版。

葛剑雄:《中国人口史》,复旦大学出版社 2002 年版。

葛志华:《为中国"三农"求解——转型中的农村社会》,江苏人民出版社 2004 年版。

国家统计局农村社会经济调查总队：《2003中国农村统计年鉴》，中国统计出版社2003年版。

韩国磐：《隋唐五代史纲》，人民出版社1979年版。

韩国磐：《隋唐五代史论集》，生活·读书·新知三联书店1979年版。

韩明谟：《农村社会学》，北京大学出版社2001年版。

郝春文：《唐后期五代宋初敦煌僧尼的社会生活》，中国社会科学出版社1998年版。

郝春文：《英藏敦煌社会历史文献释录》，科学出版社2001年版。

郝铁柱主编：《农民负担与国运兴衰》，山东人民出版社2002年版。

侯建新：《经济—社会史：历史研究的新方向》，商务印书馆2002年版。

侯建新：《农民、市场与社会变迁》，社会科学文献出版社2002年版。

侯旭东：《北朝村民的生活世界——朝廷、州县与村里》，商务印书馆2005年版。

胡如雷：《隋唐五代社会经济史论稿》，中国社会科学出版社1996年版。

胡如雷：《中国封建社会形态研究》，生活·读书·新知三联书店1979年版。

黄正建：《唐代衣食住行研究》，首都师范大学出版社1998年版。

黄宗智：《华北的小农经济与社会变迁》，中华书局1986年版。

黄祖辉等：《中国"三农"问题理论、实证与对策》，浙江大学出版社2005年版。

姜涛：《历史与人口中国传统人口结构研究》，人民出版社1998年版。

蒋福亚：《魏晋南北朝社会经济史》，天津古籍出版社2005年版。

李斌城等：《隋唐五代社会生活史》，中国社会科学出版社1998年版。

李根蟠：《中国古代农业》，商务印书馆1998年版。

李根蟠：《农业科技史话》，中国大百科全书出版社2000年版。

李锦绣：《唐代财政史稿》，北京大学出版社1995年版。

李志贤：《杨炎及其两税法研究》，中国社会科学出版社2002年版。

梁方仲：《中国历代户口田地天赋统计》，上海人民出版社1980年版。

刘泽华：《中国传统政治思想》，吉林教育出版社1991年版。

刘泽华：《专制权力与中国社会》，天津古籍出版社2005年版。

陆学艺：《陆学艺文集》，上海辞书出版社2005年版。

罗彤华：《唐代民间借贷之研究》，台湾商务印书馆2005年版。

吕思勉：《中国制度史》，上海教育出版社1985年版。

麻国庆：《家与中国社会结构》，文物出版社1999年版。

马新：《两汉乡村社会史》，齐鲁书社1997年版。

宁可：《中国经济发展史》，中国经济出版社1999年版。

牛若峰等：《中国的"三农"问题回顾与展望》，中国社会科学出版社2004年版。

齐涛：《魏晋隋唐乡村社会研究》，山东人民出版社1995年版。

秦晖：《农民中国：历史反思与现实选择》，河南人民出版社2003年版。

秦兴洪等：《中国农民的变迁》，广东人民出版社1999年版。

任重、陈仪：《魏晋南北朝城市管理研究》，中国社会科学出版社2003年版。

史清华：《农户经济活动及行为研究》，中国农业出版社2001年版。

宋圭武：《中国乡村发展研究》，中国经济出版社2004年版。

唐长孺：《魏晋南北朝史论丛》，河北教育出版社2000年版。

唐长孺：《魏晋南北朝隋唐史三论》，武汉大学出版社1998年版。

唐耕耦、陆宏基：《敦煌社会经济文献真迹释录》（第一辑），书目文献出版社1986年版。

唐耕耦、陆宏基：《敦煌社会经济文献真迹释录》（第二、三、四、五辑），全国图书馆文献缩微复制中心1990年版。

王笛：《跨出封闭的世界——长江上游区域社会研究（1644—1911）》，中华书局2001年版。

魏明孔：《唐代工商业》，甘肃人民出版社1999年版。

邢铁：《户等制度史纲》，云南大学出版社2002年版。

邢铁：《家产继承史论》，云南大学出版社2000年版。

徐浩：《农民经济的历史变迁：中英乡村社会区域发展比较》，社会科学文献出版社2002年版。

阎守诚：《中国人口史》，台北文津出版社1997年版。

杨际平、郭伟、张和平：《五—十世纪敦煌的家庭与家族关系》，岳麓书社1997年版。

张剑光：《唐五代江南工商业布局研究》，江苏古籍出版社2003年版。

张研、毛立平：《19 世纪中期中国家庭的社会经济透视》，中国人民大学出版社 2003 年版。

张泽咸：《唐代工商业》，中国社会科学出版社 1995 年版。

张泽咸：《唐代阶级结构研究》，中州古籍出版社 1996 年版。

张泽咸：《唐五代赋役史草》，中华书局 1986 年版。

赵文林、谢淑君：《中国人口史》，人民出版社 1988 年版。

郑学檬：《中国赋役制度史》，上海人民出版社 2000 年版。

周绍良：《唐代墓志汇编》，上海古籍出版社 1992 年版。

周绍良、赵超：《唐代墓志汇编续集》，上海古籍出版社 2001 年版。

朱信凯：《中国农户消费函数研究》，中国农业出版社 2003 年版。

三　今人论文

[日] 池田温：《唐代敦煌均田制の一考察——天宝后期敦煌县田簿をめぐって》，《东洋学报》66—1.2.3.4，1985.3。

池田温：《敦煌にぉける土地税役制をめぐって——九世纪を中心として》，唐代史研究会编《东アジア古文书の研究》，刀水书房，1990.9。

[日] 中村治兵卫：《再论唐代的乡——望乡和耆老》，《史渊》第 96 期，1966 年。

[日] 小细龙雄：《明代早期的老人制》，《山口大学文学会志》1 卷第 1 期，1950 年。

[日] 栗林宣夫：《明代老人考》，《东洋史学论集》第 3 期，1954 年。

[日] 细野浩二：《里老人和众老人——对（教民榜文）的理解》，《史学杂志》78 卷 7 期，1968 年。

[日] 堀敏一：《中国古代的里》，唐史研究会编《中国城市历史的研究》，刀水书房 1988 年。

[日] 小细龙雄：《论汉代的村落组织》，《东亚人文学报》1 卷第 4 期，1942 年。

[日] 池田雄一：《论汉代的里和自然村》，《东方学》第 38 期，1969 年。

[日] 宫崎市定：《中国村制的形成——古代帝国崩坏的一个方面》，《东洋史研究》18 卷第 4 期，1960 年。

[日] 佐竹靖彦：《宋代乡村制度的形成过程》，《东洋史研究》25 卷第 3

期,1966年。

[日] 周藤吉之:《宋代乡村制度的形成过程》,《史学杂志》72卷第10期,1963年。

[日] 鹤见尚弘:《明代的乡村统治》,《岩波讲座世界历史》第12期。

[日] 荒川清:《关于清代乡村的一点考察》,《史流》第11期,1970年。

池田温:《中国古代の一考察——天宝元年交河郡市估案断片を中心として》,《史学杂志》77—1,1968。

[美] 比尔·孔维廉:《汉代农民的收入和支出》,《徐州师范学院学报》1994年第1期。

陈国生:《唐代自然灾害初步研究》,《湖北大学学报》1995年第1期。

陈仲安:《试论唐代后期农民的赋役负担》,《武汉大学学报》1979年第2期。

程念祺:《中国历史上的小农经济——生产与生活》,《史林》2004年第3期。

杜绍顺:《唐代均田制平民应受田标准新探》,《中国经济史研究》1996年第3期。

董家遵:《从汉到宋寡妇再嫁习俗考》,《中山大学文史学研究所月刊》第3卷第1期,1934年,收入董家遵著、卞恩才整理《中国古代婚姻史研究》,广东人民出版社1995年版。

费杰等:《基于黄土高原难部地区历史文献记录的唐代气候冷暖波动特征研究》,《中国历史地理论丛》2001年第4辑。

郝春文:《唐末五代宋初敦煌社邑的几个问题商榷》,《中国史研究》2003年第1期。

郝春文:《再论唐末五代宋初敦煌社邑的几个问题》,《中国史研究》2005年第2期。

胡一雅:《中国封建社会各阶级等级的消费》,《中国史研究》1991年第4期。

黄谷仙:《天宝乱后农村崩溃之实况》,《食货》第1辑,1934年。

黄谷仙:《天宝乱后唐人如何救济农村》,《食货》第3辑,1935年。

黄永年:《论建中元年实施两税法的意图》,《陕西师范大学学报》1988年第3期。

瞿宁武：《计量经济史学评价》，《中国经济史研究》1992年第2期。

孔庆峰：《简论中唐以来传统农业的要素生产率》，《文史哲》2002年第6期。

蓝　勇：《唐代气候变化与唐代历史兴衰》，《中国历史地理》2001年第1辑。

李根蟠：《论明清时期农业经济的发展与制约——与战国秦汉和唐宋时期的比较》，《河北学刊》2003年第2期。

李根蟠：《长江下游稻麦复种制的形成和发展——以唐宋时代为中心的讨论》，《历史研究》2002年第5期。

梁仲勋：《唐代物价与物价管理》，《西北大学学报》1988年第3期。

刘玉峰：《唐代商品性农业的发展和农产品的商品化》，《思想战线》2004年第2期。

马新、齐涛：《略论中国古代的家产继承制度》，《人义杂志》1987年第5期。

马　新：《汉代小农家庭结构与经济结构》，《平准学刊》第五辑上册，光明日报出版社1989年版。

宁　欣：《内廷与市场：对唐朝"宫市"的重新审视》，《历史研究》2004年第6期。

秦　晖：《封建社会的关中模式》，《中国经济史研究》1993年第1期。

秦　晖：《农民、农民学与农民社会的现代化》，《中国经济史研究》1994年第1期。

王家范，谢天佑：《中国封建社会农业经济结构试析——兼论中国封建社会长期停滞问题》，《中国农战史研究集刊第三辑》，上海人民出版社1983年版。

王士立：《对贞观年间农民生活状况的初步探讨》，《河北师范大学学报》1983年第1期。

王永兴：《论唐代均田制》，《北京大学学报》1987年第2期。

王玉波：《中国家庭史研究刍议》，《历史研究》2000年第3期。

王育民：《唐代人口考》，《上海师范大学学报》1989年第3期。

魏承思：《试论唐代封建家庭及其财产制度》，《华东师范大学学报》1987年第5期。

吴承明：《中国经济史的方法论问题》，《中国经济史研究》1992年第2期。

武建国：《论唐代土地政策的变化及其影响》，《社会科学战线》1992年第1期。

邢铁：《社会经济史——中国古代经济史研究的出路》，《河北学刊》2004年第1期。

邢铁：《我国古代的诸子平均析产问题》，《中国史研究》1995年第4期。

薛平栓：《唐代关中地区的自然灾害及其影响》，《陕西师范大学学报》1998年第12期。

阎守诚：《唐代的蝗灾》，《首都师范大学学报》2003年第2期。

杨希义：《唐代关中人民的赋役负担》，《西北大学学报》1984年第4期。

张安福：《初唐农民家庭的收支与社会发展》，《齐鲁学刊》2004年第1期。

张安福：《两税法改革对唐代农村社会的影响》，《首都师范大学学报》2006年第2期。

张国刚：《唐代农家经济生活和日常生计》，《中国三至九世纪历史发展暨唐宋社会变迁学术研讨会论文集》，2004年油印本。

张学锋：《唐代水旱赈恤蠲免的时效与实质》，《中国农史》1993年第1期。

赵冈：《重新评价中国历史上的小农经济》，《中国经济史研究》1994年第1期。

赵建国：《论魏晋南北朝时期的家庭结构》，《许昌师专学报》1993年第2期。

赵云旗：《论唐代均田制下的土地买卖》，《社会科学战线》1998年第2期。

后　　记

该书于 2008 年由中国社会科学出版社出版。8 年时间过去了，图书市场上已经很难再觅到其踪影了，即使是我手头也没有一本。两三年来，很多师友学生问及该书，我都是尴尬以对。

承蒙中国社会科学出版社宋燕鹏先生的关心和厚爱，决定将该书重新出版，我感到非常高兴。由于时间紧张，加之我这些年一直在西域和新疆的历史研究领域中跌打滚爬，对新近的唐代农民家庭经济的相关领域的成果关注较少，虽然手头有些资料，但也很难有信心将这些材料添加后能与原文自成一体，因此也就不再画蛇添足，还是遵循十年前博士毕业时候最为单纯的学术想法吧。

下面是我在出版该书时的后记，至今读起来，还是感到亲切自然，生涩的语言和战战兢兢的心情跃然纸上——喜欢十年前的那份年轻。尤其是对老师、对领导发自内心的感谢，更让已到中年的我深有同感。一个山东沂蒙贫困山村的学生，鼻涕都还时常挂在嘴边就走出山外。如果没有老师的培养，怎么能有今天的学业？更不会有现在的生活和工作环境。因此我对后记就不再修饰，留下原文：

时光荏苒，一晃九年。自 1999 年入曲阜师范大学傅永聚先生门下，开始研究唐代农民经济史，2003 年又负笈北上入首都师范大学阎守诚先生门下着手唐代农民家庭经济的博士学位论文写作，毕业后历经两年时间的修改补充，终于有了今天这本书的问世。俗话说"十年磨一剑"，但当我将这九年来的工作向学界前辈和同人汇报之际，依然是战战兢兢、如履薄冰，因为我深知自己在学术研究的道路上才刚刚起步。

农民家庭经济属于经济—社会史的范畴。该领域研究的兴起是近些年的事情，传统社会的历史主要是政治史，相对缺少对经济、文化、社会等领域的研究。以法国年鉴学派为代表的历史研究主张要脱离政治史为主导的历史研究的束缚，从多学科、多角度去观察和研究历史，甚至提出要从下至上地进行探讨，这样更容易恢复历史的真相。我国史学界20世纪二三十年代，开始了经济和社会史的研究，其中也包括农民经济史的研究。新中国成立后，关于农民经济的研究，过于侧重对农民受剥削、受压迫的经济和政治研究，以至于农民战争成为了史学界的"五朵金花"之一。秦晖先生曾感慨地认为，这一阶段的农民战争史研究是不正常的"热"。因此，直到此后的80年代，史学界重新开始了对经济史和社会史的独立研究，许多高校都开设了经济史课程。此后，农村社会史研究、家庭史研究逐步成为史学界研究的重要领域和方向。近些年来，随着经济—社会史学科的兴起，包括农民生活史和社会经济史在内的都成为研究的对象。在西欧，以费尔南·布罗代尔、汤普逊、马克·布洛赫、安德烈·比尔茨埃等为代表的这一领域的学者出现了大量的经济—社会史的研究成果；在国内，以天津师范大学侯建新先生主编的《经济—社会史评论》为研究阵地，初步展示了这一领域的研究成果，部分地代表了国内学者对这一领域的关注程度。从这个意义上说，在经济—社会史的研究领域中，中西史学的研究几乎是同步的，由此，也在一定程度上改变了百年来史学研究领域一直是"西学东渐"的模式，缩小了东西方史学界在经济—社会史领域研究的差距。

感谢两位恩师傅永聚先生和阎守诚先生带我进入学术之门和农民家庭经济的研究领域，使我得以在史学领域的前沿进行学习和探索，为我今天开始独立的教学科研工作打下了扎实的基础。我的博士学位论文是以唐代农民家庭经济为研究对象进行的研究，重在探讨农民家庭经济的日常运转模式、国家和农民的经济关系、农民日常的生活水平以及农民负担等问题，现在读来，字里行间中仍然感受到先生的耳提面命和对论文章节中观点的导引。恩师的教诲我会永远铭记在心，并不断去耕耘探索。

在博士学位论文的准备及开题和答辩中，也受益于诸位老师的指导和帮助，宁可先生、郝春文先生、魏明孔先生、宁欣先生、吴宗国先生、王永平先生、夏继果先生对论文的立意、框架提出了许多意见和建议，为论文的修改和完善打下基础。此外，我还有幸得到了其他学界前辈的指点，中国社科院经济所的吴承明先生、李根蟠先生、天津师范大学的侯建新先生、清华大学的张国刚先生、山东大学的齐涛、马新先生、河北大学的姜锡东先生都曾对该文给予帮助。在此一并向各位先生致以诚挚的谢意！

在我的求学生涯中，还有许多老师的教导和关爱，激励着我也温暖着我。曲阜师范大学的李永采先生给予我生活上的关心和学习上的帮助，至今仍深深地影响着我。曲阜师范大学的陈清平先生、王洪军先生、杨春梅先生、张松智先生自我大学时起就一直给予教诲和关爱，帮助我闯过了人生道路上的重重难关。

此外，我要感谢山东大学威海分校的孙武安教授和吴文新教授，是他们给予了我兄长般的关爱，帮我度过了初涉工作的艰难。更要感激新疆石河子大学的周生贵教授和郭宁教授，在我异地生疏的工作环境中给予了我莫大的鼓励和支持！

不长的后记，前后我读了 8 年，老师们关注着我，激励着我，感激之情更浓。让人感到悲伤的是，关心爱护我的宁可先生、李永采先生、吴承明先生，已经驾鹤西去。先生们的音容笑貌一如昨日，作品的再版，也算是学生对先生们的纪念。

张安福

于上海·松江九亭

2016 年 10 月 31 日